“十四五”时期国家重点出版物出版专项规划项目

转型时代的中国财经战略论丛

中国保险专业中介机构集聚效应研究

A Research on the Agglomeration Effect of the Professional Insurance Intermediary Institutions in China

马玉秀 著

中国财经出版传媒集团
经济科学出版社
Economic Science Press

图书在版编目（CIP）数据

中国保险专业中介机构集聚效应研究／马玉秀著
．--北京：经济科学出版社，2023.5
（转型时代的中国财经战略论丛）
ISBN 978－7－5218－4716－1

Ⅰ.①中…　Ⅱ.①马…　Ⅲ.①保险业－中介组织－研究－中国　Ⅳ.①F842.3

中国国家版本馆 CIP 数据核字（2023）第 069760 号

责任编辑：白留杰　杨晓莹
责任校对：靳玉环
责任印制：张佳裕

中国保险专业中介机构集聚效应研究
马玉秀　著
经济科学出版社出版、发行　新华书店经销
社址：北京市海淀区阜成路甲 28 号　邮编：100142
教材分社电话：010－88191309　发行部电话：010－88191522
网址：www.esp.com.cn
电子邮箱：bailiujie518@126.com
天猫网店：经济科学出版社旗舰店
网址：http：//jjkxcbs.tmall.com
北京密兴印刷有限公司印装
710×1000　16 开　16 印张　240000 字
2023 年 5 月第 1 版　2023 年 5 月第 1 次印刷
ISBN 978－7－5218－4716－1　定价：68.00 元

总　序

“转型时代的中国财经战略论丛”是山东财经大学与经济科学出版社在“十三五”系列学术著作的基础上，在“十四五”期间继续合作推出的系列学术著作，属于“‘十四五’时期国家重点出版物出版专项规划项目”。

自2016年起，山东财经大学就开始资助该系列学术著作的出版，至今已走过6个春秋，期间共资助出版了122部学术著作。这些著作的选题绝大部分隶属于经济学和管理学范畴，同时也涉及法学、艺术学、文学、教育学和理学等领域，有力地推动了我校经济学、管理学和其他学科门类的发展，促进了我校科学研究事业的进一步繁荣发展。

山东财经大学是财政部、教育部和山东省人民政府共同建设的高校，2011年由原山东经济学院和原山东财政学院合并筹建，2012年正式揭牌成立。学校现有专任教师1690人，其中教授261人、副教授625人。专任教师中具有博士学位的982人，其中入选青年长江学者3人、国家“万人计划”等国家级人才11人、全国五一劳动奖章获得者1人，“泰山学者”工程等省级人才28人，入选教育部教学指导委员会委员8人、全国优秀教师16人、省级教学名师20人。近年来，学校紧紧围绕建设全国一流财经特色名校的战略目标，以稳规模、优结构、提质量、强特色为主线，不断深化改革创新，整体学科实力跻身全国财经高校前列，经管类学科竞争力居省属高校首位。学校现拥有一级学科博士点4个，一级学科硕士点11个，硕士专业学位类别20个，博士后科研流动站1个。在全国第四轮学科评估中，应用经济学、工商管理获B+，管理科学与工程、公共管理获B-，B+以上学科数位居省属高校前三甲，学科实力进入全国财经高校前十。2016年以来，学校聚焦内涵式发展，全面实施了科研强校战略，取得了可喜成绩。获批国家级课题项目241项，教育部及其他省部级课题项目390项，承担各级各类横向课题445项；教师共发表高水平学术论文3700余篇，出版著作323部。同时，新增了山东省重点实验室、山东省重点新型智库、山东省社科理论重点研究基地、山东省协同创新中心、山东省工程技术研究中心、山东省两化融合促进中心等科研平台。学校的发展为教师从事科学研究提供了广阔的平台，创造了更加良好的学术生态。

"十四五"时期是我国由全面建成小康社会向基本实现社会主义现代化迈进的关键时期，也是我校合校以来第二个十年的跃升发展期。今年党的二十大的胜利召开为学校高质量发展指明了新的方向，建校70周年暨合并建校10周年校庆也为学校内涵式发展注入了新的活力。作为"十四五"时期国家重点出版物出版专项规划项目，"转型时代的中国财经战略论丛"将继续坚持以马克思列宁主义、毛泽东思想、邓小平理论、"三个代表"重要思想、科学发展观、习近平新时代中国特色社会主义思想为指导，结合《中共中央关于制定国民经济和社会发展第十四个五年规划和二〇三五年远景目标的建议》以及党的二十大精神，将国家"十四五"期间重大财经战略作为重点选题，积极开展基础研究和应用研究。

"十四五"时期的"转型时代的中国财经战略论丛"将进一步体现鲜明的时代特征、问题导向和创新意识，着力推出反映我校学术前沿水平、体现相关领域高水准的创新性成果，更好地服务我校一流学科和高水平大学建设，展现我校财经特色名校工程建设成效。通过向广大教师提供进一步的出版资助，鼓励我校广大教师潜心治学，扎实研究，在基础研究上密切跟踪国内外学术发展和学科建设的前沿与动态，着力推进学科体系、学术体系和话语体系建设与创新；在应用研究上立足党和国家事业发展需要，聚焦经济社会发展中的全局性、战略性和前瞻性的重大理论与实践问题，力求提出一些具有现实性、针对性和较强参考价值的思路和对策。

山东财经大学校长

2022年10月28日

前　言

保险中介是保险市场专业化和细分化发展的结果，在保险供给和保险需求间起到“桥梁”作用，对我国保险市场规模的扩大、资源配置效率的提升具有促进作用，是现代保险市场中不可或缺的重要组成部分。纵观我国保险中介市场的发展历程，保险中介主体从无到有、从小到大、从单一到多元，现已形成以保险代理人为主，保险经纪人和保险公估人共同发展的市场主体完备的保险中介体系。

自我国加入世界贸易组织、保险业对外开放以来，我国各类保险专业中介机构数量增长迅速，由2001年的106家增加到2020年的2639家，且超过60%的保险专业中介机构分布在北京、广东、上海、山东、江苏、辽宁、浙江等东部省份，在省份间呈现明显的集聚发展态势。虽然我国保险专业中介机构数量众多，但由于其市场准入门槛较低，在保险市场中所发挥的作用却非常有限，无法满足我国保险市场高质量发展要求。为提高保险专业中介机构的经营能力，从2012年开始，政府监管部门连续密集出台若干文件。2018年，中国银保监会又进一步放开我国保险中介市场，允许符合条件的境外投资者来华经营保险代理业务和保险公估业务，同时放开外资保险经纪机构的经营业务范围。

保险专业中介机构作为保险产业链上的关键一环，如何提高其经营效率和业务规模也是学者们广泛关注的问题。从以往文献看，对保险专业中介机构的研究内容主要集中在经营现状的分析及问题总结、市场监管等方面，而对我国保险专业中介机构集聚发展态势的相关研究很少，从实证方面深层次具体分析保险专业中介机构集聚对其经营效率乃至保险市场发展影响的文献更是没有。

基于以上研究背景，本书在企业集聚相关文献和理论基础上，采用我国省级面板数据，从理论和实证两方面具体分析了保险专业代理机构、保险经纪机构和保险公估机构集聚对其自身经营效率及保险市场发展的影响效应。

本书研究的重点内容和主要结论包括以下几个方面：

第一，本书采用就业人数和机构数的集聚指数分别从时间层面和区域层面对我国保险专业代理机构、保险经纪机构和保险公估机构的集聚程度进行了比较分析。分析结果表明，我国保险专业代理机构和保险经纪机构的空间集聚态势在波动中呈现逐渐上升的趋势；而保险公估机构的空间集聚态势呈现逐渐下降的趋势。而且保险专业中介机构主要集聚在东部地区经济发展水平较高的省会城市和计划单列市中，其中保险经纪机构的集聚程度最高。

第二，应用DEA前沿法和SFA前沿法对三类保险专业中介机构经营效率进行测算的基础上，运用Tobit模型、GMM等实证回归方法，具体分析了保险专业中介机构集聚对其技术效率、技术进步变化和规模效率的影响程度。回归结果表明，保险专业代理机构集聚对其技术效率的影响显著为负，而对规模效率和技术进步的影响效应为正，但规模效率的回归结果不显著；从保险经纪机构的集聚效应看，其对技术效率和技术进步变化具有显著的提升作用，而对规模效率的提升却存在显著的抑制作用；保险公估机构集聚对其技术效率和规模效率的提升均有显著的促进作用，而对技术进步提升的影响结果不显著。

第三，考虑到保险专业中介机构作为保险产业链中的关键一环，其集聚发展不仅对自身经营效率存在影响，对整个保险市场的发展也会产生溢出效应。因此，本书进一步采用空间计量模型分别分析了邻接权重矩阵、反距离权重矩阵和经济距离权重矩阵下，保险专业中介机构集聚对财产保险和人身保险发展的空间溢出效应。从财产保险市场看，保险专业代理机构及保险经纪机构集聚均对财产保险保费规模的提升存在正向的直接效应和间接效应，且保险经纪机构的集聚效应要大于保险专业代理机构；但是因为保险公估机构业务规模偏小，目前其对财产保险保费规模影响的直接效应和间接效应并不显著。从人身保险市场看，保险专业代理机构和保险公估机构集聚对人身保险保费规模影响的直接效应和间接效应均为正，但是保险公估机构的间接效应并不显著；而受限于保险经纪机构在人身保险中的业务规模，保险经纪机构集聚对人身保险保费规模影响的直接效应和间接效应均为负。同时，不同权重矩阵下，保险专业中介机构集聚对财产保险市场的溢出效应在经济距离权重矩阵下的回归结果更显著，而对人身保险市场的溢出效应在邻接矩阵与反距离权重矩阵下更显著。

根据保险专业中介机构集聚效应的分析结果，本书从保险专业中介机构自身、保险市场环境、集聚发展外部环境、中介市场监管等方面，有针对性地提出了如何有效提升专业中介机构集聚溢出效应的相关政策建议。

最后从科技赋能促进保险专业中介机构转型升级和高质量发展的角度，通过典型案例具体分析了目前我国保险专业中介机构在保险科技运用方面取得的成效、面临的机遇及未来的发展方向。

编　者

2023 年 3 月 23 日

目 录

第1章 绪　论

作为联结保险供给方与需求方的纽带，保险中介自16世纪产生以来，对保险市场规模的扩大、专业化程度的提高、资源配置效率的提升等方面都起到了重要作用，是现代保险市场中不可或缺的重要组成部分。而保险专业代理机构、保险经纪机构和保险公估机构作为保险中介市场的主要经营主体，其专业化、规模化发展程度对一国保险市场竞争力的提升具有加速作用，且随着保险市场专业化、国际化程度的提高，其优势地位将更加凸显。

1.1 研究背景及意义

1.1.1 研究背景

纵观我国保险中介市场的发展历程，保险中介主体从无到有、从小到大、从单一到多元，现已形成以保险代理人为主，保险经纪人和保险公估人共同发展的市场主体完备的保险中介体系。

自我国加入世界贸易组织以来，我国保险市场不断开放，保险规模持续快速增长，从2017年开始我国保费规模仅次于美国，位居全球第二。2021年，保险业原保险保费收入达到47452.08亿元，同比增长4.90%。随着我国保险市场规模的不断扩大，保险专业中介机构数量也迅速增长，截至2020年末，全国共有保险专业中介机构2639家。其中，保险中介集团5家；保险专业代理机构1764家（其中，全国性保险代理公司241家、区域性保险代理公司1523家）；保险经纪机构497

家；保险公估机构 373 家。虽然我国保险专业中介机构数量众多，但是从保费分销渠道占比看，2020 年底，我国中介渠道实现保费收入 3.98 万亿元，占全国保费收入的 87.29%。其中，个人保险代理人渠道保费占比为 47.28%；兼业渠道保费占比为 27.63%；而专业中介渠道保费占比仅为 12.38%。虽然我国保险专业代理机构保费收入占比呈现逐年递增的趋势，但是相较于个人保险代理人渠道和兼业渠道，其保费收入的占比仍然偏低。从国外发达保险市场看，美国保险代理机构和经纪机构的保费收入占比超过 50%；而英国的中介机构业务占比更高，其中保险经纪与保险代理在寿险业务中的占比接近 80%，且在非寿险业务中的占比也接近 60%。这说明，我国保险专业中介机构的保费收入占比不仅低于我国个人保险代理人渠道和兼业渠道，而且与美国、英国等发达保险市场相比也存在很大差距。

自 2001 年我国保险中介市场体系建立以来，由于保险中介市场的准入门槛较低，虽然我国保险专业中介机构的数量增长迅速，但多数专业中介机构的规模较小，专业技术能力不强，从而导致其在保费收入规模的占比始终较低，市场认可度和信誉度不高。为促进我国保险中介市场转型升级，推动我国保险中介机构向专业化和规模化方向发展，2012 年，原中国保监会先后发布了《关于暂停区域性保险代理机构和部分保险兼业代理机构市场准入许可工作的通知》《关于进一步规范保险中介市场准入的通知》[①]，明确提高保险专业中介机构的准入门槛，完善保险中介市场准入退出机制，引导我国保险专业中介机构向专业化、规模化方向转型，不断提升其经营效率和业务规模。为进一步加强我国保险中介市场的规范和监管，2014 年开始启动全国保险中介市场清理整顿工作。2015 年 9 月又发布了《中国保监会关于深化保险中介市场改革的意见》（以下简称《改革意见》），提出培育龙头型保险中介机构、区域性专业代理机构等多层次中介市场主体，且从保险中介机构的市场准入、创新、发展模式等方面给予一定政策支持[②]。而且，随着我国金融市场的不断开放，保险中介市场的开放程度也进一步扩大，2018 年《银保监会加快落实银行业和保险业对外开放举措》中允许符合条件的境外投资者来华经营保险代理业务和保险公估业务，同时放开了外资保

① http：//www.gov.cn/gzdt/2013－05/21/content_2407704.htm.

② http：//bxjg.circ.gov.cn//web/site0/tab5207/info3974821.htm.

险经纪机构的经营业务范围[①]。2021年12月3日，中国银保监会发布《中国银保监会办公厅关于明确保险中介市场对外开放有关措施的通知》（以下简称《通知》），一是允许有实际业务经验并符合中国银保监会相关规定的境外保险经纪公司在华投资设立的保险经纪公司经营保险经纪业务，《关于印发我国加入WTO法律文件有关保险业内容的通知》中关于“设立外资保险经纪公司需满足投资者应在WTO成员境内有超过30年经营历史、在中国设立代表处连续2年以及提出申请前一年总资产不低于2亿美元”的相关要求不再执行；二是允许外国保险集团公司、境内外资保险集团公司在华投资设立的保险专业中介机构（包括保险专业代理机构、保险经纪机构及保险公估机构）经营相关保险中介业务；三是外资保险专业中介机构在经营相关保险中介业务前，应依法依规备案或取得对应的业务许可，业务范围和市场准入标准适用中国银保监会关于保险专业中介机构的相关规定[②]。《通知》的实施，一方面大幅取消外资保险经纪公司的准入限制，不再要求股东经营年限、总资产等条件；另一方面进一步降低外资保险中介机构的准入门槛，允许外国保险集团公司、境内外资保险集团公司投资设立的保险中介机构经营相关保险中介业务；同时，保险中介机构按照“放管服”改革要求，适用“先照后证”政策的相关规定。保险中介市场进一步扩大开放的背景下，中、外资保险中介机构同台竞技程度进一步提高，对我国保险专业中介机构的经营能力和市场竞争力也提出了极大的考验。

而保险专业中介机构经营能力和竞争力提升的最终目的在于扩大我国保险市场的规模。现阶段，我国正处于由保险大国向保险强国转变的发展阶段。作为保险产业链上的关键环节，由于受其发展规模、专业技术能力、市场认可度等方面的限制，目前我国保险专业中介机构经营业务能力还不能满足我国保险市场专业化、国际化发展的需求。如何提高我国保险专业中介机构的业务能力，扩大经营规模，使其适应我国保险市场高质量发展要求，是我国保险中介市场发展中需要解决的首要问题。而上述监管机构一系列密集监管及市场开放政策

① http://www.cbrc.gov.cn/chinese/newShouDoc/BEE68B1C27C04D6CBF04233814F9B7C8.html.

② 中国银行保险监督管理委员会：http://www.cbirc.gov.cn/cn/view/pages/govermentDetail.html?docId=1024422&itemId=4215&generaltype=1.

的出台，也说明了我国保险专业中介机构向专业化、规模化方向发展的必要性和紧迫性。

从目前我国保险专业中介机构的发展现状看，其在我国区域间呈现明显的集聚发展态势。以 2017 年各类保险专业中介机构在我国 31 个省份数量分布的首位度指数为例看（见表 1－1），全国性保险专业代理机构 PI_3 为 51.71%，PI_6 为 69.66%；从区域性保险专业代理机构的首位度指数看，PI_3 为 29.04%，PI_6 为 46.07%；从保险经纪机构的首位度指数看，PI_3 为 65.92%，PI_6 为 76.19%；从保险公估机构的首位度指数看，PI_3 为 43.07%，PI_6 为 63.07%。除区域性保险专业代理机构外，我国全国性保险专业代理机构、保险经纪机构和保险公估机构，其机构数排名前六位的省份占总机构数的比例均超过 60%，且集聚在保险业发展水平较高的北京、广东、上海、山东、江苏等东部省份。

表 1－1　2017 年我国保险专业中介机构数量的首位度指数　单位：%

首位度指数*	全国性保险专业代理机构	区域性保险专业代理机构	保险经纪机构	保险公估机构
PI_3	51.71	29.04	65.92	43.07
PI_6	69.66	46.07	76.19	63.07

注：＊①全国性保险专业代理机构数排名前六位的省份依次为：北京、广东、上海、河北、山东、江苏；区域性保险专业代理机构数排名前六的省份依次为：广东、山东、江苏、北京、上海、河北；保险经纪机构数排名前六位的省份依次为：北京、上海、广东、山东、浙江、天津；保险公估机构数排名前六位的省份依次为：北京、上海、广东、河北、山东、江苏。②上述省份中广东省的数据包括深圳市；山东省的数据包括青岛市。

资料来源：根据《中国保险统计年鉴》相关数据整理计算而得.

迈克尔·波特（Michael Porter，1990）在《国家竞争优势》中认为，集聚发展不仅降低集聚企业的交易成本，提高其生产效率，而且集聚还能带动产业发展所需的资本、人才和技术等要素的集聚，进一步改善和提供企业创新的条件，加速集聚产业竞争优势的形成。同时，由于地理距离的邻近，产业集聚地区的信息流通更加便捷，加速集聚溢出效应的扩散，促进相关产业及地区产业竞争力的提升。所以，从集聚理论分析，我国保险专业中介机构的集聚发展不仅能促进其自身经营效率的提高，而且通过集聚溢出效应还能提高集聚地区保险市场的发展规模。但是从目前我国保险专业中介机构的研究文献看，其多数文献集中在我国保险专业中介机构发展中存在的问题及其监管方面，对机构集聚发展现状及其影响效应均无所涉及。所以，从保险专业中介机构空间集聚的发展现状来研究其集聚的直接和间接效应将是一个全新的研究视角。

鉴于此，本书在相关集聚理论和文献研究的基础上，从理论和实证两方面具体分析了保险专业代理机构、保险经纪机构和保险公估机构的集聚效应。首先，运用集聚程度的测度指标从时间和区域层面对比分析了我国各类保险专业中介机构的集聚发展态势；其次，从理论方面分别就保险专业中介机构集聚的直接效应和间接效应分析了其对自身经营效率和保险业发展影响的传导路径，并且运用我国各省份相关数据对其集聚的直接效应和间接效应进行实证检验；最后结合我国保险专业中介机构集聚特点及发展中的问题，提出了集聚发展中促进我国保险专业中介机构专业化、规模化发展的政策建议，这对我国保险专业中介机构经营能力的提升具有重要的理论和实践意义。

1.1.2　研究意义

（1）理论意义

对保险专业中介机构集聚效应的研究既是产业集聚理论具体化的应用，同时也丰富和拓展了集聚理论的应用体系。

产业集聚理论体系随着世界经济格局的变化不断被拓展，最初用来分析农业产业的集聚格局。随着全球经济中心向制造业和工业方向的转变，相关的理论研究和模型分析框架扩展到工业产业集聚；现阶段随着全球经济中服务业的深化发展，关于金融、高新科技等现代服务业的集聚发展成为理论研究的焦点。保险专业中介是联结保险需求和保险供给的桥梁，其集聚发展不仅对自身竞争力的提升具有重要作用，其集聚的溢出效应也加速了保险市场规模的扩大和专业化程度的提高。所以，保险专业中介机构集聚效应的研究既是产业集聚理论具体化的应用，也丰富和拓展了集聚理论的应用体系。同时，我国保险专业中介机构集聚效应的实证检验也为保险中介机构集聚发展理论提供了数据支撑和参考。

（2）实践意义

首先，由于我国保险专业中介机构发展时间较短，其专业化程度低、发展规模小的经营现状无法满足我国保险市场专业化、国际化的发展需求。而从其集聚发展态势的角度，分析和检验集聚发展对自身经营效率的具体影响，为保险专业中介机构集聚发展中经营效率的提升提供了事实依据，同时也为我国保险专业中介机构发展中问题的解决提出了一个全新的思路和视角。

其次，现阶段我国保险中介市场还处于发展的初期，多层次、多成分、多形式的保险中介体系还需要进一步发展和完善。通过对比分析美国、英国、日本成熟保险中介市场主体的发展模式和监管制度，为我国建设完善的保险中介市场体系提供了借鉴和经验。

最后，根据各类保险专业中介机构集聚对其自身经营效率和保险业发展影响效应的实证分析结果，本书有针对性地提出了集聚发展中如何解决现阶段我国保险专业中介机构经营效率低、业务规模小等相关问题的政策建议，为我国保险专业中介机构业务能力和竞争力的提升提供些许指导和借鉴。

1.2 相关概念的界定

1.2.1 产业集聚的概念

产业集聚一直是国内外学者研究的焦点，根据研究的时代背景、产业主体等方面的内容不同，对产业集聚的概念也存在不同的定义方式。

古典和新古典经济学家从企业区位选择的角度对产业集聚的现象做出了解释。古典经济学家认为，不可流动的生产要素在区域间的分布是不平衡的，不同区位上的要素禀赋存在差异。在规模报酬不变和完全竞争假设条件下，企业出于对节约运输成本、降低距离间的信息损失等方面的考虑而选择在同一具有要素优势的地区生产。随着进入企业的增加，该地区的产业分工更加深化，而产业链分工的深化进一步加剧了企业集中的意愿，最终企业的区位选择达到均衡，产业集聚区形成。而新古典经济学家则是从要素自然流动和外部经济的角度解释了产业集聚。马歇尔（Marshall，1890）提出了工业区概念。他认为，越多的企业在同一区位集聚发展越会带动其发展所需要的投入品、劳动、资本、技术等相关要素在该区位的集聚，从而降低该地区企业的生产成本，有利于其自身竞争优势的形成。戈登和麦卡恩（Gordon & McCann，2000）在区位理论的基础上提出了“产业簇集”的概念，即指在确定区域内由企业间购买和销售关联而形成的一种稳定的商业关系。

迈克尔·波特（Michael Porter，1990）引入“集群”概念，解释了关联产业间企业的集聚现象。他认为，“集群”是指在某一特定区域下的一个特别领域，存在着一群相互关联的公司、供应商、关联产业和专门化的制度和协会①。莱德曼（Redman，1994）和罗森菲尔德（Rosenfield，1995）将产业集群定义为，为了获得经济上的合力，相互关联企业在地理上的集中行为。相互关联企业的集群发展，可以降低企业的交易成本，提高其生产效率。同时，集群发展还能改善企业的创新环境，激励其创新行为，加速生产效率的提升和规模的扩大。钱平凡（2003）认为产业集群的形成初期都有一个起关键作用的企业，通过该企业的衍生、裂变、创新与被模仿等方式逐渐形成更大规模的企业集聚，最后形成一个产业集群，通过产业集聚的溢出效应，最终形成该集群的竞争优势。

在新产业区理论中，学者们对中小企业的集聚进行了定义。斯科特（Scott，1992）将中小企业的集聚定义为，基于合理劳动分工的生产商在地域上结成的网络，是一个有界的地理区域内中小企业群构成的网络生产系统（Garafoli，1991），一般会存在于城市的郊区或者大都市的边缘地区（Brusco，1986）②。仇保兴（1997）将小企业集群定义为，一群自主独立又相互关联的小企业依照专业化分工和协作建立起来的组织③。

国内部分学者也就某一特定研究领域对产业集聚的概念进行了界定。徐康宁（2003）将产业集聚的概念定义为，产业内的生产活动、销售活动以及为这种生产和销售所服务的经济活动高度集中于一定区域内的现象④。王春晖（2015）从微观层面上对产业集聚进行了界定，主

---

① ［美］迈克尔·波特．国家竞争优势［M］．李明轩，邱如美译．北京：中信出版社，2012.

② 刘乃全．产业集聚论［M］．上海：上海人民出版社，2009：55.

③ 仇保兴．小企业集群研究［M］．上海：复旦大学出版社，1997：45.

④ 徐康宁．产业集聚形成的原因和影响的研究［D］．上海：复旦大学，2003：10.

要是企业为追求集聚的利益而选择在一个区域扎堆布局的经济现象[①]。

本书中的产业集聚是对集聚概念的具体化，专指保险专业代理机构、保险经纪机构和保险公估机构三类保险专业中介机构在我国各个省份的集中程度和状态。

1.2.2 保险中介的相关概念及分类

（1）保险中介的定义

保险中介是介于保险经营机构之间或者保险经营机构与保险购买者之间，专门从事保险业务咨询与销售、风险配置管理、保险标的价值平衡与评估、损失的核定与理赔等中介服务活动，并从中依法获得佣金或手续费的单位及个人[②]。对于保险供给者而言，保险中介是保险的需求方；而对于投保人而言，保险中介则为保险产品和服务的供给方。保险中介利用其自身信息和成本优势，很好地将保险市场的供给方和需求方进行匹配。随着保险市场的不断扩大，其业务会呈现更加专业化和细分化发展，保险中介的市场地位和作用将更加凸显。

由于每个国家保险市场的发展历程、业务机构、营销方式、监管制度等存在差别，其保险中介的种类及形式也不完全一致，其中主要的保险中介形式包括保险代理人、保险经纪人和保险公估人。

根据我国《保险法》的规定，“保险代理人是根据保险人的委托，向保险人收取佣金，并在保险人授权的范围内代为办理保险业务的机构或者个人[③]”。在我国具体可分为保险专业代理人、兼业代理人及个人代理人。其中，专业代理人是指受一家或几家保险公司的委托，代其办理保险业务，并依法收取保险公司手续费用的法人机构或个人；兼业代理人是指在从事自身业务的同时，可以兼职代理保险业务的机构，目前我国的保险兼业代理人主要分为金融机构兼业代理（比如银行、邮政等）、行业兼业代理（比如汽车销售代理商）、企业兼业代理；个人代

---

① 王春晖．产业集聚、要素积累与地区产业升级——区域开放视角的机理与实证［D］．杭州：浙江大学，2015：2.

② 江生忠，邵全权．保险中介教程（第三版）［M］．北京：对外经贸大学出版社，2013：3.

③ 《保险法》（2015 年修正）第 117 条，https：//duxiaofa. baidu. com/detail?searchType = statute&from = aladdin_28231&originquery = 保险法 &count = 182&cid = 995d3f3bcf96060c74df1af2f6fce4d8_law.

理人是指保险营销员受保险公司的委托代理代其向投保人办理保险业务，但是个人保险代理人在代为办理人寿保险业务时，不得同时接受两个以上保险人的委托。自1992年友邦保险将个人保险代理人引入中国保险市场后，在人身险业务中得到广泛应用。据《2021中国保险代理人洞察报告》统计，2019年我国个人保险代理人达到912.3万人，实现保费收入占保费总收入的近50%。一方面个人保险代理人在我国保险市场发展过程中作出了巨大贡献；另一方面个人保险代理人队伍在发展中也暴露出诸多问题。近年来，部分保险公司也开展了独立个人保险代理人试点工作。为促进保险市场高质量发展，通过健康增量逐步稀释问题存量，中国银保监会立足试点成功经验，全面研究建立比较完善的独立个人保险代理人制度，于2020年12月发布《中国银保监会办公厅关于发展独立个人保险代理人有关事项的通知》（以下简称《通知》）。《通知》规定，独立个人保险代理人是指与保险公司直接签订委托代理合同，自主独立开展保险销售的保险销售从业人员；直接按照代理销售的保险费计提佣金，不得发展保险营销团队。现阶段，我国保险产品的销售渠道仍以兼业代理人和个人保险代理人为主。

保险经纪人则是基于投保人的利益，为投保人与保险人订立保险合同提供中介服务，并依法收取佣金的机构①。在我国，保险经纪人是以法人机构的形式存在。而在美国、英国等国家允许个人形式的保险经纪人开展业务，而以劳合社为代表的经纪人业务在英国的保险市场中具有举足轻重的地位。根据保险业务形式的不同，保险经纪人又可以进一步分为原保险经纪人和再保险经纪人。通常再保险业务存在风险高、价值高、技术强等特点，业务的保险专业性较强，许多再保险的业务都是由保险经纪人完成。因此，相较于原保险业务，保险经纪人在再保险业务中更具有优势。

保险公估人是指评估机构及其评估专业人员接受委托，专门从事保险标的或者保险事故评估、勘验、鉴定、估损理算以及相关的风险评估等业务，并按约定收取报酬的机构。在我国保险公估人的形式包括有限责任公司、股份有限公司以及合伙企业②。根据委托保险业务的不同，

---

① 《保险法》（2015年修正）第118条.

② 根据原中国保险监督管理委员会《保险公估机构监管规定》（2015年修订）第二条和第七条，资料来源：https：//duxiaofa. baidu. com/detail?searchType = statute&from = aladdin_28231&originquery = 保险公估机构监管规定 &count = 78&cid = fef22f27dfdd8969d2298956c1d8fada_law.

可以分为核保公估人和理赔公估人；同时也可以根据保险标的种类的不同，分为海上保险公估人、火灾及特种保险公估人、汽车保险公估人等。按照经营范围的不同，可分为全国性保险公估机构和区域性保险公估机构。全国性保险公估机构可以在全国（港、澳、台地区除外）范围内开展业务，并可以在工商注册登记地所在省、自治区、直辖市、计划单列市区域之外设立分支机构。区域性保险公估机构只能在工商注册登记地所在省、自治区、直辖市、计划单列市区域内开展业务、设立分支机构（中国银保监会另有规定的除外）。

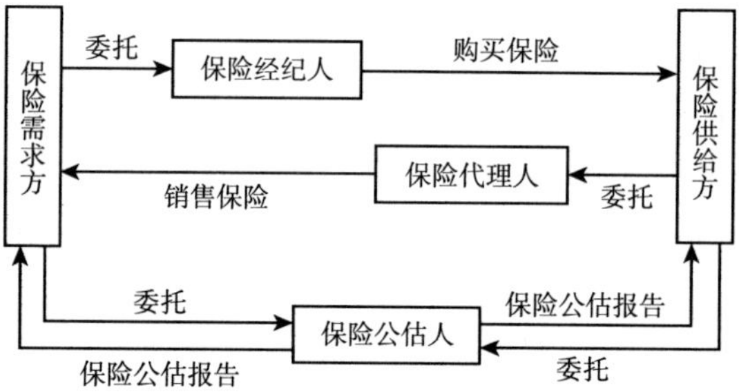

图1－1　保险中介关系

（2）各类保险中介的区别

根据保险代理人、保险经纪人、保险公估人的相关概念定义可知，三类保险中介在其法律地位、业务要求、费用收取方式、承担的法律责任、相关业务职能均存在区别（见表1－2）。

表1－2　各类保险中介的业务区别

保险中介	保险代理人	保险经纪人	保险公估人
法律地位	委托方为保险人，代表保险人的利益	若委托方为投保人，则代表投保人的利益；若提供咨询等服务，则代表自身公司	既不代表保险人的利益，也不代表投保人的利益，仅代表自身公司
业务要求	熟悉委托保险业务	高于保险代理人的业务要求	高于保险代理人和保险经纪人
费用收取	由委托保险人支出佣金	若委托方为投保人，则由其支付佣金，若提供咨询服务，则向咨询方收取服务费	由委托方支出佣金

续表

保险中介	保险代理人	保险经纪人	保险公估人
法律责任	委托保险人承担	自身承担	自身承担
业务职能	开发客户、代收保费、代签保单、风险防范、保险事故勘察等	保险业务咨询、保险风险配置管理、市场询价报价、保险损失索赔与追偿	保险标的的价值评估与检验、损失勘验与理算

资料来源：江生忠，邵全权．保险中介教程（第三版）[M]．北京：对外经贸大学出版社，2013：19－20.

根据《中国保险业发展“十三五”规划纲要》的发展要求，在建立多层次、多成分、多形式保险中介服务体系的基础上，加快我国保险中介机构向专业化、规模化方向发展，培育具有国际竞争力的龙头中介机构。因此，本书主要研究对象为保险专业代理机构、保险经纪机构和保险公估机构三类机构，而保险兼业代理机构及个人保险代理人并不作为本书研究的重点。

1.3 研究内容及方法

1.3.1 研究内容

根据上述研究思路，本书的主要内容分为五大部分，分述在以下八章内容中。

第一部分，本书的研究基础，分述在第1章和第2章中。第1章绪论，内容为本书研究的背景、意义；研究内容的概念和范畴界定；研究内容、框架和方法；创新点及不足，是从整体上对本书研究思路和内容的一个综括。第2章为理论基础和文献综述，首先，从“区位理论”“竞争优势理论”与“中心—外围”理论三个方面分析产业集聚的源泉与效应，为本书保险专业中介机构集聚效应路径的搭建提供了理论基础；其次，整理分析了关于产业集聚效应的相关文献，特别是金融产业的集聚效应，在现有集聚文献的研究基础上，结合现阶段我国保险专业中介研究的不足和空白，确立了本书的主要研究内容和创新点；最后，对现有文献中常用的产业集聚指标的计算方法和应用范围进行比较分析，为我国保险专业中介机构集聚指标的选取提供了参考和借鉴。

第二部分，国内外保险中介市场发展比较内容对应本书第3章。保险中介是保险市场的重要组成部分，在保险市场的扩大和专业化发展进程中起到关键作用。通过对外国成熟保险中介市场——美国、英国和日本三个国家保险中介市场主体发展现状、模式与监管等方面的对比分析，总结保险中介机构专业化、规模化发展的经验与条件，为我国保险专业中介机构专业化和规模化发展提供借鉴与参考。

第三部分，中国保险专业中介机构集聚发展态势分析，具体内容对应本书中的第4章。具体采用空间基尼系数、区位熵指数和首位度指数，从时间层面和区域层面对我国保险专业代理机构、保险经纪机构和保险公估机构的集聚程度进行了比较分析，并在此基础上对三类保险专业中介机构的集聚发展特点及相关影响因素进行总结。

第四部分，中国保险专业中介机构的集聚效应分析，这是本书的重点，分述第5章和第6章中。第5章是保险专业中介机构集聚对其经营效率影响效应分析，首先从理论上分析了中介机构集聚发展对经营效率影响的传导路径；其次采用DEA前沿法和SFA前沿法分别对三类保险专业中介机构的经营效率进行分解测算；最后，运用Tobit模型等实证方法具体检验了保险专业中介机构集聚对其技术效率、技术进步及规模效率的影响效应，并采用不同的变量及GMM估计法对相应回归结果的稳定性和内生性进行了检验。考虑到保险专业中介在保险产业链中的重要作用，其集聚发展不仅对其自身经营效率存在影响，对保险市场发展也会存在溢出效应，因此本书第6章进一步分析其集聚对保险市场发展的影响效应。考虑到集聚可能存在的空间溢出效应，首先，从理论上构建了保险专业中介机构对保险市场影响的直接效应和间接效应的传导路径；其次，运用莫兰指数（*Moran's I*）对变量的空间相关性进行了检验；最后，采用空间计量模型对三类保险专业中介机构集聚对财产保险市场和人身险保险市场的影响效应分别进行实证分析，并采用不同的距离权重矩阵对相关回归结果的稳健性进行了检验。

第五部分，结论及政策建议，内容对应本书的第7章。在对本书研究结论进行概括和总结的基础上，从专业中介机构自身、保险市场环境、监管和外部环境四个方面对集聚发展中如何有效发挥产业集聚的溢出效应，提升我国保险专业中介机构的专业化和规模化水平提出了相关政策建议。

第六部分，中国保险专业中介机构数字化转型的路径思考，内容对应本书第8章。在国家政策与宏观市场环境叠加推动下，保险业数字化转型不断深化，为保险专业中介机构的升级转型提供了机遇。首先对保险科技的发展现状、趋势及存在的问题进行了分析；然后重点研究了保险专业中介机构的科技运用情况，并通过典型案例分析总结其实践创新；最后基于政策及市场环境变化趋势分析了我国保险专业中介机构数字化转型的发展机遇及前景。

1.3.2 研究方法

第一，文献梳理法。本书对相关集聚理论和集聚效应文献进行了梳理、归纳和评述，一方面，为本书的研究奠定了理论基础；另一方面，找到了现有文献中关于保险中介研究的不足和空白，从而确定了本书的研究方向和创新点。

第二，比较归纳法。虽然目前我国是全球第二大保险市场，但是相较美国、英国和日本等国家的保险中介市场成熟度，我国保险中介还处于发展的初期阶段。通过国内外发展对比分析，一方面，发现我国保险中介发展中的不足；另一方面，借鉴成熟市场发展过程中的优势经验。

第三，实证分析法。为了从时间层面和区域层面比较我国各类保险专业中介机构的经营效率变化，本书在采用马氏全要素生产率指数的前提下，分别利用数据包络分析法和随机前沿分析法，对我国保险专业代理机构、保险经纪机构和保险公估机构的经营效率变化指数及其分效率变动指数进行了对比分析。

在分析保险专业中介机构集聚对其经营效率影响的实证分析中，具体采用了归并回归分析法和广义矩估计法。考虑到产业集聚效应的空间溢出性，若采用常规的计量回归方法，可能会存在估计误差，因此本书采用空间计量法，实证分析了不同距离权重矩阵下，我国保险专业中介机构集聚对财险市场和人身险市场发展的影响效应。

1.4 研究创新与不足

1.4.1 主要的创新

相较于现有文献的研究结果，本书的创新点主要在于以下三个方面：研究视角、研究内容和实证方法。

（1）研究视角的创新

产业集聚一直是国内外学者研究的焦点，但却缺乏从保险专业中介的角度对其集聚效应的相关研究。对于国外学者而言，对产业集聚的研究更多的是理论模型的建立和扩展，通常聚焦于一个整体的产业或者部门，比如农业、工业或者服务业，更关注集聚模型的搭建；而对国内学者而言，更多的是对金融业中银行、保险、证券行业集聚效应的研究和检验，而对保险专业中介机构集聚方面的内容没有涉及。

随着我国由保险大国向保险强国进程的推进，加之我国保险中介市场的进一步开放，面对中、外资保险中介机构的同台竞争，如何提升我国保险专业中介机构的市场竞争力这个问题将更加凸显。现阶段以我国保险专业中介机构集聚效应为研究视角，不仅为集聚发展中我国保险专业中介机构专业能力的提升提供了建议，而且丰富和拓展了产业集聚理论的研究体系。

（2）研究内容的创新

我国保险中介市场发展时间较短，各类专业中介机构在业务模式、专业能力、规范程度等方面都存在诸多问题。因此，现阶段对我国保险专业中介的研究主要集中在发展问题的总结及监管方面，而没有对我国大量保险专业中介机构的区域集聚现状及其集聚发展带来的相关影响效应进行分析和关注。

基于此，本书首先分析了我国保险专业中介机构在时间层面和区域层面的集聚发展态势；然后在相关集聚理论的基础上，从理论和实证两个方面具体分析了保险专业中介机构集聚对自身经营效率和保险业发展的影响效应；最后，就如何提升各类保险专业中介机构的集聚发展效应提出了相关政策建议。

（3）研究方法的创新

以往文献中对我国保险中介的相关研究多采用例证、归纳总结等方法进行研究，缺少实证方面的数据和模型支撑。

为了准确测度我国各类保险专业中介机构的集聚态势及集聚的直接效应和间接效应，本书利用我国省级面板数据，首先，采用空间基尼系数、区位熵指数、首位度指数对我国各类保险专业中介机构的集聚程度进行了分析；其次，采用 DEA 前沿法和 SFA 前沿法在测算各类保险专业中介机构技术效率变动、技术进步变动及规模效率变动的基础上，进一步采用 Tobit 模型从实证方面分析了集聚对保险专业中介机构自身效率的影响效应，同时，为了检验模型估计的一致性，本书进一步采用 GMM 方法对回归模型的变量影响方向和显著性进行了检验；最后，鉴于集聚对保险市场影响效应的空间溢出性，本书采用空间自回归模型（SAR 模型）、空间杜宾模型（SDM 模型）、空间误差模型（SEM 模型）以及邻接权重矩阵、反距离权重矩阵、经济距离权重矩阵等实证方法具体分析了我国保险专业中介机构集聚对财险市场和人身险市场发展的影响效应。

1.4.2 研究的不足

由于我国保险专业中介机构的数量比较多[①]，现阶段相对比较权威的保险专业中介数据来源于《中国保险统计年鉴》。但由于缺乏严格规范的统计制度，每年的年鉴中也存在部分保险专业中介机构数据的缺失。为此，对于保险专业中介机构集聚指标的测度都采用相对值的形式，以降低绝对数引起的统计误差。同时，本书还对《中国保险统计年鉴》中每一家保险专业中介机构的相关数据进行校对，从而确保样本数据的相对准确性。

---

① 本书样本中，2005～2016 年保险专业代理机构的数量（家）分别为：977、1017、1292、1397、1050、1466、1534、1422、1412、1602、1585、1416；2005～2016 年保险经纪机构的数量（家）分别为：250、224、237、295、328、353、383、355、398、494、484、483；2005～2016 年保险公估机构的数量（家）分别为：169、158、172、212、181、262、257、230、251、309、285、300.

另外，本书关于保险专业中介机构集聚对保险市场发展影响的溢出效应分析中采用的是省级面板数据，但是从理论上，若采用更低地域层级的面板数据，则其空间溢出效应可能会更显著。而这也将会是本书未来研究的一个方向，随着我国保险专业中介机构数据统计的不断完善，加之我国各区域城市群规划的不断推进，从城市群视角下研究保险专业中介机构集聚在地级市地域层面的溢出效应将是后续研究的重点。

第2章　相关理论与文献综述

产业集聚出现在产业革命之后，厂商出于降低生产成本的考虑，会在一定的区域范围内集聚发展，是工业化时期的典型产物。但是随着全球信息技术和互联网技术的发展，以及现代交通运输方式的改进，部分学者认为地理区位的集聚优势正在逐渐减弱，提出“地理已死”的观点（Kenichi Ohmae，1990）。但是纵观现代产业发展，不仅工业企业存在集聚，金融、高新技术等现代服务业的集聚发展程度似乎更高，而且具有国际竞争优势的产业普遍存在空间集聚现象。所以，产业集聚仍然是现代全球经济发展中一个突出特点。

本章首先对产业集聚的相关理论进行了梳理和总结；然后对集聚效应，特别是对金融、保险产业集聚效应研究的相关文献进行了分类梳理和总结；从而为本书保险专业中介机构集聚效应的研究奠定了理论基础。同时，还对现有文献中常用的产业集聚测度指标进行了总结和比较，为本书保险专业中介机构集聚测度指标的选取提供了借鉴。

2.1　产业集聚相关理论评述

产业集聚理论伴随全球经济格局的变化不断深化和发展，随着经济发展中心和产业革命的进程，研究内容从农业产业逐渐转移到工业产业，再到现在的现代服务业，而研究的主体也从产业内发展到产业间。

本节主要以比较经典的区位理论、国家竞争优势理论以及中心—外围理论为基础，分析产业集聚的动力及源泉。

2.1.1 区位理论

（1）区位理论的概述与发展

阿尔弗雷德·马歇尔（Alfred Marshall，1890）在《经济学原理》中提出区位外部性和规模经济①是企业选择区位的重要动因，他认为同一产业生产商选择在同一区位附近的原因有三个：第一，在地理上集中的产业可以产生专业的供应商；第二，同行业厂商的集聚可以为厂商提供一个劳动力供应池，劳动力的需求和供给更容易匹配；第三，厂商间地理位置的邻近有利于信息的传播和溢出。在同一区位，产业结构集聚得越多，越能吸引更多的人力、资本、技术等生产要素进入，而相关生产要素的集聚发展又可以降低厂商的生产成本，提高企业的生产效率，提升该区位产业的竞争力。在此基础上，马歇尔（Marshall）提出了工业区的概念，这也为产业集聚的区位选择研究奠定了微观基础，其研究的重点是同一产业厂商的集聚及竞争力问题。

19 世纪初，德国农业开始向大型化、商品化过渡，约翰·海因里希·冯·杜能（Johann Heinrich von Thünen，1826）为研究德国农业的经营模式和产业化问题，撰写了《孤立国同农业和国民经济的关系》一书。书中假设存在一个孤立的城市，其供给由周围的农民提供，土地是有限的，每种农产品的亩产量和运输成本是不同的。在该假设下，怎么分配土地才能使生产和运输成本最小，也就是微观主体在利润最大化或者成本最小化下的区位选择问题。

图 2-1 为冯·杜能的分析模型，图形的上半部分为三种农产品竞租曲线的包络线，每一段对应农产品应付的最高地租；图形的下半部分为对应的每种农产品的生产布局，且该布局以城市为中心，以同心圆的形式出现。

该模型从农业的角度出发，解释了市场微观主体以生产和运输成本最小化为原则来选择生产区位。

随着世界经济中心由农业向工业转变，阿尔弗雷德·韦伯（Alfred

---

① 外部性是指集聚区整个产业或经济的发展而使得整个产业所有厂商平均成本降低的效应；而规模经济则是指由于厂商自身规模扩大而带来的规模收益的递增，即外部性是从整个产业的角度来说，而规模经济是从单个厂商的角度而言.

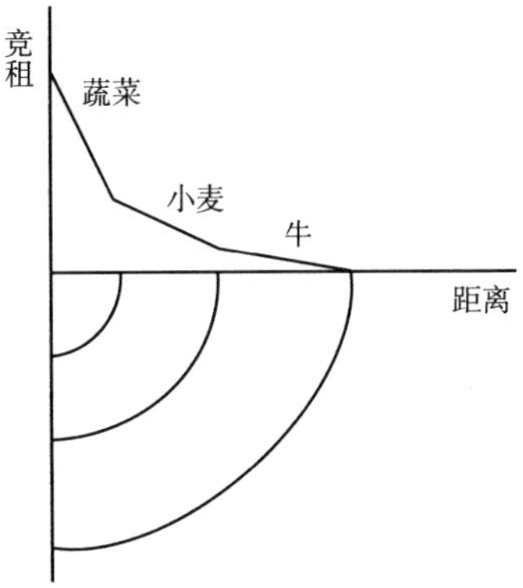

图 2－1　竞租曲线与土地利用

资料来源：藤田昌久（Masahisa，Fujita），保罗·R. 克鲁格曼（Paul R. Krugman），安东尼·J. 维纳布尔斯（Anthony J. Venables）. 梁琦译. 空间经济学——城市、区域与国际贸易[M]. 北京：中国人民大学出版社，2013：16.

Weber，1909）提出了对应的工业区位理论，其同样认为工业企业选择区位仍是以使企业生产成本最小化为目的，而集聚可以降低企业的生产成本，所以同一产业的生产商选择在相同区位集聚就成为一种必然。而后，克里斯塔勒（Christaller，1933）和奥古斯特·勒施（Lösch，1940）将工业区位理论分析由一种产业集聚推广到多种产业生产商区位选择的中心地区理论。该理论解释了存在规模经济与运输成本制衡的情况下，会形成一个中心地区点阵，该中心地区层级在空间上形成一组嵌套的六边形。虽然该模型描述的层级结构是可能的，但是却没能解释如何维持这种层级的稳定。

胡佛（Hoover，1948）将费用结构、生产投入的替代品和规模经济等加入到工业区位理论中，引出了区位化经济与城市化经济①的概念。他认为，产业集聚群体的规模不仅与需求因素有关，也与产业的生产成本和投入产品的供给有关，集聚产业以外的供给多样性（比如公共品投入的可供性等）会成为城市化经济的比较优势。

（2）对保险专业中介机构集聚的启示

区位理论主要是从企业的生产成本最小化，或者利润最大化的角度

---

① 区位化经济是指由于企业集聚而引起的区位外部性称为区位化经济，城市化经济是指与一般城市优势相关联的外部性称为城市化经济.

分析产业集聚过程中的区位选择，在不同的市场、技术、需求等方面，生产厂商平衡自身的利益与成本取舍，从而得到一个区位选择矩阵。而现在的产业集聚理论更加注重产业集聚的区位化经济。

从区位理论中可以知道，即使没有额外的外部行政政策的干预，出于厂商成本最小化（或者收益最大化）的考虑，产业也会存在自发的集聚过程，而集聚区的“城市化经济”又能加速和强化产业集聚的进程。

对我国保险专业中介机构而言，区位优势同样是其集聚发展的动力。一方面，我国保险中介产业处于发展的初期阶段，保险专业中介机构在人才、资本、技术等高质量要素方面相对缺失，而这些要素丰富的地区更能吸引保险专业中介机构的集聚发展；另一方面，对于保险中介产业而言，位于保险产业链的中间环节，具体提供信息服务和风险保障，市场中相关信息的完备性对其发展至关重要，那么在保险公司或者目标客户群集聚的区域，更有利于保险专业中介机构靠近保险产品的供给方和需求方，从而减少信息不对称引起的道德风险等对保险专业中介机构发展的影响。所以，保险专业中介机构更偏向于在金融中心或金融集聚区集聚。

2.1.2 竞争优势理论

（1）竞争优势理论的概述与发展

传统的产业集聚理论更多地强调产业自身集聚发展的动力和源泉，而迈克尔·波特（Michael E. Porter）则从竞争优势的角度分析了相互关联产业集聚的效应。基于对10个主要国家的产业研究，迈克尔·波特（1990）在《国家竞争优势》中提出了“国家竞争优势钻石理论”，分析了产业间相关企业、供应商和特定地区组织机构集聚发展对国家竞争优势产业的作用（见图2-2）。

钻石体系的目的就在于推动一个国家产业竞争优势趋向集群式分布，既呈现上下游产业间的垂直关系，又存在市场、技术和营销网络间的水平关联。集群间产业的竞争力存在溢出效应，在一个互动的过程中，一个竞争优势产业可以带动另一个竞争产业的产生。同时，产业间的集聚发展还有助于放大生产要素的创造力。由于集群中产业间的相互关联，技术、信息和人力资本等要素可以产生溢出效应，且产业集群发展也具有激励专业化和投资的效应。产业集群出现后，为了实现要素最

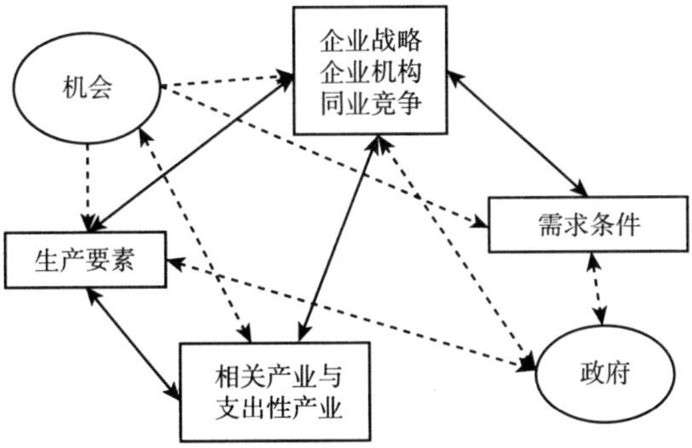

图2-2　完整的钻石体系

资料来源：[美] 迈克尔·波特．国家竞争优势 [M]．李明轩，邱如美译．北京：中信出版社，2012：114.

大化收益，国家或者地区的优势资源会自动流向产业集群中，而且一个产业的专业化程度越高，其资源流向该产业的速度会越快。具有竞争优势的产业在一个国家或地区通常会呈现地理集中的趋势，会把产业发展所需的技术、人才等优质要素吸引过来。同时，由于地理距离的邻近，信息的传播和扩散更快，知识溢出效应也更加明显和有效。

波特（Porter）认为产业保持竞争的源泉来自投资和创新，产业内部的企业必须有能力改进和创新，才能时刻创造和保持自身的竞争优势，而产业集群的主要作用就在于为集群内的企业提供条件，加速其创新的速度，使它们具有更广的发展空间和方向。

（2）对保险专业中介机构集聚的启示

波特（Porter）的国家竞争优势理论主要是从竞争力的角度分析产业间企业集聚及集聚发展的动力和效应，为一国或地区产业竞争力的提升提供了理论基础和政策借鉴。从我国产业集聚及竞争力的角度看，加快我国金融集聚中心中相互关联产业间的集聚程度，对集聚区企业竞争力的提高具有促进作用。

从保险专业中介机构角度看，银行、保险、证券等相关企业的集聚发展对保险专业中介机构的集聚发展也具有促进作用。一方面，银行、保险、证券等产业都属于人力、资本和技术含量相对较高的产业，而保险中介不仅提供保险产品服务，还涉及风险的管理配置、各类保险标的价值和损失的评估等方面，所需要的人才、技术等要素种类和层面比较广，而一地区不同类型企业的集聚为保险专业中介机构的发展提供了要素供给。另一方面，不同类型企业在同一地区的集聚发展所产生的技术、知识等方面的创新和溢出也会使得该地区保险专业中介机构受益，对其竞争力提升存在促进作用。

2.1.3 新经济地理学理论

（1）新经济地理学相关理论的概述与发展

新经济地理学理论起源于20世纪80年代，藤田昌久（M. Fujita，1988）发表的《空间集聚的垄断竞争模型：细分产品方法》和克鲁格曼（Krugman，1991b）发表的《报酬递增和经济地理》在D－S模型[①]的基础上，将区位与空间集聚因素纳入不完全竞争与规模报酬递增的形式化模型中，并建立了一个解释产业集聚机制的“中心—外围”理论。

该模型仅考虑了农业和制造业两种经济部门，仅存在劳动力一种生产要素，若运输成本足够低、制造业的差异化产品种类足够多、制造业在经济中占比足够大时，经济中就会出现以制造业为中心、农业为外围的市场格局。而制造业产业链上向前向后的关联效应是形成制造业产业集聚的关键因素。克鲁格曼（Krugman）认为，产业集聚区位的选择很大程度上存在不确定性，经济中初始均衡的状态由历史或者偶然的因素发生变动，而产业通过向前向后的产业关联性和外部性，会在累积循环因果关系下持续发展，从而形成产业集聚。

产业集聚源自两方面的力量：集聚向心力和离心力，其中向心力主要包括关联效应[②]、厚实的市场[③]、知识溢出和其他外部经济；而离心

① 迪克西特和斯蒂格利茨（Dixit and Stiglitz）在1977年建立的一个规模经济和多样化消费之间两难冲突模型，简称D－S模型，具体内容详见：Dixit，A. K.，J. E. Stiglitz. Monopolistic Competition and Opeimum Product Diversity［M］. American Economic Review，1977，63（03）：297－308.

② 克鲁格曼（Krugman）认为关联效应只有在厂商存在规模报酬递增的情况下才促使其会向最大的市场集聚，否则将会选择不同的市场来满足不同市场的需求，而他认为的关联效应是指该厂商与产业链上下游企业的关联.

③ 在克鲁格曼（Krugman）的模型中，仅假设了劳动力一种生产要素，所以厚实的市场是指市场中存在一个“劳动池”，在市场中厂商可以更容易寻求到产业发展所匹配的劳动力，后来学者将其进行了扩展，将资本、交易成本等也纳入模型中进行分析.

力来自不能自由流动的生产要素、土地租金或者运输成本、拥塞及其他外部不经济（Fujita et al.，2013）。

产业集群化发展通常可以为集聚区产业带来正向促进效应（Beardsell and Henderson，1999），而集聚的正向效应正是企业区位选择所需要考虑的关键因素。而且，产业集聚是一个不断累积的动态过程，随着时间的推移，集聚的相互效应也会发生变化，均衡点会从一个区位转向另一个区位。而一区位空间集聚倾向能走多远，既依赖于人口、市场规模、交易成本、规模经济等基本经济条件，同时也依赖于预期与自我实现机制（魏长虹等，2011）。

（2）对保险专业中介机构集聚的启示

新经济地理学的相关集聚理论更多地关注于不同产业的集聚布局及集聚区内多种内部及外部影响因素所产生的相互作用力对集聚均衡的影响。所以，产业集聚是一个动态的过程，产业在集聚过程中既存在正向的集聚吸引力，也存在集聚所产生的外部不经济。

具体到保险专业中介机构的集聚分析中，一方面，产业集聚所产生的向心力可以促进保险中介产业的发展，从而对其经营效率产生正向的促进作用；另一方面，集聚所产生的外部不经济也会增加保险专业中介机构的经营成本，进而对其经营效率产生不利影响。所以，关于保险中介集聚的研究要关注到两个方面：一是保险专业中介机构集聚发展态势对其自身发展的影响；二是在保险专业中介机构集聚发展的过程中要注意政策的引导、市场的监管等方面，借助集聚发展的优势，促进保险专业中介机构业务能力的提升。

2.2　相关文献评述

2.2.1　产业集聚效应的相关文献

产业集聚一直是国内外学者和业界的研究热点，产业集聚不仅提高了集聚产业的竞争力，其集聚的溢出效应更是研究的焦点。但是不同产业的集聚原因及效应各异，不同学者的研究目的也不尽相同。鉴于此，结合本书的研究重点，本节主要对金融、保险等相关产业的集聚文献进行梳理与评述。

（1）集聚与效率的关系

戴维斯（Davis，1990）对金融领域的集聚调查研究发展，无论是大型、中型还是小型金融机构，都存在集聚倾向。因为集聚会吸引更多的专业人才及会计、法律等相关产业进入，从而降低了交易成本，提升了效率。马丁和奥塔维阿诺（Martin and Ottaviano，2001）认为产业集聚可以通过降低创新成本而促进集聚区经济的增长，而经济增长又对新企业进入产生吸引力，从而进一步加剧该地区的产业集聚，两者存在相互促进的关系。莱文（Levine，2005）认为金融集聚可以通过资本积累和技术创新两种作用渠道促进经济增长。

银行、保险和证券业是金融市场的重要组成部分，在多数金融集聚地区位于同一产业链上的三类金融产业的集聚区位选择一致，但是因为相关业务规模、集聚程度存在差异，其集聚效应也有所不同。丁艺等（2010）采用区位熵测度了银行、证券和保险业在我国东部、中部、西部集聚程度，结果表明各类金融机构在东部地区集聚程度均高于中部、西部地区，且从金融集聚对经济增长影响效应看，银行业集聚效应的弹性系数显著高于证券与保险业。孙晶、李涵硕（2012）也同样采用我国银行、保险、证券区位熵指数实证检验了金融集聚对东部、中部、西部地区产业结构升级的影响效应。实证结果发现，金融集聚对我国三个区域产业结构升级均存在显著提升效应，且银行业集聚效应的贡献程度远大于保险与证券业。

国内也有部分学者就保险业集聚效应进行了研究，但是相关文献较少。陈宏（2007）从理论上分析了跨国保险在我国集聚程度对保险业发展的正向影响机制和负向影响机制。程肖芬（2007）认为保险产业集聚可以提高我国保险业竞争力、创新力和经营效率。关俊、李加明（2017）采用空间回归模型对安徽省保险集聚效应进行了研究。研究结果表明，保险业集聚指标在安徽省各城市间存在空间相关性，但集聚指标对经济影响的空间溢出效应却不显著（杨彪、廖宜静，2012）。田乾、金怀玉（2016）运用莫兰指数对我国31个省份2001～2013年保费空间相关性进行了分析，认为我国保险业发展存在东部地区“高—高”和中部、西部地区“低—低”的集聚态势，且经济发达地区对保险集聚的带动作用比较明显，东部地区保险业的集聚进程呈现加快趋势。

金融集聚区专业化程度相对较高，银行、保险等市场主体集聚也伴随着金融中介机构的集聚。比拉等（Buera et al.，2010）认为金融集聚为金融中介提供了更广泛的信息收集渠道，为相关信息匹配提供了便利，促使金融市场中的优质资源从生产效率低的项目转向生产效率高的项目，从而进一步起到优化产业结构作用。同时，金融中介的出现源自获取交易双方信息成本优势，而金融集聚进一步降低金融中介信息获取成本，为各类信息收集和获取提供便利，提高金融中介资源配置的效率（余泳泽、宣烨和沈扬扬，2013）。

有别于金融机构集聚正向溢出效应，部分学者认为金融集聚在提高经济效率的同时，也造成了区域间经济发展程度不均衡。陈向阳（2016）以广东省为例在生产要素集聚理论基础上实证分析了金融中介、金融集聚与区域经济增长的关系。实证结果表明，金融中介、金融集聚引起资本向集聚区流动是造成经济增长与收入空间分布不均的主要原因。吴井峰（2016）利用我国2009~2013年的省级面板数据，采用空间滞后模型，实证检验了银行、证券、保险三类金融集聚对生态效率的影响效应。实证结果发现，金融集聚对生态效率影响呈现“东高—中西低”的态势，即在东部地区金融集聚对邻近地区存在正向溢出效应，而在中部、西部地区存在负向虹吸效应。

（2）集聚与创新的关系

创新是企业发展的永续动力，产业集聚对创新、技术进步的影响也得到国内外学者广泛关注和研究。

产业集聚也意味着相关产业人力资本、技术、资金等要素集聚，为技术创新提供所需的必备要素，从而提高集聚企业技术创新能力（Carlino et al.，2007）；产业集聚区内创新主体之间地理位置更加邻近，彼此间知识溢出效应更加快速和有效；同时，随着产业集聚规模扩大，对周边地区知识溢出效应也更加明显，因此产业集聚的知识溢出效应也进一步提升邻近地区技术创新能力（Storper and Venables，2004）。同时，知识溢出对技术创新影响又可以进一步细分为产业内知识溢出和产业间知识溢出，对于制造业而言，产业内知识溢出效应更明显；而对知识、技术密集型行业，其产业间知识溢出效应所起的作用更大（Marshall，1920；

Arrow，1962；Romer，1990；Jacobs，1969）。蒋传海（2011）采用我国1999～2007年省级工业行业数据，利用动态面板模型检验了产业集聚所带来的知识溢出和企业竞争对创新的影响效应。结果表明，产业内知识溢出和产业间知识溢出对技术创新影响效应均显著为正，且产业间知识溢出效应大于产业内知识溢出效应；而集聚区内的企业竞争对创新存在负向影响效应。

金融业作为高附加值产业，其集聚发展态势一直是国内外业界和学界关注的焦点，关于金融集聚创新效应的研究成果也较多。

金融业集聚过程中随着金融企业主体增加，集聚区内市场主体间竞争程度也不断增加，竞争又进一步激励提升了金融主体创新水平。不仅如此，金融集聚还可以通过信贷资源优化配置提高整体经济创新水平和效率（Buera and Shin，2008）。高小龙、杨建昌（2017）分别采用地级市和省级面板数据对我国金融集聚技术创新效应进行了实证分析。实证结果发现，金融集聚可以通过服务创新、信息扩散、人力资本集聚等途径对技术创新产生显著促进作用。金融集聚不仅能为企业创新提供所需资金、人力支持，金融集聚区完善的金融体系结构和网络还对分散技术创新相关风险发挥关键作用（Levine，1997）。

不同地区金融业集聚程度的差异引起技术创新溢出效应存在地区差异。王仁祥、白旻（2017）同样采用省级面板数据对我国金融集聚技术创新效率分区域影响效应进行分析。研究结果发现，在金融集聚程度较高的东部地区其对科技创新效率影响显著为正，但是在金融集聚程度低的地区则产生负向效应。同时，不同金融行业地区集聚程度的不同，其集聚对技术创新空间溢出效应也存在差别。王凯、庞振（2019）采用2000～2016年的省级面板数据实证分析了我国银行、证券及保险等金融行业集聚的技术创新效应。实证结果表明，银行、证券业集聚对技术创新的空间溢出效应均为正，且银行业集聚效应大于证券业；但是保险业集聚对技术创新的空间溢出效应为负，存在对邻近地区的挤出效应。

（3）集聚与距离的关系

面对不同的集聚周期和范围，产业集聚的溢出效应也存在一定门槛限制。王燕（2012）发现随着制造业集聚程度的提高，因集聚主体增加而产生的“拥挤”会逐渐降低集聚对全要素生产率的促进效应；同时，随着地理距离的扩大，产业集聚空间溢出效应也会出现逐渐减弱趋势（Keller，2002；Bottazzi and Peri，2003；Moreno et al.，2005；Fischer，2009；余泳泽等，2013；张浩然，2014）。

从金融集聚效应看，随着时间的变化，金融集聚技术创新效应也会有所不同。金融集聚初期，技术溢出效应相对较强。随着集聚规模的扩大和集聚企业的增加，集聚区企业间获得创新资源的相关成本会提高，从而对集聚技术创新效率产生挤出效应。余泳泽、宣烨、沈扬扬（2013）在地理距离权重矩阵下，采用我国230个城市数据实证检验了金融集聚对工业效率的空间外溢效应，发现金融集聚对工业效率提升的空间效应显著为正，且在区域一体化程度较高的长三角地区，其空间溢出回归系数显著高于全国样本回归系数；从外溢距离看，空间外溢效应的密集区域为300千米以内，而大于500千米后外溢效应就显著降低。张浩然（2014）采用空间杜宾模型，利用我国地级市面板数据检验了金融集聚对本地及相邻城市经济绩效的影响效应。实证结果表明，金融集聚不仅对本地全要素生产率具有显著促进作用，也对相邻城市全要素生产率存在显著空间溢出效应，但是其空间溢出效应随着地理距离的增大而减小，因此区域性金融中心的建设是必要的。

从金融业集聚效应相关研究文献可以看出，国内外学者的关注焦点主要在于金融集聚的影响路径分析，银行、保险等不同金融机构集聚效应弹性的差别，以及集聚效应的外溢门槛等方面。而且集聚效应的研究主体主要针对银行、保险等业务规模较大的机构，现有文献中关于保险专业中介机构集聚效应的研究几乎没有涉及。

2.2.2　保险专业中介机构的相关文献

保险中介是保险市场专业化发展的必然结果，在促进保险产品销售、提升保险市场经营效率、完善保险市场体系方面发挥了重要作用。但是因为我国保险中介体系建设时间较短，保险专业中介机构在整个保险市场上发挥的作用有限，因此国内学者对保险中介的研究主要集中在现阶段发展中存在的问题及未来发展方向等方面。

2000年之前，我国保险中介体系还不够完备，关于保险中介的研究主要集中在我国保险中介制度建设和完善方面（黄文强，1994；李建忠和藏炜，2000；魏华林，2000）。2000～2008年，加入世界贸易组织后，我国保险市场进一步开放，随着保险市场快速增长，保险专业代理、保险经纪、保险公估等专业中介机构数量不断增加，但是在发展过程中存在市场秩序不规范、业务范围狭窄、与保险市场发展不协调、市场监管不充分等诸多问题（安远芬和梁平，2003；兰绍清，2005；崔贤惠，2006；马淳正等，2008）。2008年之后，为了规范保险中介市场经营秩序，监管机构加大了对其的监管力度，相关研究也着眼于保险中介监管体系的完善（安洪秀，2009；宋占军，2018）、保险专业中介机构竞争力提升等方面（孙维峰等，2008；郭宁，2010；黄洪，2015；陈美桂，2018）。

（1）保险专业代理机构的相关文献

保险专业代理机构是我国保险专业中介机构中占比最大的群体。虽然我国保险专业代理机构数量较多，但在保费收入规模中占比一直较低，与保险市场的发展规模不相适应（黄丽，2005）。温燕（2009）采用我国2008年相关数据对此问题进行分析，认为原因在于：一方面，我国保险市场专业化分工优势还没有形成，从而造成保险公司与专业代理机构之间是竞争关系而非合作关系；另一方面，我国保险专业代理机构准入门槛较低，多数机构规模较小，经营效率较低，在保险市场中没有形成竞争优势。陈功、阎国顺（2010）也认为我国保险专业代理机构业务规模集中度高、业务机构单一、同质化严重、专业能力不强。

部分学者也对我国保险专业代理机构经营效率进行了分析，但是相关文献相对较少。尚颖、贾士彬（2012）利用DEA方法测度了2005～2008年河北保险专业代理机构的经营效率。结果表明，保险专业代理机构经营效率偏低，规模效率不明显，要素的投入比例不协调。潘印安等（2015）采用因子分析法对天津保险专业代理机构的市场结构与经营绩效进行了分析。结果发现，规模较大的保险专业代理机构其绩效排名也较高。

（2）保险经纪机构的相关文献

保险经纪人是基于投保人利益的保险中介主体，发挥风险管理顾问职责，在发达保险市场中业务占比较高，特别是英国。但是我国的保险经纪人仍然处于发展初级阶段，同样存在市场规模较小、专业能力不强、市场认可率较低的发展问题（郭蕙荞，2017；赵蕙萍，2016）。苏清社、王稳（2011）采用市场集中度指标和市场壁垒指标分析了我国保险经纪机构2005～2009年市场结构，认为从市场集中度看，我国保险经纪机构呈现垄断性低、竞争性强的特征。但是从市场壁垒角度看，股东优势型企业的集中度要明显高于技术优势型与市场优势型企业，且呈现不断增强的趋势。不少学者也分析了影响保险经纪市场发展的相关因素，认为资本、劳动力等生产要素（王晓全和康宁，2010）、公司规模和专业化程度（王萍，2005；刘见英，2005；Eckardt，2002）、保险市场的机构（李昊轩，2005；金燕芳，2004）等方面都对其市场竞争力提升存在显著影响。

（3）保险公估机构的相关文献

保险公估机构能够降低保险商品边际交易成本，协调保险供需双方的矛盾分歧，提高保险市场经营效率（魏华林，2000），是保险中介体系中重要的市场主体。国外发达保险市场中，一半以上的理赔业务都是由保险公估人参与的，但是我国保险公估机构发展速度较慢、盈利能力较差，现阶段在保险市场中业务量占比很少。而关于我国保险公估机构的研究文献也主要集中在保险公估机构发展现状及对策研究（蒋明珠，2015；王莉姗，2011；李飞、肖珂，2010）、保险公估制度建设和完善（魏华林等，2000；陈功，2006）、保险公估机构监管（杜家廷，2003；孟龙，2001）、保险公估人法律角色和定位（杨瑾，2017；郭清，2008）等方面。

虽然我国保险公估机构的数量呈逐渐递增的趋势，但从发展阶段来看，还处于发展的初期，相关的技术、人才等与国外发达保险公估机构还有较大差距，市场认可度也不是很高，所有现阶段的相关研究集中在理论方面的经验借鉴与制度探讨，缺乏区域集聚度、经营效率等方面的实证研究。

2.2.3　文献评述总结

从文献分析可以看出，现有文献对我国保险专业中介机构研究内容主要集中在其发展过程中存在的经营效率低下、业务技术能力不强、业务模式单一等问题，并从监管、专业人才培养、竞争力提升等方面提出相应的发展对策。其研究方法主要采用国内外对比或者例证的方式，从理论层面对我国保险专业中介机构发展中的相关问题进行研究，很少涉及实证方面的研究。但是，对我国相当数量的保险专业中介机构区域集聚程度及集聚发展所产生的影响效应无所涉及。鉴于此，考虑到我国保险专业中介机构的集聚发展现状，本书采用 2005～2016 年我国 31 个省份保险专业中介机构相关数据，对我国保险专业代理机构、保险经纪机构、保险公估机构集聚发展态势及集聚对自身经营效率及保险市场发展的影响效应从理论和实证两方面进行分析。

2.3 产业集聚的测度指标

产业集聚直观上表现为微观主体在同一地理区域的邻近程度和趋势。随着国内外学者对集聚产业和集聚经济分析，出于研究角度、研究行业、研究时间跨度等视角不同，现阶段测度产业集聚的指标也较多。本节对文献中常用的产业集聚程度测度指标进行总结，为后文中我国保险专业中介机构集聚程度的测度提供借鉴与参考。

2.3.1 产业集聚指标及应用

（1）首位度指数

首位度指数（primary index），可以简单地对某一产业在主要城市及地区集聚态势进行测度，该指标的核心点在于计算某一产业的产值（就业规模、机构数等）在前几大城市（地区）总和占该产业总产值（总就业规模、总机构数等）的比例，具体计算公式为：

$$PI_n = \sum_{i=1}^{n} \frac{x_i}{X} \qquad (2-1)$$

其中，PI_n为测度产业的首位度指数；x_i为 i 城市（地区）该产业的产值（就业规模、机构数等）；X 为该产业的总产值（总就业规模、总机构数等）；n 为按 x 大小排名的前 n 名的城市（地区），对于 n 的取值并没有过多的限制，可根据研究的目的或者样本城市的多少而定。

首位度指数多用来测度城市发展规模的相关指标，例如，刘秉镰、杨晨（2016）采用首位度指数衡量了我国城市规模分布的单中心—多中心程度；高啸峰等（2016）采用城镇建设用地面积测算了1990～2010年长三角城市群城市体系中多中心变化趋势；陈彪、张锦高（2009）运用该指数分析了湖北省的城市规模等级分布。

（2）赫希曼—赫芬达尔指数

赫希曼—赫芬达尔指数（hirschman-herfindahl index），通常是在产业组织研究中用来衡量某一产业市场竞争程度的指标，目前也被不少经济地理学者用来衡量产业的地区集聚状态。其核心在于计算某产业的产值（或就业规模）占比在各个地区间的平方和。具体表达式为：

$$H = \sum_{i=1}^{n}\left(\frac{x_i^k}{\sum_{i=1}^{n} x_i^k}\right)^2 \tag{2-2}$$

其中，x_i^k 表示 i 地区 k 产业的产值（或就业）；$\sum_{i=1}^{n} x_i^k$ 表示 k 产业在 n 个地区的总产值（或总就业）。通常情况下，H 值越大，说明 k 产业的集聚程度越高；反之，则集聚程度越低。

随着集聚研究的增加和深入，赫希曼—赫芬达尔指数又演变分成绝对集中指数和相对集中指数，其表达式分别为：

$$H_k^A = \sqrt{\frac{H}{n}} \tag{2-3}$$

其中，H_k^A 为 k 产业的绝对地理集中度指标；H 为上文中的赫希曼—赫芬达尔指数；n 为样本区域的个数。

$$H_k^R = \sqrt{\frac{1}{n}\sum_{i}^{n}(s_i^k - s_i)^2} \tag{2-4}$$

其中，H_k^R 为 k 产业的相对地理集中度指标；s_i^k 指 i 地区 k 产业的产值（或就业）占所有地区 k 产业总产值（或就业）的比例；s_i 为 i 地区（k 产业所属大产业）的总产值（或就业）占所有地区总产值的比重；n 为地区个数。

赫希曼—赫芬达尔指数通常用来分析产业、要素等市场的集中程度。瞿卫东（2001），赵桂芹（2006），聂富强、石凯（2016）等用该指数研究了我国银行、保险等金融行业的市场集中程度；刘秉镰、杨晨（2016）采用赫芬达尔指数，利用人口占比衡量了我国城市规模分布的集聚程度；迟景明、任祺（2016）采用该指数分析我国东部、中部、西部地区及各省份高校创新要素资源的空间集聚水平；王欢芳等（2018）、朱海艳（2016）、宗庆庆等（2015）、茅锐（2015）采用该指标对我国不同产业的市场集聚度进行了分析。

（3）空间基尼系数

基布尔等（Keeble et al.，1986）在洛伦兹曲线和基尼系数的基础上，发展了空间基尼系数，用来衡量某一产业在空间上的集聚程度。其表达形式如图2-3所示。

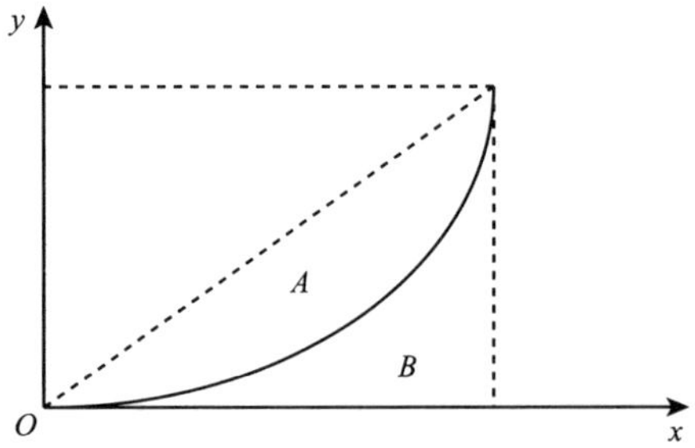

图2-3 洛伦兹曲线与空间基尼系数

资料来源：刘长全．中国产业集聚与产生率——理论框架及影响分析［M］．北京：经济管理出版社，2010：18.

图2-3中，x 轴表示某一地区所有产业就业人数占所有地区比重的累积，即取值为：$\sum \frac{\sum_k l_{ik}}{\sum_k \sum_i l_{ik}}$；$y$ 轴表示测度产业在地区间就业占比的累积，即 $\sum \frac{l_{ik}}{\sum_i l_{ik}}$；$i$ 为地区标识，k 为产业标识。理论上空间基尼系数等于 A 的面积与（$A+B$）的面积之比，但在实际中受限于计算方法，我们无法准确对空间基尼系数进行测算。为此，不少学者对空间基尼系数的计算方法进行了简化，比较常用的公式包括：

$$G = \sum_{i=1}^{n} (s_i^k - x_i)^2 \qquad (2-5)$$①

其中，s_i^k 为 i 地区 k 产业就业量占所有地区该产业就业量的比重；x_i为 i 地区所有产业的总就业量占全国总就业量的比重；n 为地区个数。

$$G = \frac{1}{2n^2 \overline{s_k}} \sum_{i=1}^{n} \sum_{j=1}^{n} |s_i^k - s_j^k| \qquad (2-6)$$

其中，s_i^k，s_j^k 分别为 i，j 地区 k 产业就业量占所有地区该产业就业量的比重；$\overline{s_k}$为 k 产业在所有地区就业量占比的平均值；n 为地区个数。

$$G = 1 + \frac{1}{n} - \frac{2}{n^2 \overline{X}}(X_1 + 2X_2 + iX_i + \cdots + nX_n) \qquad (2-7)$$②

式（2－7）中，X_i为各地区测度产业的就业量；$\overline{X}$ 为均值；n 为地区个数。

式（2－7）、式（2－6）的测算方法存在共通之处，其区别在于前者直接采用各地区测算产业就业量；而后者采用了各地区测算产业就业量在全国中的占比。

空间基尼系数在文献中常用来测算要素资源的空间差距及产业的空间集聚程度。比如，李铭、李立（2019），吕承超（2016），陈建东、高远（2012）等用该指标分析了税收、收入分配、社会保障等资源的空间差距问题；王晶晶、张昌兵（2015），任国岩、蒋天颖（2015），肖卫东（2012），宗成峰（2008），赵伟、张萃（2007）等分别采用空间基尼系数分析了不同行业的空间集聚问题。

（4）区位熵指数

区位熵（local entropy index）主要用来衡量某一产业在不同地区的集聚程度，即某一产业在一地区就业人数（产值）与该地区所有产业就业人数（产值）的比值和该产业所有地区的就业人数总额与所有地区所有

---

① 式（2－5）其实是EG指数（Ellison and Glaeser，1997）的简化公式，其完整的公式表达为：$EG = \frac{\sum_{i=1}^{n}(s_i - x_i)^2 - \left(1 - \sum_{i=1}^{n} x_i^2\right)\sum_{j=1}^{m} z_j^2}{\left(1 - \sum_{i=1}^{n} x_i^2\right)\left(1 - \sum_{j=1}^{m} z_j^2\right)}$，其中$\sum_{j=1}^{m} z_j^2$ 是产业 k 在地区 i 的企业市场集中度；参见：Krugman，P.，Geography and Trade［M］. Leuven：Leuven University Press，1991.

② 梁琦. 产业集聚论［M］. 北京：商务印书馆，2004：69－72.

产业总就业人数比值的比率。该指标兼顾了测度产业和该产业所在地区规模的大小，可进行时间和空间维度上的比较，其计算表达式为：

$$LE = \frac{\dfrac{x_{ik}}{\sum_k x_{ik}}}{\dfrac{\sum_i x_{ik}}{\sum_i \sum_k x_{ik}}} \tag{2-8}$$

其中，i 和 k 分别代表地区与产业标识；x_{ik} 表示产业 k 在地区 i 的就业量或产值。

区位熵指数也是现有文献中最常用的分析产业在地区间集聚程度的指标。比如，程中华、于斌斌（2014）采用区位熵对制造业、生产性服务业及两者的共同集聚差异程度在城市间状况进行了测度；张廷海等（2018）同样采用区位熵对我国应急产业的省级集聚情况进行了分析；司禄新等（2016）采用空间基尼系数和区位熵对京津冀都市圈的金融服务业集聚程度和其时间上的动态变动趋势进行了分析；张清正（2015）采用区位熵对我国金融业在省级层面的集聚程度进行了分析。

2.3.2 相关产业集聚度指标的比较分析

根据对以上相关产业集聚程度测算指标的梳理，本书对不同指标的测度重点、计算优点和缺点进行了总结整理，如表 2－1 所示。

表 2－1　　不同产业集聚指标的特点比较

集聚指标	测度重点	优点	缺点
首位度指数	产业在排名前 n 位城市的集聚程度	计算简单，所需指标较少	一是 n 的取值较随意，不确定；二是没有考虑区域之间体量的大小差异
赫希曼—赫芬达尔指数	产业在 n 个城市的集中度	考虑到不同地区间体量差异；平方项对异常值反映较敏感	侧重行业间集中度比较和同一产业时间维度上的比较；对同一产业区域间的集聚度体现性不强

续表

集聚指标	测度重点	优点	缺点
空间基尼系数	产业在空间上偏离均衡值的程度	侧重产业空间不均衡发展的测度；侧重产业间不均衡分布的比较	不能体现同一产业在不同地区间集聚程度的对比分析
区位熵指数	产业在区域间的集聚程度	侧重于同一产业集聚程度的比较，可进行时间和区域两个层面的比较	对数据的要求较高，涉及产业、地区及全国的数据

资料来源：根据不同指标的计算公式整理而得.

虽然上述指标都可以对某一产业的地理集聚程度进行反映，但是侧重点仍存在一定的差异。首位度指数、赫希曼—赫芬达尔指数、空间基尼系数更多地用来测算某一产业在空间上的集聚程度和分布不平衡性，更注重时间层面和产业间层面集聚程度的比较和分析；而区位熵指数更多地被用来分析同一产业在区域、省级、城市等不同地域层面集聚程度的比较分析。

第3章　国内外保险中介市场发展比较

随着保险供给与需求增加，保险机构与投保人之间的信息匹配面临更多选择，投保人可能无法在众多保险机构中甄别所需保险产品；同样的，保险机构也无法准确地了解投保人的差异化需求。保险中介位于保险产业链中间环节，在保险需求和供给间起到“桥梁”作用，对协调保险供需双方关系，提高保险市场运行效率起到关键作用。

到2001年我国才建立起集保险代理人、保险经纪人与保险公估人于一体的保险中介市场体系。目前我国保险中介市场还处于发展的初期阶段，与国外成熟保险中介市场竞争力相比还存在一定差距。本章主要通过对比分析美国、英国和日本保险中介市场发展模式及保险代理人、保险经纪人和保险公估人发展现状、监管等内容，借鉴保险中介市场主体的专业化、规模化运作方式，为提升我国保险专业中介机构市场竞争力提供经验与参考。

3.1　保险中介发展历程及现状

保险中介伴随着商业保险的发展而产生。保险市场是典型的信息不对称市场，保险需求方在购买保险时需要根据有限的市场信息搜寻适合自身风险状况的保险产品；而保险供给方也需要花费部分成本去了解和监督投保人的潜在风险（行为）；出险后，保险供需双方为解决经济利益上的冲突，都会付出一定的摩擦成本。随着商业保险市场交易的增多，出于降低保险市场主体交易成本的考虑，对保险供给与需求双方信息掌握都相对充分的保险中介就应运而生。

3.1.1　保险中介发展与变迁

（1）保险经纪人发展历程

最早的保险经纪人出现在英国。十七八世纪英国的海上贸易比较发达，为降低海运风险，海上保险通常采用互保的形式，贸易商会联合多家共同承保。对于共同承保商资信、信誉等状况的调查，投保、索赔等相关一系列手续的办理等都需要花费贸易商大量的时间和财力。于是随着这类业务的增加，保险经纪人就随之产生了。1774 年专营海上保险的保险经纪人组织——劳埃德保险社（Lloyd's of London）在英国伦敦成立，至今仍是全球最具影响力的保险经纪人组织。

随着全球保险市场的不断发展，保险经纪人形式在美国、法国、德国等国家也得到广泛使用，保险经纪人业务范围也得以不断拓展。至今，风险鉴别和评估较高的保险和再保险在保险经纪人业务中的占比较高；同时，保险经纪人也是比利时、英国、德国等欧洲国家保险市场中比较常用的保险中介形式。

（2）保险代理人发展历程

随着保险经纪人的兴起，1710 年英国太阳保险公司率先任命了保险代理人，这是最早的保险代理人形式。保险代理人的出现进一步提高了保险公司的专业化程度，在发掘保险需求方面发挥了极其重要的作用，是很多国家保险销售中的主力军。

美国、日本等强大寿险市场主要得益于庞大保险代理人体系的发展。鉴于各国保险业务结构的不同，其在保险市场发展中也逐渐形成了各具特色的保险代理人模式。美国寿险业务主要依靠保险代理人，而保险经纪人和独立保险人在财险业务中的占比更高；保险代理人在日本保险业务中占据绝对主导地位，只是在寿险和非寿险中采用的代理人形式不同；新加坡、韩国等保险代理人在其个人保险业务中占比也很高。

（3）保险公估人发展历程

最早的保险公估雏形也出现在英国。1666 年英国伦敦大火之后，形成了专业针对火灾风险损失的评估机构。因为保险理赔工作所需技术含量比较高，不仅需要专业的技术人员对标的物损失的程度、价值、责任等做出明确判断，还需要坚持公正、独立、客观的原则。在英国，最早的公估人雏形就是火损估价人，1940 年底英国成立了火灾公估人协会，1961 年升级为特许理赔师学会，至今该学会仍是全球最负盛名的保险公估人组织。

因为保险公估人业务的公正性和专业性，被越来越多的国家所采用，其业务范围逐渐扩展到财产险、责任险、工程险等多个领域。

目前，保险代理人、保险经纪人和保险公估人已成为各个国家保险市场的重要组成部分，而且随着保险市场专业化程度的提高，保险中介对保险业发展的促进作用将更加凸显。

3.1.2 全球保险中介市场发展现状

从全球保险中介市场的发展现状看，保险中介市场规模呈现逐年增长的趋势，如图 3－1 所示。全球保险代理人的市场规模由 2010 年的 609 亿美元增加到 2017 年的 1019 亿美元，年平均增长率为 7.64%；保险经纪人的市场规模由 2010 年的 440 亿美元增长到 2017 年的 690 亿美元，其年均增长率为 6.64%；同样的，保险公估人市场规模也呈逐年递增的趋势，由 2010 年的 224.4 亿美元增加到 2017 年的 368.4 亿美元，年均增长率达到 7.36%。虽然全球各类保险中介市场规模呈逐年递增的趋势，但是从每年的增长率变化看，其递增的速度均出现放缓。这可能与全球经济、金融乃至保险市场的发展放缓有关。

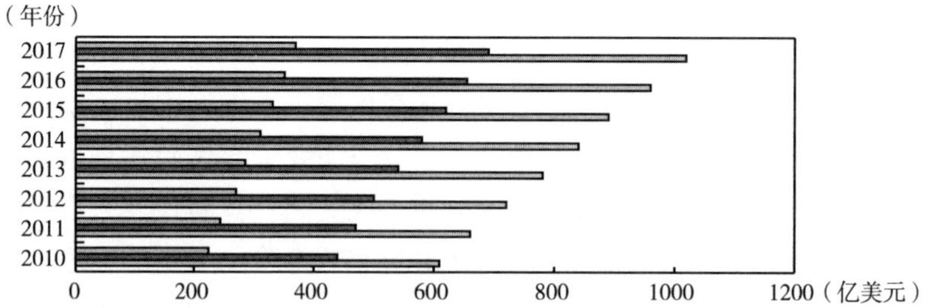

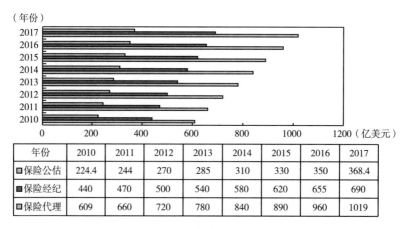

年份	2010	2011	2012	2013	2014	2015	2016	2017
□保险公估	224.4	244	270	285	310	330	350	368.4
■保险经纪	440	470	500	540	580	620	655	690
□保险代理	609	660	720	780	840	890	960	1019

图 3－1　2010～2017 年全球各类保险中介市场规模

资料来源：中国保险与社会安全研究中心.

从各类保险中介市场规模占比看，2017年，保险代理人市场规模占比最大，为49.05%，几乎占全球保险中介市场规模的一半；其次是保险经纪人，其规模占比为33.21%；最后为保险公估人，占比仅为17.73%。

从全球保险中介机构规模看（见图3－2），2017年全球排名前十位的保险经纪公司保费收入占全球保险经纪机构总收入的比例超过一半，为68.68%。其中美国保险经纪机构七家，全球市场规模占比达39.75%；英国保险经纪机构三家，其全球市场规模占比为28.93%。这说明全球保险中介市场中，美国和英国的保险中介市场规模相较于其他国家具有绝对的规模优势。

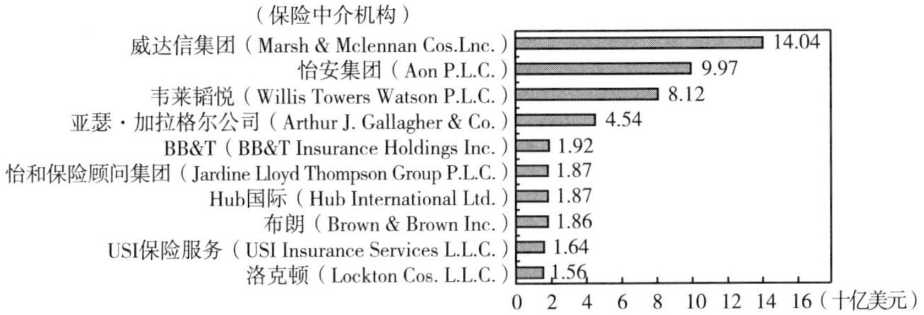

图3－2　2017年全球排名前十位的保险经纪市场规模

资料来源：根据statista数据库数据整理而得，https：//www. statista. com/.

3.2　国外成熟保险中介市场发展分析

由于每个国家产业发展所面临的经济环境、产业结构、文化、监管、历史背景等存在差异性，因而不同国家的保险中介市场发展模式也不尽相同。例如，美国的保险中介市场以代理人为主；英国以经纪人为主；日本以寿险营销人和损害保险代理店为主。下面本书将分别对美国、英国和日本的保险中介发展模式及其在保险市场中的地位和作用进行分析。

3.2.1 美国保险中介市场发展概况

（1）美国保险市场及保险中介市场发展现状

目前，美国是全球最大的保险市场。2017 年，其实现保费收入 13771.14 亿美元，占全球市场份额的 28.15%，居全球首位。美国强大的保险中介市场对其保险市场规模扩大起到了关键作用。美国不仅各类保险中介机构数量众多，而且具有很强的世界竞争力，其中全球规模最大的前十家保险经纪公司中美国就占了七家。

美国保险市场上保险中介机构数量众多，其中保险代理和保险经纪机构数达 122350 家，其分支机构达到 134107 家。而且从美国保险市场各类机构主体的区域分布看，其中加州（Colifornia）、德州（Texas）、佛罗里达（Florida）、纽约（New York）、伊利诺伊州（Lllinois）五个州的机构数占美国保险中介市场主体机构数的 36.15%，呈现一定程度的地理集聚状态（见图 3－3）。

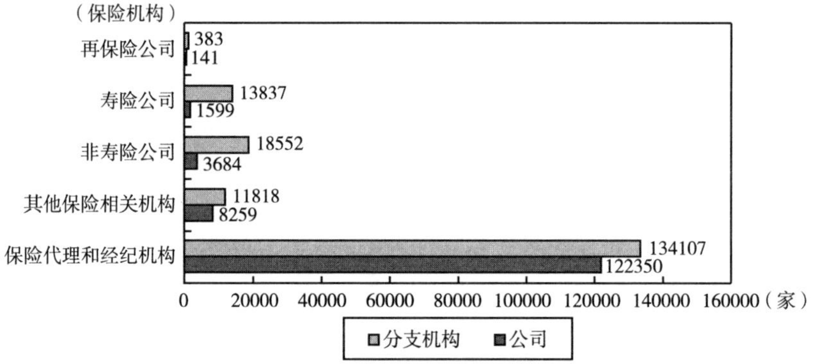

图 3－3　2015 年美国保险市场各类保险机构数

资料来源：美国人口调查局（U. S. Census Bureau）.

从图 3－4 看，美国 2011～2017 年保险机构（insurance carriers）、保险代理（insurance agencies）、保险经纪（insurance brokerages）及其他保险相关机构的保费收入年增长率均大于 0，保费收入呈逐年递增的趋势。从各类市场主体年增长率的大小看，除 2013～2014 年外，其余年份保险中介机构的保费收入年增长率均大于保险机构的保费增长率，且保险中介机构年增长率在 2012 年更是超过 20%。这说明，相较于美国保险公司，其保险中介机构的业务增长能力更强，具有更大的发展潜力。

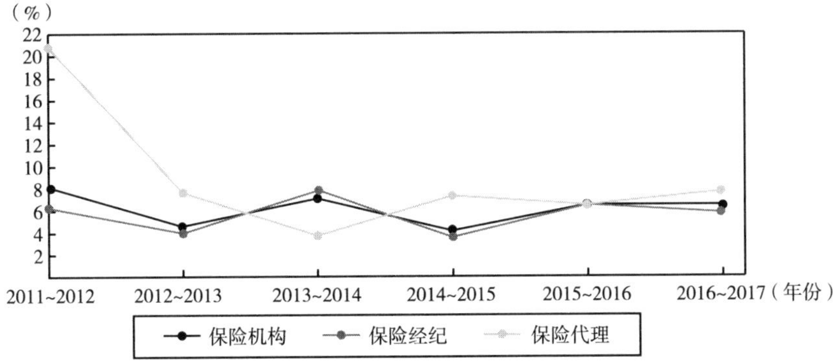

图 3-4　美国保险市场中各主体机构保费收入年均增长率

资料来源：美国人口调查局（U. S. Census Bureau）.

从 2017 年美国寿险各类分销渠道规模占比看（见图 3-5），其中独立代理（经纪）（indepent agents）机构的分销占比最大，超过一半，为 51%；其次是附属分销渠道（affiliated agents），其规模占比为 38%；直销渠道（direct response）的占比很小，仅为 6%；剩余其他分销渠道占比为 5%。这说明保险代理机构和保险经纪机构是美国保险市场中的主要分销渠道。

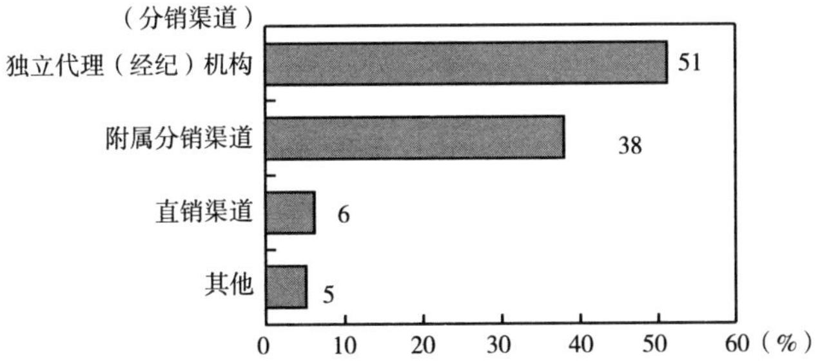

图 3-5　2017 年美国寿险业务中各类分销渠道占比

资料来源：根据保险信息学会（Insurance Information Institute）数据整理而得.

（2）美国保险中介市场主体

①保险代理人。在美国，保险代理人主要分为两种：一种为专业保险代理人；另一种为独立保险代理人，两者皆可为法人机构或者个人。

前者是只为一家保险机构或保险集团代理保险业务的代理人；而后者则可以同时代理几家保险公司的保险业务，具有独立代理地位。通常在寿险业务中，多采用专业保险代理人制度，因为寿险涉及保险产品层次和种类较多，专业保险代理人更有利于保险公司产品熟悉和销售；而独立保险代理人在财险业务中应用比较广泛。

对于保险代理人准入标准，依各州监管要求而定。对于保险代理人监管，美国实行政府监管和行业自律相结合的形式。

②保险经纪人。同样的，美国保险经纪人也分为财险业务保险经纪人和寿险业务保险经纪人。其中寿险业务保险经纪人又可分为剩余业务经纪人与独立经纪人，前者只将不符合自身委托投保人要求的保险业务分配给其他公司或者个人代理；而后者是指经营养老保险、健康保险等特定保险业务或者有特定委托群体的单位和个人。美国保险经纪机构在全球保险中介市场中具有很强的国际竞争力，美国具有全球规模最大的保险经纪公司——威达信（Marsh & Mclennan Companies），其业务规模占全球业务规模的14.04%，而且美国前七家保险经纪机构的业务总额占全球业务总额的27.43%。

在美国，保险经纪人还是以责任险、意外险等相关财险业务为主，保险经纪人也可以是保险代理人，这两种保险中介形式并没有特别的区分标准。同时，对于保险经纪人的要求与监管，每个州要求标准不尽相同。

③保险公估人。美国多数保险理赔工作都是由保险公估人完成。美国保险公估人可以分为三种，分别为独立理赔人、理赔事务所和公共理赔人。其中前两者代表保险公司，但是并不依附于某一家保险公司，理赔事务所可以向全国所有保险公司提供理赔公估服务，其专业性、公正性很强；但是当投保人对保险公司委托的保险公估人不信任时，可以委托公共理赔人，代表投保人进行理赔公估服务。保险公估人既可以是个人也可以是法人机构。

为了提高保险公估人的公正性和专业性，美国对保险公估人资质要求比较高，需要取得专门的从业资格，首先要在独立的保险公估机构实习期满后，才可以得到专业委员会的资格认证。同样的，美国保险公估人既受到各州监管机构的监管，也受自律行业协会的约束。

美国极具专业化的保险市场也催生了许多具有国际竞争力的保险公估机构，例如克劳福德公司（Crawford & Company），是全球最大的保险公估机构之一，其业务遍布全球70多个国家和地区，全球雇员多达9000人，每年的理赔金额达到140亿美元。

（3）小结

美国保险中介市场中，保险代理人和保险经纪人并重，其中保险代理人发挥主导作用。而且在美国保险中介制度中，保险代理人和保险经纪人的界限并不是非常明确，通常可以兼任。得益于美国专业化、国际化程度较高的保险市场环境，美国拥有全球竞争力的保险中介机构和集团。同时，美国保险中介市场对于各类保险中介主体的市场准入门槛较高，实行政府监管和中介自律行业双重监管。

3.2.2　英国保险中介市场发展概况

（1）英国保险市场及保险中介市场发展现状

英国是现代保险发源地，最早的保险经纪人、保险代理人与保险公估人雏形都起源于英国。悠久的发展历史、开放的市场环境和专业化的发展模式使得英国成为全球发达保险市场之一。2017年，英国实现保费收入2833.31亿美元，占全球市场份额的5.79%，居全球第四位。

从英国寿险业务与非寿险业务的分销渠道看：

英国寿险业务的分销渠道主要有三种，直销渠道、保险代理人及保险经纪人。从2005~2016年各类分销渠道的业务规模占比看（见表3-1），保险经纪人占主导地位，其在各分销渠道中的占比超过60%，最高占比近80%；其次是保险代理人，在分销渠道中的占比在10%~20%，但是从每年占比的变化趋势看，保险代理人的寿险业务规模呈下降的趋势，由2005年的21.30%下降到2016年的7.00%；从寿险业务的直销渠道看，其业务规模的占比呈逐年递增的趋势，但是从2013年开始超过保险代理人，到2016年其直销渠道业务规模占比已达到25.00%。

如表3-2所示，英国非寿险业务的分销渠道包括直销渠道、保险代理人、保险经纪人、银行及其他。从各类分销渠道的业务规模占比看，还是以保险经纪人为主，其占比超过一半，且每年占比较稳定；其次是直销渠道，业务规模一般在20%~30%，且呈逐年递增的趋势；银行渠道和其他渠道的业务规模占比相差不大，均基本维持在10%以下；最后是保险代理人渠道，在非寿险业务规模中占比最低，基本在4%~6%。

表 3-1　2005~2016 年英国寿险业务各分销渠道规模占比　单位：%

年份	直销渠道	保险代理	保险经纪	年份	直销渠道	保险代理	保险经纪
2005	5.40	21.30	73.30	2011	12.80	18.50	68.70
2006	4.40	20.30	75.30	2012	16.90	22.80	60.30
2007	4.10	19.80	76.10	2013	16.90	10.00	64.00
2008	3.50	18.50	78.00	2014	27.00	11.00	62.00
2009	5.40	23.50	71.20	2015	21.00	11.00	68.00
2010	7.90	13.90	78.20	2016	25.00	7.00	68.00

资料来源：根据欧洲保险（insurane europe）相关数据整理而得.

表 3-2　2004~2016 年英国非寿险业务中各分销渠道规模占比　单位：%

年份	直销渠道	保险代理	保险经纪	银行渠道	其他
2004	22.00	4.00	54.70	9.10	10.20
2005	22.60	3.70	54.10	9.90	9.70
2006	22.20	3.80	54.30	9.90	9.80
2007	22.50	6.20	54.20	9.50	7.60
2008	22.50	5.20	56.70	9.80	5.80
2009	23.90	5.30	57.30	7.60	5.90
2010	22.60	5.80	58.20	7.30	6.10
2011	25.70	4.80	55.60	7.80	6.10
2012	24.80	4.70	55.20	7.40	7.90
2013	25.00	5.00	54.00	7.00	9.00
2014	25.00	4.00	54.00	7.00	10.00
2015	28.00	4.00	52.00	6.00	10.00
2016	28.00	5.00	52.00	6.00	9.00

资料来源：根据欧洲保险（insurane europe）相关数据整理而得.

通过以上分析可以看出，英国的保险中介市场中以保险经纪人为主，无论是寿险业务还是非寿险业务，其占比均超过 50%；而保险代理人主要以寿险业务为主，在非寿险业务中的占比非常少。

（2）英国保险中介市场主体

本节将对英国保险中介市场主要主体——保险代理人、保险经纪人和保险公估人的发展模式进行说明。

①保险代理人。在英国，按保险业务类别可以将保险代理人分为非寿险代理人和寿险代理人，而非寿险代理人在保险市场的业务非常少，主要集中在车险和家财险中。若非寿险代理人经营寿险业务则必须进行登记，而对寿险代理人则没有这方面的限制要求。寿险代理人又可以分为指定代理人和公司代理人。通常情况下，指定代理人也称为兼业代理人，可以由银行或者个人担任；而公司代理人只能代理一家保险公司的保险业务，且不能将相关业务分配给其他公司代理人，只有保险经纪人才可以将保险业务在不同机构间进行分配。因为在英国，保险代理人与保险经纪人不能同时兼任，只能选择其中一种，但是非寿险公司代理人可以同时代理几家财险公司的业务。在英国，保险代理人更多地涉及寿险业务。

②保险经纪人。英国不仅是现代保险业的发源地，也是保险经纪人的发源地。最早的保险经纪形式就诞生在英国。受保险公司市场行为惯性的影响，目前英国保险中介市场主体仍然是以保险经纪人为主，其在英国各类保险业务分销渠道中占有举足轻重的地位。在英国，保险经纪人形式比较多样化，既可以是个人，也可以是合作企业或者股份有限公司，其业务范围遍布财险、寿险和再保险等各保险领域，其中60%以上的寿险业务、50%以上的非寿险业务都是由保险经纪人完成。

全球排名前十位的保险经纪机构中，英国占据三家，其在全球业务中的占比达到19.96%。而且仅劳合社（Lloyd's）市场中就有超过200家注册登记的劳埃德经纪人，其业务遍布全球各地，其中特殊保险业务在全球市场中更是占有绝对优势地位。

英国对保险经纪人的监管也比较严苛，不仅受政府监管机构的监管，而且也受其行业自律协会的约束和管理。

③保险公估人。英国的保险公估形式起源于1666年的伦敦大火理赔事件，而后相继成立了火灾保险办理处；1940年底在英国成立了火灾公估协会（Association of Fire Loss Adjusters）；随着保险公估形式在其他种类保险理赔领域的广泛应用，1961年，该协会发展成为特许公估师学会（CILA）。目前是全球公认的公估理赔领域的权威机构。

在英国，保险公估人按照委托人的不同也分为两种：一种为受保险公司委托的保险公估人（insurance loss adjuster）；另一种为只接受投保人委托的保险公估人（assessors）。因为英国保险公估人具有独立性、公正性和专业性等业务优势，通常投保人会将保险理赔业务委托给保险公估人，而不直接与保险公司接触。

英国保险公估人的监管并不在保险监管范围内，对其监管主要由保险人对其市场投票选择机制、特许公估师学会的相关规定等途径来实现。

（3）小结

因发展历史及保险市场主体习惯原因，英国保险中介市场中保险经纪人无论在寿险还是非寿险保险业务分销中都占有绝对规模优势；而英国的保险代理人则主要涉及寿险业务，虽对财险业务也有所涉及但是比例很少，而且集中在车险和企财险方面。

同样的，英国对于各类保险中介主体的监管和资格认证也比较严格。除政府监管机构的相关规定外，各类中介自律协会和组织对其认证资格、业务技能培训、业务规范等方面也具有很强的约束力。

3.2.3 日本保险中介市场发展概况

（1）日本保险市场和保险中介市场发展现状

日本也具有发达的保险市场，2017 年其保费收入为4220.5 亿美元，其保费规模在全球占比为 8.63%，仅次于美国和中国，其中寿险和非寿险的保费规模占比分别为 11.56%、5.14%。而且保险在日本国内的普及率很高，其保险密度居全球第 13 位；保险深度居 11 位。

日本发达的保险市场得益于其庞大的保险中介体系。日本几乎所有的寿险业务都由保险代理人完成，拥有数量巨大的寿险营销人，仅日本生命保险公司的生命保险营销员就达到52356 人；而且非寿险业务也主要以保险代理渠道为主（见表 3－3）。

表 3－3　　日本各类保险中介在非寿险业务中的规模占比　　单位：%

业务种类	保险代理	保险经纪	直销渠道
交强险	99.77	0.00	0.23
商业车险	93.19	0.01	6.79
火险	94.52	0.67	4.81
陆运险	95.41	0.78	3.79

续表

业务种类	保险代理	保险经纪	直销渠道
海运保险	56.65	4.92	38.42
人身意外险	87.76	0.09	12.17
杂项伤亡险	86.86	1.48	11.64
涉外保险	98.04	0.26	1.68
总计	91.79	0.43	7.78

注：①保险代理、保险经纪及直销渠道在非寿险业务中的占比均为2009～2017年各类保险中介分销渠道占比的平均值；②涉外保险中并不包括日本在海外保险公司机构或者代理处的保费收入.

资料来源：日本损害保险协会（The General Insurance Association of Japan）.

从日本非寿险业务各分销渠道规模占比看，保险代理仍是其最主要的分销渠道，规模占比超过90%。从细分险种看，93.19%商业车险业务都由其保险代理机构分销；火险业务中的94.52%由保险代理机构完成，而直销渠道的占比仅为4.81%，保险经纪渠道更是不足1%；运输险中，保险代理渠道在陆运险和海运保险中的业务规模占比分别为95.41%和56.65%，海运保险中保险公司直销渠道占比也较大，为38.42%，保险经纪渠道占比为4.92%；保险代理渠道在日本人身意外险和杂项伤亡险中占比均超过80%，直销渠道的占比均超过10%；日本涉外保险业务也主要依赖保险代理机构，其业务规模占比为98.04%。

（2）日本保险中介市场主体

日本保险中介市场主体也以保险代理人、保险经纪人和保险公估人为主。

①保险代理人。日本保险代理人也分为两种：一种是经营人身险业务的代理人，称为生命保险营销人，具体指“为生命保险公司而进行缔结保险公司的代理或中介活动的生命保险合同的管理人员、从业人员，或受该公司委托的单位以及受委托单位的管理人员、从业人员”；另一种为损害保险代理店，指“接受损害保险公司委托为该公司从事保险合同的订立代理或者订立中介的个人或法人”①。

① 姚壬元．日本保险中介市场发展分析及经验借鉴［J］．现代管理科学，2007（06）：100－102.

如图3-6所示，生命保险营销人主要代理人身险业务，但与代理保险公司之间是劳务合同的关系，而不是委托代理的关系，且具备条件的生命保险营销人可以同时代理多家保险公司的业务。日本具有数以百万的保险营销人，其发达的寿险市场与其庞大的生命保险营销员数量存在必然关系。

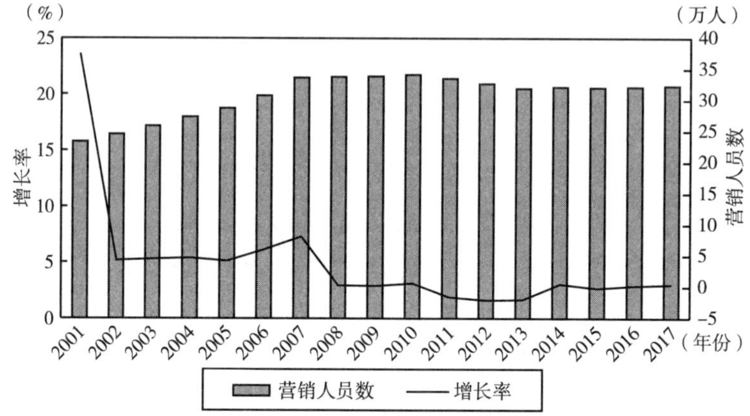

图3-6　2001~2017年日本保险公司营销人员数及年增长率

资料来源：日本寿险业协会（The Life Insurance of Association of Japan）.

而对财险业务而言，主要采用损害保险代理店的中介形式，其可以分为初级、普级、高级和特级四个等级。而代理的财险保险公司数和业务类别与其代理店的等级相关，其等级越高，代理的保险公司数就越多，业务种类也越多，代理费用也越高。

日本对于保险代理人的资格认证也是比较严格的，日本保险协会（The Insurance Association of Japan）从2008年开始要求保险代理人的认证资质需要每五年一次。

②保险经纪人。不同于保险代理人，日本的保险经纪人独立于保险公司。相比于日本保险代理人，保险经纪人起步较晚，在1996年《保险法》进行修改以后才逐渐引入了保险经纪人模式。但是日本保险经纪人的委托保险业务主要集中在非寿险方面，且业务范围主要是针对大型的公司或者保险业务，对家庭、个人等比较小型的保险业务很少经营。因为保险经纪人模式在日本发展时间较短，其在保险业务销售中占比非常小。2017年，日本保险经纪渠道保费收入占比仅为0.6%，其业务主

要集中在海运保险和杂项伤亡险方面。

日本保险经纪人的资质必须要经过内阁总理大臣处的审批，否则不得开展业务，并且在注册前还需要经过日本保险经纪行业协会的资质能力认证。同时，日本的经纪人还需要缴纳4000万~8亿日元的业务保证金。

③保险公估人。日本保险公估人的职责主要分为损失评估和价值评估，而损失评估的委托方多为保险公司，价值评估主要是针对建筑物、工厂等定价不确定的保险标的的重置成本或现金价值进行估计。通常保险公估人也可以分为两种：一种是个人保险公估人；另一种为保险公估事务所。

日本保险公估人需要经过损害保险协会的等级认证。同时为了保证保险公估人的公正性和专业性，日本具有严格的保险公估人等级制度，根据公估人技能等级分为三个等级，且每个等级都有不同的考试科目，只有通过了低等级的考试才有资格参加高一级的考试。

（3）小结

日本保险市场业务普遍采用保险代理的形式，其中寿险主要以寿险营销人为主；而非寿险主要采用保险代理店的模式。因为日本保险经纪人起步较晚，所以其在日本保险市场中的地位比较弱。在日本，保险公估人具有严格的等级制度，其在价值和损失评估方面发挥重要作用。

3.2.4　美国、英国和日本保险中介市场主体发展差异

通过以上对美国、英国和日本保险中介市场发展现状及市场主体对比分析可以看出（见表3-4），对于保险中介市场中各类保险中介主体的发展模式并没有统一的标准。美国和日本以保险代理人为主，但两者保险中介市场中代理人的形式却存在差异；而英国保险中介市场中保险经纪人占据主导地位；同时，在各个保险中介市场中，保险公估人都是作为独立的、公正的第三方存在，在保险理赔业务中发挥重要作用。

虽然三个国家保险中介市场发展模式不尽相同，但是其保险代理人、保险经纪人和保险公估人的专业技术能力、全球客户认可度都非常高，具有很强的国际竞争力。

表 3-4　　美国、英国和日本保险中介市场主体发展差异

中介市场主体	美国	英国	日本
保险代理人	在保险中介市场中起主要作用，分为独立代理人和专业代理人，分别对应非寿险业务和寿险业务	在保险中介市场中起辅助作用，其业务主要来源于寿险	在保险中介市场中占据绝对主导地位，分为寿险营销人和损害保险代理店
保险经纪人	与保险代理人并没有严格的界限划分，保险人也可以是保险经纪人	在保险中介市场中占据主导地位	在保险中介市场中力量薄弱，业务主要集中在大型项目或涉外非寿险中
保险公估人	主要对保险损失进行了评估与理赔，是理赔业务的重要主体	是保险理赔业务的主要主体，可以以个人和公司形式存在	主要进行损失评估和价值评估，具有严格的等级制度

3.3　我国保险中介市场发展分析

虽然与美国、英国、日本等保险中介市场相比，我国保险中介市场起步较晚，但是随着我国保险业的高速发展，至今我国也已建立起具有保险代理人、保险经纪人与保险公估人等市场主体多样化的保险中介体系。

3.3.1　我国保险中介市场发展历程

（1）保险中介行业萌芽期（1992 年之前）

1992 年之前，我国保险业处于发展初期，人保、平安、太保等保险公司主要采用兼业代理人的形式扩大自身市场规模。此阶段的保险代理经营简单粗放，是现代保险代理模式的雏形。

（2）保险中介行业初步形成期（1992～1999 年）

1992 年，友邦保险在上海成立，同时也将个人保险代理人引入我国保险中介体系中，保险营销员制度开始在我国寿险业务中被广泛推广，我国保险行业开始保险代理模式。1993 年我国第一家保险专业代

理公司成立；1995 年，我国《保险法》颁布，进一步对保险代理人的业务及监管提出了明确的规定；1996 ~ 1998 年，我国保险监管部门相继修订和颁布实施了《保险代理人管理条例（试行）》《保险经纪人管理规定（试行）》《保险兼业代理人管理暂行办法》，进一步提高了我国保险中介市场发展初期的规范性，也形成了包括专业保险代理人、兼业保险代理人和个人保险代理人多种形式共同发展的保险代理人制度。这一时期我国保险专业中介机构纷纷建立，兼业代理和专业代理并存，中介机构市场主体呈现多元化，保险中介市场体系初步形成。

（3）规范化发展期（2000 ~ 2014 年）

2000 ~ 2008 年，我国专业保险中介市场进入快速发展时期，我国首批保险经纪人公司江泰、东方、长城在 2000 年相继成立；2001 年，广东方中等保险公估公司相继成立；至此，我国形成了集保险代理人、保险经纪人、保险公估人于一体的保险中介体系。加入世界贸易组织后，我国保险市场进一步开放，2002 年保险中介市场实施市场化准入后，保险专业代理机构激增，同时，银行等兼业代理也开始兴起；并从 2006 年进入快速发展期，到 2008 年，兼业保险代理机构成为我国占比最大的保险代理分销渠道。

为促进我国保险中介市场转型升级，推动我国保险中介机构向专业化和规模化方向发展，监管机构在 2012 年先后发布了《关于暂停区域性保险代理机构和部分保险兼业代理机构市场准入许可工作的通知》《关于进一步规范保险中介市场准入的通知》；2014 年开始启动全国保险中介市场清理整顿工作，进一步推进我国保险中介市场的规范化发展。2021 年 12 月 3 日，中国银保监会发布《中国银保监会办公厅关于明确保险中介市场对外开放有关措施的通知》，进一步开放我国保险中介市场。

（4）持续对外开放和高质量发展期（2015 年至今）

2015 年，《深化保险中介市场改革的意见》中指出要培育一批具有专业特色和国际竞争力的龙头保险中介机构，支持我国保险专业中介机构“走出去”。2016 年，保险监管机构颁布《中国保险业发展“十三五”规划纲要》，指明要稳步发展保险中介市场，建立多层次、多成分、多形式的保险中介市场服务体系。2018 年，《加快落实银行业和保险业对外开放举措》《关于放开外资保险经纪公司经营范围的通知》的发布进一步放开了我国保险中介市场，允许符合条件的外商投资者在我国开展保险代理和保险公估业务，同时也放松了外资保险经纪机构的经营限制，使其与中资保险经纪要求一致①。2021 年 12 月 3 日，中国银保监会发布《中国银保监会办公厅关于明确保险中介市场对外开放有关措施的通知》，进一步开放我国保险中介市场。

党的十九届五中全会明确要求构建以国内大循环为主体、国内国际双循环相互促进的新发展格局。在国家全面开放新格局背景下，借力新一轮科技革命、产业革命和数字经济的迅猛发展，推动保险中介行业的数字化转型，提升其服务质量和效率，实现保险中介行业内涵式、可持续的高质量发展，提高自身国际竞争力。

3.3.2 我国保险中介市场主体发展概况

据统计②，2021 年我国实现总保费收入 6961.28 亿美元，较 2020 年增长 6.14%，占全球总保费收入的 10.15%，仅次于美国，居全球第二。其中非寿险保费收入为 3306.72 亿美元，较 2020 年增长 7.25%，占我国总保费收入的 47.50%，在全球非寿险市场中占比为 8.56%；寿险保费收入达到 3654.56 亿美元，较 2020 年增长 5.15%，占我国总保费收入的 52.5%，在全球寿险市场中占比为 12.2%。

目前，我国保费收入的 80% 以上都是依靠保险中介渠道，其中以个人保险代理人和兼业代理为主，其两者的保费规模占比均接近 75%；而保险专业中介机构的保费规模较小，占比在 12% 左右。

（1）我国保险专业中介机构数

从我国保险专业中介机构数量看（见图 3-7、图 3-8），2005~2009 年，保险专业代理机构、保险经纪机构及保险公估机构的总数呈逐年上升趋势，但其上升的速度逐年减缓；而 2010~2015 年，我国保险专业中介机构数量基本呈逐年递减的态势（除 2011 年、2014 年外），其中保险专业代理机构数下降明显，而保险经纪和保险公估机构数降幅较小；2015~2018 年，保险专业中介机构数又呈现小幅增

① 和讯网：http://bank.hexun.com/2018-04-27/192921224.html.

② 《sigma-世界保险业聚焦通胀风险》，2022（4）：www.swissre.com/sigma，其中中国大陆的保险相关数据并不包括中国香港和中国台湾。

长态势；2019 年保险专业中介机构数下降，2020 年机构数降幅甚至超过了 10%。

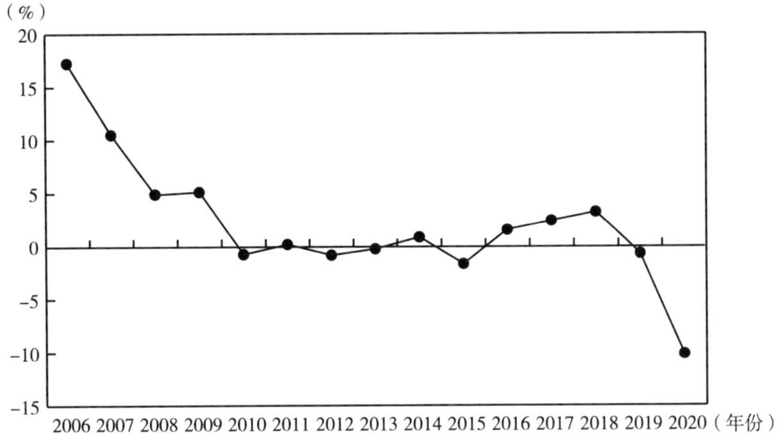

图 3-7　2006~2020 年我国保险专业中介机构总数年变化率

资料来源：根据《中国保险统计年鉴》整理而得.

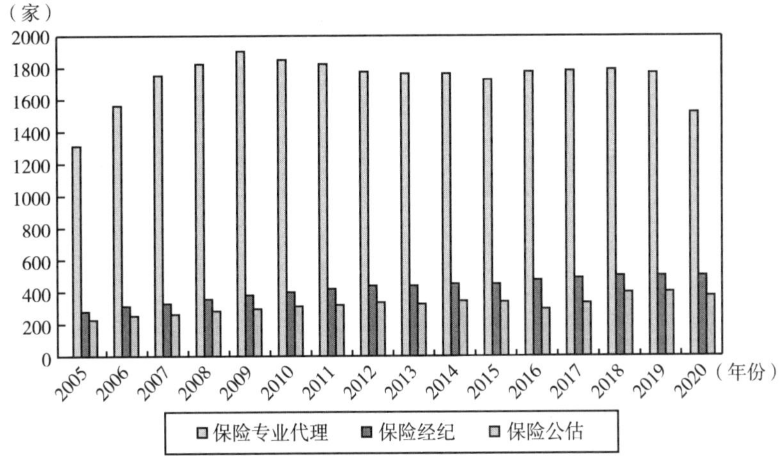

图 3-8　2005~2020 年我国各类保险专业中介机构数

资料来源：根据《中国保险统计年鉴》整理而得.

我国保险专业中介机构数的变化态势是对我国保险中介市场发展演变历程的反映。2001 年 12 月我国加入世界贸易组织后，保险业成为首个开放的金融市场，我国保险业市场潜力得以释放。随着保险市场的不断扩大，保险专业代理、保险经纪、保险公估等专业中介机构开始不断成立。但因为我国保险专业中介机构的进入门槛较低，经营机构规模偏小，业务能力不强，虽然2008年我国保险专业代理机构才开始转亏为盈，但整体的盈利能力还是较弱。因此退出专业中介市场的机构主体也较多，从而造成我国保险专业中介机构数增速下降。为完善和健全保险市场主体的准入和退出机制，2012年6月原中国保监会发布了《关于进一步规范保险中介市场准入的通知》①，除注册资本为5000万元以上的保险代理和保险经纪机构及分支机构、全国性保险代理和保险经纪公司的分支机构外，暂停其余所有保险专业中介机构的设立许可，我国保险专业中介主体数也有所下降。随着保险行业的快速发展和盈利能力的增强，加之大数据、互联网等科技的发展，互联网类、科技类及实业公司纷纷开始涉足保险中介业务，保险专业中介市场主体又呈逐年递增的趋势。而市场主体的增多，也进一步加剧了保险中介市场的竞争。且2018年我国进一步放开保险中介市场，外资保险中介机构业务的放开也对中小型保险中介机构的经营提出了挑战。伴随监管趋强的影响，保险代理机构的数量减少，从而造成2019年保险中介机构总数下降。2020年新冠肺炎疫情的冲击使得保险专业代理机构和保险公估机构数量有所下降，特别是保险专业代理机构下降了14%。

截至2020年末，全国共有保险专业中介机构2639家，同比减少30家（见图3－8）。其中，保险中介集团5家；保险专业代理机构1764家（其中全国性保险代理公司241家、区域性保险代理公司1523家）；保险经纪机构497家；保险公估机构373家。全国保险专业中介机构注册资本490.54亿元，其中，保险专业代理机构注册资本240.46亿元；保险经纪机构注册资本223.06亿元；保险公估机构注册资本27.02亿元。全部保险专业中介机构资产总额870.26亿元，其中，保险专业代理机构资产总额405.34亿元；保险经纪机构资产总额433.61亿元；保险公估机构资产总额31.31亿元②。

（2）我国保险专业中介机构业务规模

据中国银保监会数据统计，截至2020年12月，保险中介渠道实现

---

① 原《关于暂停区域性保险代理机构和部分保险兼业代理机构市场准入许可工作的通知》已于2013年9月废止.

② 中国银保监会保险中介监管部《中国保险中介市场2020年概况》.

保费收入3.98万亿元，同比增长6.46%，占全国总保费收入的87.29%。其中，实现财产险保费收入1.05万亿元，占同期全国财产险保费收入的75.15%；实现人身险保费收入2.93万亿元，占同期全国人身险保费收入的92.64%。

从保险专业中介机构渠道业务情况看，保险专业代理机构、保险经纪机构及保险公估机构的业务规模均呈现扩大趋势（见表3-5）。保险专业中介渠道实现保费收入5649.99亿元，占全国总保费收入的12.39%。其中，实现财产险保费收入4711.83亿元，占全国财产险保费收入的33.79%；实现人身险保费收入938.16亿元，占全国人身险保费收入的2.96%。

表3-5　　2020年主要渠道保费规模占比　　单位：%

渠道	全国总保费收入占比	财产险保费收入占比	人身险保费收入占比
保险专业中介	12.39	33.79	2.96
保险兼业代理	27.63	15.52	32.95
个人保险代理	47.28	25.85	56.72

资料来源：中国银保监会保险中介监管部《中国保险中介市场2020年概况》.

从我国保险专业中介机构保费规模占比发展趋势看，保险专业代理机构和保险经纪机构保费规模占比均呈逐年递增的趋势，2016年之后占比显著提升。其中保险专业代理机构占比由2005年的2.11%提升到2016年的4.90%，增长速度较为明显；而保险经纪机构占比也呈现小幅增长，占比由2005年的2.05%提高到2016年的2.3%。相较于保险经纪机构，保险专业代理机构的保险规模占比增长更快，这也导致两者之间的比例差额越来越明显（见图3-9）。

保险专业代理机构的保费规模由2005年的104.17亿元增长到2020年的3832.23亿元，占全国总保费收入的8.40%。其中，实现财产险保费收入3291.96亿元，同比增长0.16%；实现人身险保费收入540.27亿元，同比增长39.75%。2020年保险经纪机构实现保费收入1817.76亿元，占全国总保费收入的3.98%。其中，实现财产险保费收入1419.87亿元，同比增长2.68%；实现人身险保费收入397.89亿元，同比增长15.11%。

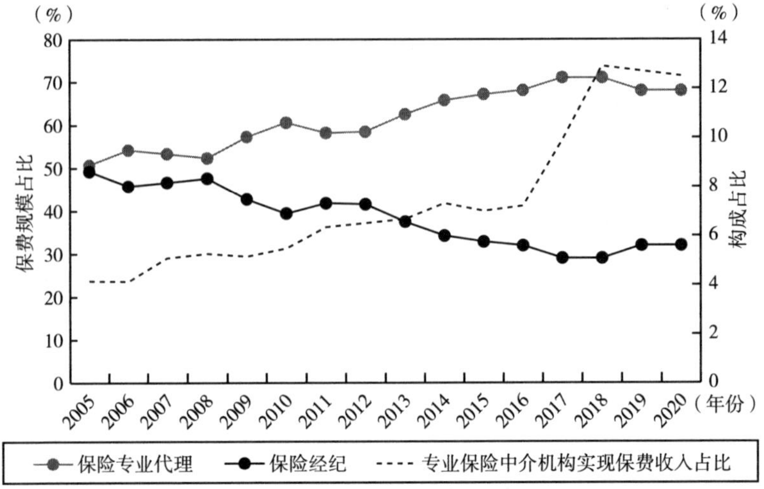

图 3－9　2005～2020 年我国保险专业代理机构和保险经纪机构的保费规模占比及构成

资料来源：根据《中国保险统计年鉴》《2022 中国保险发展报告》相关数据整理而得.

随着保险专业中介机构业务规模的增加，其营业收入也呈逐年递增的趋势，2005～2016 年的年均增长率均呈现两位数（见表 3－6）。这说明随着我国保险市场规模的不断扩大，保险专业中介机构的业务规模也逐年增长，且年均增长率均高于保险业的增长速度，具有很大的市场发展潜力。因新冠肺炎疫情的冲击，2020 年我国保险专业中介机构的主营业务收入有所影响，其中对保险专业代理机构的影响更明显。保险专业代理机构实现主营业务收入 696 亿元，同比下降 29.54%，实现净利润 2.92 亿元，同比下降 77.68%；保险经纪机构实现主营业务收入 374.9 亿元，同比增长 18.50%，实现净利润 23.94 亿元，同比下降 0.91%；保险公估机构实现主营业务收入 31.85 亿元，同比增长 5.25%，实现净利润 0.28 亿元。

表 3－6　2005～2020 年我国保险专业中介机构保费规模与业务收入　单位：亿元

年份	保险专业代理机构		保险经纪机构		保险公估机构
	保费规模	营业收入	保费规模	营业收入	营业收入
2005	104.17	10.30	100.78	10.60	2.97
2006	126.62	14.13	106.65	14.28	4.33

续表

年份	保险专业代理机构		保险经纪机构		保险公估机构
	保费规模	营业收入	保费规模	营业收入	营业收入
2007	190.58	21.48	166.88	20.19	7.20
2008	269.70	33.53	245.34	26.50	11.02
2009	328.87	44.82	244.66	33.10	11.31
2010	481.68	63.09	313.07	43.96	12.16
2011	529.72	81.53	380.10	55.48	13.64
2012	586.64	102.09	421.06	63.68	15.68
2013	718.05	130.99	430.28	78.13	19.37
2014	967.90	184.80	504.50	94.20	22.60
2015	1151.70	249.90	559.00	106.30	22.40
2016	1540.40	386.00	692.10	135.10	—
2017	2450.88	638.28	917.86	194.15	25.99
2018	3492.50	855.30	1413.50	288.90	27.60
2019	3673.15	717.19	1728.50	316.34	30.26
2020	3832.23	696.00	1817.76	374.90	31.85

资料来源：《中国保险统计年鉴》.

相较于我国个人保险代理人和兼业代理，现阶段我国保险专业代理机构和保险经纪机构的保费规模较小。但是随着我国保险中介市场的开放和完善，保险专业中介机构业务规模占比不断提升，市场增长潜力显著。

（3）我国保险专业中介机构的业务结构

因为各类保险中介的业务范围、人才层次、技术等存在差异，所以不同类型保险专业中介机构的保险业务结构也有所区别。通常车险、寿险等条款、费率相对简单的保险业务多由保险专业代理渠道承接，偏向于劳动力型保险业务；而对于潜在风险较高、个性化定制保险条款或技术含量相对较高的保险业务，比如责任险、工程险、健康险等，则更偏向于保险经纪渠道。

①保险专业代理机构和保险经纪机构在财产保险方面的业务结构。从财产保险细分种类看（见图3－10），机动车辆保险在保险专业代理中的占比最高，达到72.75%；其次是保证保险，占比为14.05%；责任险、

意外伤害保险、企业财产保险的占比均在3%左右；健康保险的占比为1.26%；而特殊风险保险、信用保险、农业保险的占比均不足0.1%。

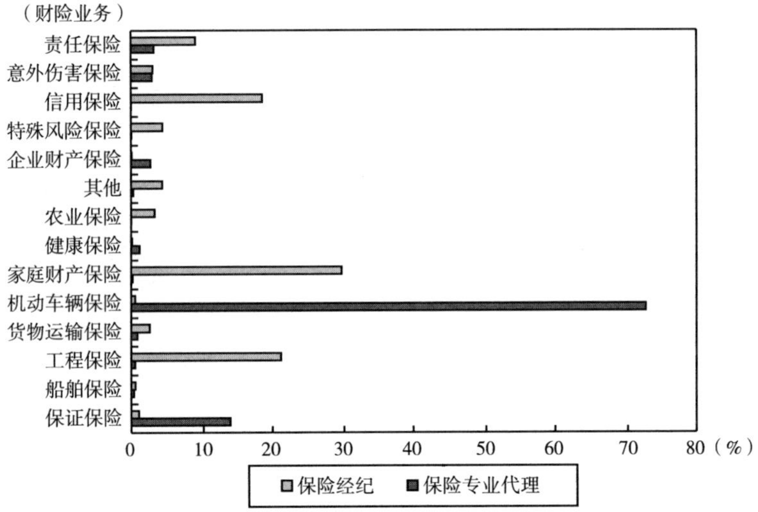

图3－10　2015年我国保险专业代理机构和保险经纪机构财险业务占比

资料来源：根据《中国保险统计年鉴》相关数据整理而得.

保险经纪机构在各财产保险种类中的占比与保险专业代理机构存在较大差异。具体看，其在家庭财产险中的占比最高，为29.86%；其次是工程保险和信用保险，占比均在20%左右；责任保险的占比为9.19%；特殊风险保险、农业保险、意外伤害保险在保险经纪中的占比为3%～4%；而机动车辆保险、企业财产保险在保险经纪机构中的占比较低，不足1%。

相较于保险经纪机构的业务种类，保险专业代理机构所涉财险业务相对单一和集中。这说明我国保险专业代理机构的保险业务复杂程度低于保险经纪机构，其大部分保险业务来源于费率单一、业务简单的机动车辆保险，而对特殊风险、工程保险、信用保险等风险性高、保险合同复杂的财险业务少有涉及；而保险经纪机构所涉保险业务多偏向于家庭财产的风险配置，以及风险性和专业性较强的工程保险、信用保险和责任保险。

②保险专业代理机构和保险经纪机构在人身保险方面的业务结构。从人身险种类看（见图3－11），保险专业代理机构在寿险产品的占比

最大，为42%，其次是健康险和意外伤害险，占比分别为33%、25%；而保险经纪机构在健康险产品的占比超过一半，为60%，寿险和意外伤害保险产品分别为22%、18%。

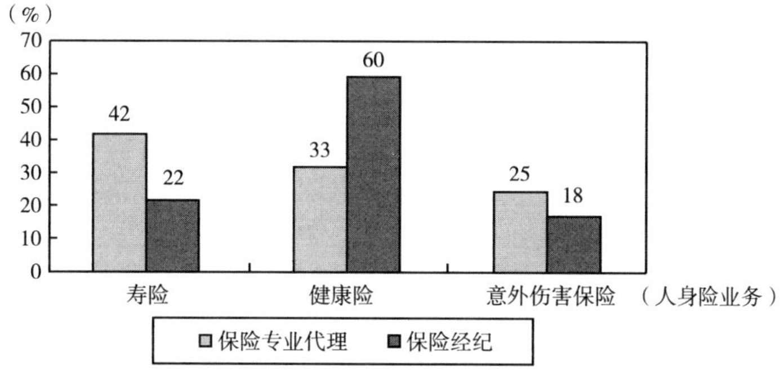

图3-11 2015年我国保险专业代理机构和保险经纪机构人身险业务占比

资料来源：根据《中国保险统计年鉴》相关数据整理而得.

③保险公估机构业务结构。保险公估机构90%的营业收入来源于财险业务公估服务费，人身险业务所占的比例非常少。其中，机动车辆保险业务在我国保险公估服务费中的占比达到一半；其次是企业财产保险，占比约为20%；货物运输险、船舶险、工程险分别占其服务费的10%左右。

（4）保险专业中介机构的分布概况

我国保险专业中介机构的分布存在着区域发展不平衡现状（见表3-7）。全国性保险专业代理机构主要分布在北京、广东（含深圳，下同）、上海、山东（含青岛，下同）、江苏、河北、浙江（含宁波，下同）、天津，占全国总机构数的78.4%；区域性保险专业代理机构主要分布在北京、河北、山西、辽宁（含大连，下同）、上海、江苏、浙江、山东、河南、广东、四川、陕西，机构数占比为73.7%。从保险经纪机构的分布看，北京最多，占比为34.6%，其次是上海和广东，占比分别为16.7%和15.5%。保险公估机构的集聚地主要分布在广东、北京、山东、上海、河北，占比依次为16.6%、12.1%、10.7%、9.9%、9.1%。

保险中介处于保险服务链条的中间环节，根据保险产品的需求特性，保险专业中介机构主要集聚在经济、人口、金融、人才、资金、科技等要素丰富的地区。

表 3-7 保险专业中介机构地区分布统计（截至 2020 年 12 月 31 日） 单位：家

辖区	保险专业代理		保险经纪	保险公估	中介集团	辖区合计
	全国性	区域性				
北京	66	104	172	45	0	387
天津	10	38	20	10	0	78
河北	13	69	8	34	2	126
山西	0	66	1	3	0	70
内蒙古	1	35	1	4	0	41
辽宁	7	69	3	11	0	90
大连	2	16	3	5	0	26
吉林	1	26	0	8	0	35
黑龙江	1	39	2	3	0	45
上海	24	83	83	37	0	227
江苏	12	117	5	14	0	148
浙江	9	64	18	10	0	101
宁波	2	8	7	3	0	20
安徽	3	35	6	14	0	58
福建	0	34	1	9	0	44
厦门	2	13	4	4	0	23
江西	2	14	5	3	0	24
山东	12	100	11	27	0	150
青岛	4	40	6	13	0	63
河南	8	76	3	8	0	95
湖北	3	36	10	6	0	55
湖南	0	18	9	7	0	34
广东	22	146	29	35	2	234
深圳	15	43	48	27	1	134
广西	1	26	0	1	0	28
海南	1	14	4	3	0	22
重庆	5	19	5	4	0	33
四川	9	62	10	9	0	90
贵州	0	5	5	1	0	11

续表

辖区	保险专业代理		保险经纪	保险公估	中介集团	辖区合计
	全国性	区域性				
云南	1	25	3	4	0	33
陕西	5	50	11	11	0	77
甘肃	0	7	2	0	0	9
青海	0	2	1	0	0	3
宁夏	0	7	0	0	0	7
新疆	0	15	1	0	0	16
西藏	0	2	0	0	0	2
总计	241	1523	497	373	5	2639

资料来源：中国银保监会保险中介监管部《中国保险中介市场 2020 年概况》.

3.3.3　我国保险中介市场发展特点

虽然我国具有较为完善的保险中介市场体系，但是由于各类保险专业中介机构专业技术水平有限，市场认可度较低，从而导致我国保险专业中介机构在保险中介市场中发挥的作用有限，保费规模占比始终较低。

（1）业务规模偏低

我国保险专业中介机构所涉业务主要以财产险业务为主。其中，保险专业代理机构的业务形式较为单一，其营业收入占比中机动车辆保险最高。而保险经纪机构中家庭财险、责任险、特殊风险保险等专业性、风险性与复杂性程度较高的保险业务占比较大。保险公估机构的费用收入中 50% 来源于机动车辆保险，因为在我国保险损失评估中保险公估机构的评估报告并不具有唯一性，而法院、质量监督局、司法部门等都可以对相关保险的损失纠纷出具评估报告，进而我国保险公估市场发展比较缓慢。

虽然我国各类保险专业中介机构在保险市场中的业务规模占比较小，但是其机构数和业务量的增长速度都较快，这也说明我国保险专业中介市场具有良好的市场发展潜力。

（2）发展模式粗放

专业化、差异化发展不足，发展能力有待提升。我国保险专业中介机构目前还是偏资源型、依附型、通道型，具有国际竞争力的龙头标杆型机构相对缺失。目前我国保险规模居全球第二位，保险专业中介机构的发展与之不相匹配。由于初期准入门槛低，且业务以销售为主，保险专业中介机构从业人员素质参差不齐，管理粗放，导致保险专业中介机构的专业度和市场认可度不高。

随着我国人口红利的消退和互联网销售渠道的应用，保险专业中介机构应该注重精英团队的打造，由粗放式向精细化方向发展。同时注重科技与创新，抓住数字经济时代的机遇，有效利用大数据、人工智能技术，更加高效、便捷地找准消费者需求，构建以需求为中心的服务理念，优化服务体验，加快创新，不断提升保险专业中介的专业化服务能力和水平。

（3）发展理念有偏差

从保险专业中介机构的发展目标来看，还是注重规模、速度和市场份额，对保险中介的核心价值不够重视。虽然目前我国保险中介市场主体发展齐全，具有一定的市场规模，但是保险中介仍被认为是保险行业的边缘产业，部分保险专业中介机构还是没有找准自身在市场中的定位。成熟发达的保险市场中，产销分离是趋势，保险中介和保险公司之间职能互补，而目前我国市场中仍存在保险专业中介机构和保险公司的对立现状。对立的根源就在于发展理念有偏差，保险专业中介机构不单是保险销售者，更应该承担起服务的职能，一方面对消费者，另一方面对保险公司。

保险专业中介机构若只偏重销售，竞争门槛比较低，易被模仿，很难形成竞争优势。保险专业中介机构应重新审视保险行业面临的内外部新环境，树立内涵式和可持续发展的经营理念，逐步拓展自身的价值链条，客户端可延伸到风险保障教育、保险产品信息咨询与购买、客户需求分析、持续保险服务提供等方面；保险公司端可拓展到市场需求分析、产品创新开发、核保、理赔、保单保全等多环节。

（4）市场监管仍需加强

保险中介市场的一些问题具有长期性、顽固性的特征。一是部分违法违规行为依旧普遍。保险中介分支机构管理混乱，保险公司与保险专业中介机构合谋虚构中介业务、虚列费用、虚开发票，销售误导、填写虚假客户信息等问题依然高发、频发。二是涉众风险隐患不容忽视。既有保险专业中介机构和从业人员参与非法集资、传销、违规销售非保险金融产品等传统隐患，也存在互联网机构、人员无资质从事保险销售甚至非法集资等新型隐患。三是外部传染风险不可忽视。问题股东自身风险、问题保险公司业务领域风险等都可能传导到保险专业中介机构。网络安全领域，保险中介业务信息技术运维操作风险及保险客户信息泄露风险不断加大。

3.4 国内外保险中介市场发展比较与启示

2017 年美国、中国、日本和英国是全球总保费排名前四的保险市场，在全球保险市场的占比分别为 28.15%、11.7%、8.63%、5.79%。但相比于美国、英国和日本的保险中介市场主体，我国保险专业中介机构在保险市场的业务规模、专业能力和市场认可度都较低，市场竞争力有限，无法适应我国保险市场专业化、国际化发展进程。基于此，本书通过对比分析美国、英国、日本这些成熟保险中介市场与我国保险中介市场的发展现状、模式及监管方式，为我国保险专业中介机构专业化、规模化的发展及市场竞争力的提升提供借鉴和经验。

3.4.1 各国保险中介市场主体发展与监管比较

（1）保险代理人模式与监管比较

美国的保险中介市场以保险代理人为主，但因对保险代理人和保险经纪人并没有严格的界定标准，所以相关保险业务范围在两者之间并没有严格的限制和区分。在美国，超过 50% 的寿险业务依靠专业保险代理人，而非寿险业务主要由独立保险代理人负责。美国不仅拥有数量庞大的保险代理体系，而且其业务遍布全球多个国家或地区，具有很强的国际竞争力。虽然美国各州的监管制度不尽相同，但是美国具有完善的保险代理政府监管体系和行业自律组织，为美国保险代理人市场行为规范提供了保证。

英国保险代理制度中存在严格的两级结构，保险代理人和保险经纪人只能选择其中一种，两者不能兼任。相比于英国保险经纪人的业务规模，保险代理人市场规模占比相对较低，且呈现逐年下降的趋势，其相关保险业务主要来源于寿险市场。

日本保险中介市场中保险代理人占有绝对优势地位。日本寿险业务主要采用寿险营销人的形式，其与保险公司并不是委托代理的关系，而是劳务合同关系；对于非寿险业务而言，日本主要采用损害保险代理店的形式，其在整个非寿险业务的占比超过 90%。在日本，保险代理人具有严格的等级制度。

我国保险中介市场也以保险代理人为主，但是与美国和日本的代理模式不同，我国保险代理市场中，个人营销员和兼业代理的占比很高，保险专业代理机构的业务规模较小。相比于成熟保险中介市场，我国保险代理人的业务素质、专业能力等方面都存在较大差距。

（2）保险经纪人模式及监管比较

在英国，保险经纪人的发展早于保险代理人和保险公估人，在保险中介市场中享有主导地位，英国保险经纪人在寿险分销渠道中占比近 70%；非寿险业务中的占比也超过 50%。同时，在英国允许保险经纪人以合伙组织经营，例如劳合社。由于英国保险经纪人悠久的发展历史，英国对保险经纪人的监管更偏重行业自律，相关行业协会对经纪人资格具有严格的标准限制。

在美国中介市场中，保险经纪人与保险代理人的最大区别在于，保险经纪人可以将保险业务在多家保险公司之间分配；而在业务范围方面，两者并无很明确的区别。美国保险经纪人也具有很强的国际竞争力，拥有全球最大的保险经纪公司。各州对所属保险经纪人具有监管权力，同时，相关行业自律协会也具有辅助监管的作用。

保险经纪人在日本的起步较晚，无论在寿险业务还是在非寿险业务中的占比均很少，其业务主要来源于大型保险公司和国际业务。但是，日本对保险经纪人的监管要求比保险代理人更为严格。

我国保险经纪人只能以法人机构的形式存在，且其在保险中介市场中业务占比低于保险专业代理机构，对其依照政府监管部门颁布的《保险经纪人监管规定》进行监管。

（3）保险公估人模式及监管比较

保险公估人在美国、英国和日本都是作为公正且独立的第三方存在，对保险市场的发展具有重要作用。但是每个国家的监管制度存在一定差异。在美国，保险公估人不在保险监管范畴之内，而是适用于一般法和行业自律协会的约束；同样的，英国保险公估人的监管也不在保险监管范围内，对其监管主要通过保险人对其市场投票选择机制、特许公估师学会的相关规定等途径来实现；对日本保险公估人的约束和管理主要由日本损害保险行业协会实施；而中国保险公估人的监管按照中国银保监会出台的《保险公估人监管规定》实施。

3.4.2 借鉴与启示

（1）发展经验借鉴

鉴于每个国家经济环境、保险业务结构、监管制度等存在差异，各个国家的保险中介市场发展模式也不尽相同。但是美国、英国等国保险中介机构的专业技术能力、全球客户认可度、发展规模等方面竞争力的培育值得我国学习和借鉴。

第一，严格的资格认证体系。保险专业中介机构的专业能力来源于从业人员的技术能力和素质。因此，要提高保险专业中介机构从业人员的准入门槛，对其相关领域的业务能力设置不同等级、层次的理论考试和实际业务能力考核，提高从业人员的专业水平。

第二，健全的人才培育计划。随着保险需求多样化和个性化的发展，保险专业中介机构的从业人员也必须与时俱进，不断进行相关业务知识的更新和学习。因此，要发展和完善我国保险专业中介机构从业人员的培训体系，不断提升其业务能力。

第三，完善的市场监管体系。美国、英国和日本这些国家都具有完善的保险中介市场主体监管体系，通常采用政府监管与相关行业自律协会管理相关结合的双重监管模式。而目前我国保险专业中介机构的监管主要是以政府监管为主，中介行业协会的建设还不完善，对保险中介市场主体的管理约束力较弱。

（2）启示

除以上三个方面的发展经验借鉴外，美国、英国和日本保险中介市场主体各具特色的发展特点也对我国保险中介市场主体发展产生一些启示作用。

美国和英国保险市场的发达在于其开放型的市场发展环境，保险市场的专业化和国际化程度很高，需要专业化程度较高的保险专业中介机构的支持。所以，美国和英国虽然保险中介市场发展模式不同，但是两者的保险中介市场都以专业中介机构为主，而且保险代理机构、保险经纪机构和保险公估机构都在全球市场中极具竞争力。不同于美国和英国的保险市场发展模式，日本对国内保险市场的保护力度较大，保险业务主要以国内市场需求为主，保险中介的形式也以营销人和代理店模式为主。从我国现阶段保险中介市场的发展现状看，与日本保险中介市场的结构有点相似，以个人营销员和兼业代理机构为主。但是随着我国保险市场的进一步开放，允许符合条件的境外投资者来华经营保险代理业务和保险公估业务，同时放开了外资保险经纪机构的经营业务范围；而且我国政府监管部门也相继出台一系列政策文件，加速我国保险中介向专业化、规模化方向转型升级。这说明我国保险中介市场正处在向专业化发展的新阶段，保险专业中介机构在我国保险市场专业化、国际化发展进程中将发挥越来越重要的作用。

而且从美国和英国主要保险中介市场主体发展历程和现状看，美国各类保险中介市场主体也存在地理集聚状态，其中加州（Colifornia）、德州（Texas）、佛罗里达（Florida）、纽约（New York）、伊利诺伊州（Lllinois）五个州的机构数占美国保险中介市场主体机构数的 36.15%。而保险经纪人在发展初期，也是集聚在英国伦敦，目前仅劳合社（Lloyd's）市场中就有超过 200 家注册登记的劳埃德经纪人，其业务遍布全球各地。这说明集聚发展对美国、英国保险中介机构的专业化、规模化发展具有重要的推动作用。

虽然我国保险中介市场处于发展的初期阶段，但各类保险专业中介机构也呈现出明显的地理集聚发展态势。那么现阶段我国保险专业中介机构集聚是否也对其自身经营效率和保险市场发展具有提升作用，这值得进一步深入研究和分析。

第4章　中国保险专业中介机构集聚发展态势分析

保险中介是保险市场专业化发展的必然结果。随着我国保险业的恢复、开放、改革和创新发展，我国保险专业中介也经历了从无到有、从单一到多元化的发展过程。截至2018年底，我国保险专业代理机构达到1795家；其中保险中介集团5家，全国性保险代理公司240家，区域性保险代理公司1550家；保险经纪公司499家；已备案的保险公估公司353家。虽然我国各类保险专业中介机构数量众多，但是空间上呈现出明显的地理集聚发展态势，主要集中在东部经济、金融、保险等发展强劲的省份和地区。

为深入了解现阶段我国各类保险专业中介机构的地理集聚发展态势，本章运用产业集聚度测度指标从时间维度和区域维度两个方面对我国保险专业中介机构区域集聚程度进行全面衡量。首先，结合现有文献中的产业集聚程度测度指标选取了分析保险专业中介机构集聚度的相关指标，具体为区位熵指数、空间基尼系数和首位度指数；其次，根据我国保险专业中介机构的从业人员数和机构数，从时间和区域两个层面分别对保险专业中介机构、保险经纪机构和保险公估机构的集聚程度进行比较分析；最后，对我国各类保险专业中介机构的集聚特点和影响因素进行总结。

4.1　保险专业中介机构集聚指标的选取

4.1.1　保险专业中介机构集聚指标的选取原则

各类产业集聚度的测度指标计算方法和测度重点各不相同，所采用的数据样本也不同。若采用第1章中所介绍的所有指标对我国专业保险中介的集聚程度进行测算，这样既没效率也无意义。本章关于保险专业中介机构集聚度指标的选取主要基于以下几个方面的考虑：

第一，所选指标能从时间和区域间两个方面对保险专业中介机构的集聚程度进行测度，从而提高集聚程度测算的全面性和准确性。

第二，所选指标中所涉及的变量可通过正规、准确的统计途径获得，且指标中所涉及的变量可涵盖统计数据中尽可能多的样本。

第三，所选指标对保险专业中介机构的集聚度具有适用性。通常情况下，不同产业间的集聚测度指标不尽相同。例如，制造业与服务业之间存在差别，商业服务、通信服务、金融服务等产业之间也存在差异。因此，本书在相关文献的基础上，选择适用于金融业抑或保险业集聚的测度指标。

4.1.2 保险专业中介机构集聚测度指标

为了更加准确、清晰地分析我国保险专业中介机构在不同区域间的集聚发展态势，综合考虑样本数据的可获得性、集聚指标的适用性和应用普遍度，本书将采用空间基尼系数、区位熵指数和首位度指数对我国保险专业代理机构、保险经纪机构和保险公估机构的集聚程度进行比较分析。

对于时间维度集聚态势的比较，本书将采用空间基尼系数分析2005～2016年我国保险专业中介机构的空间集聚态势，从而更直观地了解其在时间上的变化趋势，具体计算公式为：

$$G = \sum_{i=1}^{n} (s_i - x_i)^2 \tag{4-1}$$

其中，s_i为i地区保险专业中介机构的从业人员数占所有地区保险专业中介机构从业人员数的比重；x_i为i地区所有产业的总就业量占全国总就业量的比重；n为地区个数。集聚指数G的值越大，说明保险专业中介机构的空间集聚程度越高。

对于区域维度集聚态势的比较，本书将采用区位熵指数分析我国各类保险专业中介机构在东部、中部、西部地区各个省份的集聚差异，其具体计算公式为：

$$LE = \frac{\left(\frac{x_i}{X_i}\right)}{\left(\frac{\sum_i x_i}{\sum_i X_i}\right)} \tag{4-2}$$

其中，x_i、X_i分别表示 i 地区保险专业中介机构的从业人员数与该地总就业人员数。通常情况下，区位熵指数 LE 的值越大，表明保险专业中介机构在该地区的集聚程度越高。但是因为区位熵指数是一个相对指数的概念，其值大小受两方面因素的影响：其一，该地区保险专业中介机构在总保险专业中介就业占比的大小，占比越大，区位熵指数越大；其二，该地区总就业量在全国占比的大小，占比越大，区位熵指数越小。

但是，空间基尼系数和区位熵指数都属于相对指标，容易受到极值的影响。如果某个地区保险专业中介机构的规模（就业人数）较大，而保险专业中介机构的数量较少，同样也会引起空间基尼系数或者区位熵偏高。所以，为了排除极值的影响，本书采用首位度指数对保险专业中介机构的法人机构数（及省分机构数）的空间集聚程度作了进一步分析，计算公式为：

$$PI_n = \sum_{i=1}^{n} x_i / X \tag{4-3}$$

其中，PI_n为首位度指数；x_i为 i 地区保险专业中介法人公司（及省分公司）机构数；X 为保险专业中介机构总数；n 为按机构数升序排名的前 n 名地区，对于 n 的取值为 4、8，这也为多数文献中常用的取值。

4.2　保险专业中介机构的集聚态势分析

本节主要采用集聚度指标对我国保险专业代理机构、保险经纪机构和保险公估机构的集聚发展时间趋势和区域间的集聚程度差异进行比较分析。

4.2.1 保险专业代理机构的集聚度分析

（1）时间维度上的集聚态势

本书采用空间基尼系数利用 2005～2016 年保险专业代理机构的从业人员数对其时间层面的集聚程度进行了测算（见图 4－1）。

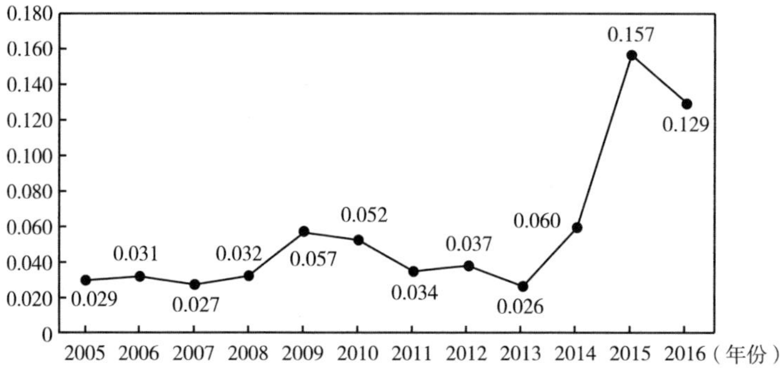

图 4－1　2005～2016 年我国保险专业代理机构的空间基尼系数

从整体变化趋势看，我国保险专业代理机构的空间集聚程度在 2013 年前后变化较大。2005～2013 年，保险专业代理机构的空间基尼系数变化幅度较平缓，从 2005 年的 0.029 上升到 2009 年的 0.057，之后又逐渐回落到 2013 年的 0.026。但是 2013 年后开始快速上升，从 0.026 上升到 2014 年的 0.060，到 2015 年上升到 0.157，2016 年略有回落，为 0.129。从整体变化趋势看，保险专业代理机构就业人数的空间基尼系数存在上升的趋势，而且空间基尼系数的值较小。这说明现阶段从就业人数的角度看，我国保险专业中介机构在空间上的不均衡程度并不高。

其原因在于，自 2001 年我国保险中介市场体系建立以来，大量保险专业代理机构进入保险市场。但是受限于市场进入退出机制的不完善，各地政策尺度标准不够统一，保险中介市场的准入市场主体实力不强，经营规模较小，专业程度不高，吸纳就业的能力也有限，所以空间基尼系数的测算值较小。从 2012 年开始，为提升我国专业代理机构向专业化、规模化方向转型升级，停止了区域性和规模较小保险专业代理机构的市场准入审批，促使专业中介机构整体实力和竞争力的提升。同时，也倒逼部分兼业代理机构向专业化方向转型。随着保险专业代理机构专业化、规模化程度的提高，其吸纳就业的能力进一步提高，而其空间基尼系数也就随着呈现上升的趋势。

（2）区域维度的集聚态势

对于区域层面的集聚程度，本书主要采用区位熵指数和首位度指数分别采用各省份保险专业代理机构的从业人员数和机构数测算而得。

①区位熵指数。表4－1为我国东部、中部、西部地区各省份保险专业代理机构区位熵指数的均值。我国保险专业代理机构在东部、中部、西部集聚的区位熵指数分别为1.173、0.502和0.423，可见保险专业代理机构在东部地区各省份的集聚程度远高于中部和西部地区。

表4－1　　　　我国保险专业代理机构的区位熵指数

东部地区		中部地区		西部地区	
省份	指数	省份	指数	省份	指数
北京	2.728	安徽	0.415	甘肃	0.112
福建	0.703	河南	0.775	广西	0.432
广东	1.791	黑龙江	0.337	贵州	0.177
海南	0.236	湖北	0.360	内蒙古	0.493
河北	1.611	湖南	0.551	宁夏	0.346
江苏	1.453	吉林	0.901	青海	0.077
辽宁	1.592	江西	0.208	陕西	0.338
山东	1.778	山西	0.465	四川	1.560
上海	0.136	—	—	西藏	0.123
天津	0.453	—	—	新疆	0.141
浙江	0.421	—	—	云南	0.232
—	—	—	—	重庆	1.047

注：表中的区位熵指数是各省份2005～2016年区位熵指数的均值.
资料来源：根据《中国保险统计年鉴》和《中国城市统计年鉴》相关数据计算而得.

从东部地区看，北京的保险专业代理机构集聚程度最高，其区位熵指数为2.728；其次是广东、山东、河北、辽宁和江苏，其区位熵指数均超过1，说明保险专业中介机构在这些省份的集聚程度也较高；而上海地区的保险专业代理机构区位熵指数仅为0.136，与其国际金融中心的地位明显不相符。通过进一步数据分析，本书认为上海区位熵指数偏低的原因可能在于：一方面，因为区位熵指数是一个相对指标的概念，上海金融市场的开放程度较高，外资保险机构偏多，而外资保险相关业务更多依赖于保险经纪公司和保险公估公司，进而保险专业代理机构的业务规模偏小，吸纳就业的能力有限；同时，上海是我国金融机构的集聚区，保险专业代理机构的从业人数与该地区银行、证券等行业的从业人员规模相比差距太大，从而造成其区位熵指数偏低。另一方面，统计数据中对于上海地区保险专业代理机构统计不全，造成部分数据样本的缺失，也对上海的区位熵指数造成一定的偏差。

从中部地区看，保险专业中介机构在该地区所有省份的区位熵指数均小于1，其就业人数的集聚程度较低；其中，只有吉林、河南、湖南3个省份的区位熵指数高于0.5。

从西部地区看，保险专业中介机构在四川和重庆两地的集聚程度相对较高，其区位熵指数分别为1.560、1.047；而西部地区其他省份的区位熵指数均小于0.5。

保险专业代理机构从业人员区位熵指数说明，我国保险专业代理机构主要集中在东部地区，中部和西部地区的集聚程度偏低；从具体省份看，北京、广东、山东、河北、辽宁、四川、江苏和重庆8个省份的保险专业代理机构从业人员的区位熵指数均大于1，保险专业中介机构的从业人员在这些省份的集聚程度较高，说明保险专业代理机构在该地区的机构数较多或者经营规模较大。

②首位度指数。区位熵指数是采用保险专业代理机构的就业人数计算而得。若某一地区保险专业中介机构数较少，但是其规模较大，同样得到的区位熵指数较大。所以，区位熵指数易受极值的影响。为了进一步准确地衡量我国保险专业代理机构的区域分布，本书又采用保险专业代理机构在各省份的机构数计算其首位度指数。

从保险专业代理机构的首位度指数看（见图4-2）[①]，保险专业代理机构数居全国前四位的省份，占比在40%左右；代理机构数居全国前8位的省份，其机构数占比超过60%。

---

① 本书中的代理机构数具体指各地区或省份中全国性和区域性的保险专业代理机构总数，其分支机构并不在统计范围之内.

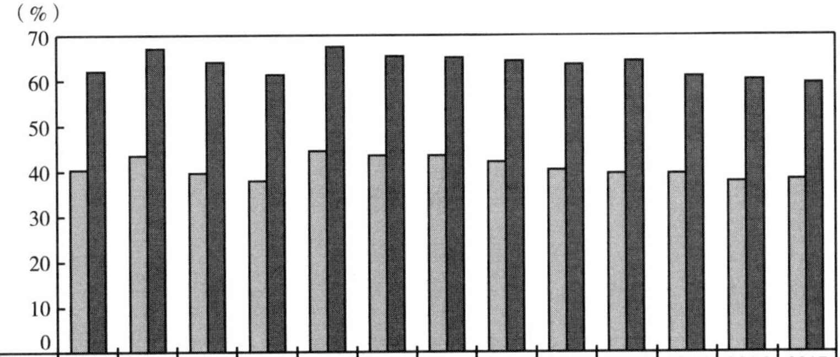

年份	2005	2006	2007	2008	2009	2010	2011	2012	2013	2014	2015	2016	2017
■PI4	39.94	43.54	39.80	38.14	44.53	43.49	43.72	42.06	40.16	39.49	39.47	37.52	38.35
□PI8	62.41	67.27	64.31	61.35	67.47	65.37	65.13	64.40	63.66	64.19	61.10	60.09	59.64

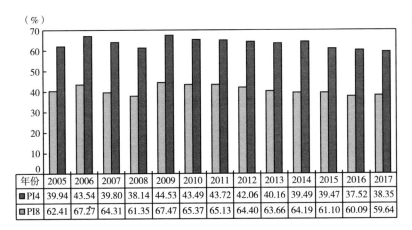

图4-2　2005~2017年我国保险专业代理机构首位度指数

资料来源：根据《中国保险统计年鉴》数据整理计算而得.

从首位度指数的趋势看，自2009年以来，我国保险专业代理机构的首位度指数呈逐渐下降的趋势。说明随着我国保险中介业务的发展，其在区域间的集聚程度略有下降。

从PI4指数与PI8指数的差距看，两者相差20%左右。说明虽然我国保险专业代理机构数在地理分布上存在集聚差异，但是其在各省份的集聚程度并没有呈现严重的两极分化趋势，其原因在于区域性代理机构在前8个省份的机构数分布差距不是很大。若从全国性保险专业代理机构的首位度指数看，其PI4指数与PI8指数分别为64.53%、83.76%。而且从具体省份看，保险专业代理机构集聚程度较高的省份几乎全部位于东部地区，主要分布在广东、北京、山东、江苏、上海、辽宁、河北、浙江等省份。

从城市角度看，同一省份不同城市间的保险专业代理机构集聚程度也存在差别。但鉴于城市层面的数据较多，碍于篇幅限制，本书仅以保险专业代理机构集聚程度较高的省份中部分城市的占比进行说明（见表4-2）。广东省28.02%的保险专业代理机构集聚在深圳市；而山东省的代理机构则主要分布在青岛和济南两市；江苏省南京市的代理机构数占比最高，达38.58%，其次是苏州市；辽宁省的代理机构主要集聚在沈阳和大连两地，占比超过60%；河北省超过一半的代理机构集聚在石家庄；浙江省的保险专业代理机构则主要集聚在杭州和宁波两市，占比分别为39.52%和22.58%。这说明我国保险专业代理机构主要分布在经济、人口比较集中的省会城市或者计划单列市中。

表4-2　我国保险专业代理机构在主要集聚省份相关城市中的占比　单位：%

省份	城市	占比	省份	城市	占比
广东	深圳	28.02	河北	石家庄	55.00
山东	青岛	39.00	辽宁	沈阳	41.41
	济南	19.00		大连	23.23
江苏	南京	38.58	浙江	杭州	39.52
	苏州	16.54		宁波	22.58

资料来源：根据《中国保险统计年鉴》相关数据计算而得.

4.2.2　保险经纪机构的集聚度分析

同样的，本书采用我国保险经纪公司的数据样本，对其时间维度和区域维度的空间集聚态势进行了比较分析。

（1）时间维度上的集聚态势

图4-3是以保险经纪机构从业人员数计算而得的空间基尼系数。具体来看，2005~2007年，我国保险经纪机构的空间集聚程度由0.226上升到0.373；2007年之后其空间集聚程度有所下降，2009年其空间集聚指数下降到0.258；2010年该空间集聚指数呈现小幅上升，2011~2014年，保险经纪机构的空间集聚程度比较平稳；2014年之后，保险经纪机构在空间的集聚程度又开始呈明显上升趋势，其集聚指数由2014年的0.301上升到2016年的0.478。

所以，从整体来看，我国整体保险经纪机构空间集聚态势呈现波动中上升的趋势，且保险经纪机构的空间基尼系数值远大于保险专业代理机构。说明相比于保险专业代理机构，保险经纪机构的空间集聚程度更高，地区间发展不平衡程度更深。

（2）区域层面的集聚态势

上文中运用空间基尼系数分析了我国保险经纪机构空间集聚程度在时间维度上的变化趋势。下面，本书将采用区位熵指数和首位度指数具体分析我国保险经纪机构在具体区域维度上（省级和城市级）的集聚程度和差异。

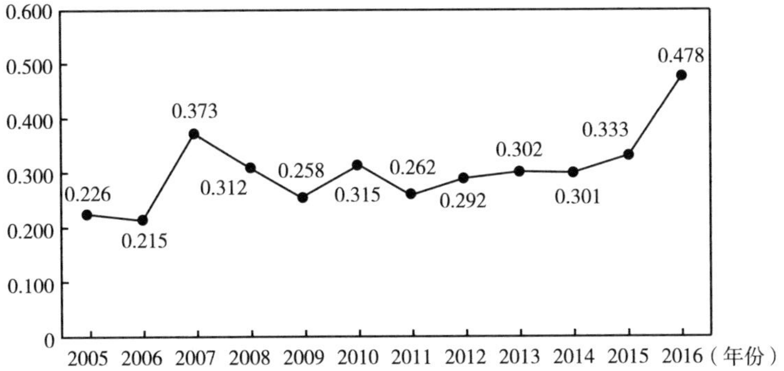

图4－3 2005～2016年保险经纪机构集聚的空间基尼系数

资料来源：根据《中国保险统计年鉴》数据整理计算而得.

①区位熵指数。我国东部、中部、西部地区保险经纪机构的区位熵指数均值分别为1.821、0.194、0.405，说明我国保险经纪机构高度集中于东部地区，中部和西部地区的保险经纪机构集聚程度较低。

如表4－3所示，从东部地区看，保险经纪机构在北京的集聚程度最高，从业人员的平均区位熵指数超过12，北京是银行、保险、证券等金融总部经济的集聚地，其资源与信息优势吸引我国大部分保险经纪机构在此集聚，从而其区位熵指数过大；其次是上海，其区位熵指数为2.896，仅次于北京，上海是外资保险机构及再保险机构的集聚地，其业务对保险经纪的依赖程度相对较高，从而为保险经纪机构的集聚提供客户资源优势，所以保险经纪的集聚程度也相对较高；保险经纪机构在海南的区位熵指数也较高，为1.330；而广东、天津、浙江3个省份的保险经纪区位熵指数均大于0.5，集聚程度相对较高。

表4－3 我国东部、中部、西部地区各省份保险经纪机构区位熵指数

东部地区		中部地区		西部地区	
北京	12.288	吉林	0.161	四川	0.242
广东	0.912	河南	0.066	重庆	0.254
山东	0.411	湖南	0.248	内蒙古	0.217
河北	0.027	山西	0.001	宁夏	0.846

续表

东部地区		中部地区		西部地区	
辽宁	0.261	安徽	0.181	陕西	0.910
江苏	0.369	湖北	0.455	云南	0.268
福建	0.211	黑龙江	0.214	贵州	0.734
天津	0.726	江西	0.223	新疆	0.348
浙江	0.594			西藏	0.212
海南	1.330			甘肃	0.422
上海	2.896				

资料来源：根据《中国保险统计年鉴》《中国城市统计年鉴》的相关数据计算而得.

从中部地区看，各省份的保险经纪机构区位熵指数均低于0.5。这说明，相较于东部地区，中部地区保险经纪机构分布较少，或者其保险经纪机构的规模较小，吸纳就业的能力有限。

从西部地区看，陕西、宁夏、贵州3个省份的保险经纪机构集聚程度相对较高，其区位熵指数均大于0.5；而其他省份的则较低。

从我国保险经纪机构的区位熵指数看，我国保险经纪机构在区域间的集聚程度两极分化特别严重，其在北京、上海、广东等东部地区的集聚程度非常高。这表明，一方面，我国保险经纪机构数在各区域中分布极不均衡；另一方面，区域间保险经纪机构的经营规模差距较大，规模较大保险经纪机构在市场中占据垄断地位。

②首位度指数。本书采用2005～2017年我国各省份保险经纪机构法人机构及省分机构对保险经纪机构的首位度指数进行了计算（见图4－4）。从每年全国保险经纪机构数居前4位的省份占比看，除2014年指数为57.40%外，其余年份的指数均超过60%，2017年更是达到70.32%；从保险经纪机构数前8位省份的首位度指数看，除去2014年外，其他年份的首位度指数均超过70%，部分年份的指数更是超过80%。这表明我国保险经纪机构存在高度的区域集聚现象。

同时，前4位的首位度指数与前8位的首位度指数两者相差较小，这也进一步说明我国保险经纪机构在省份间的集聚程度很高，主要集中在几个主要的省份，其余省份的机构数量相对较少，区域间的分布不平衡。

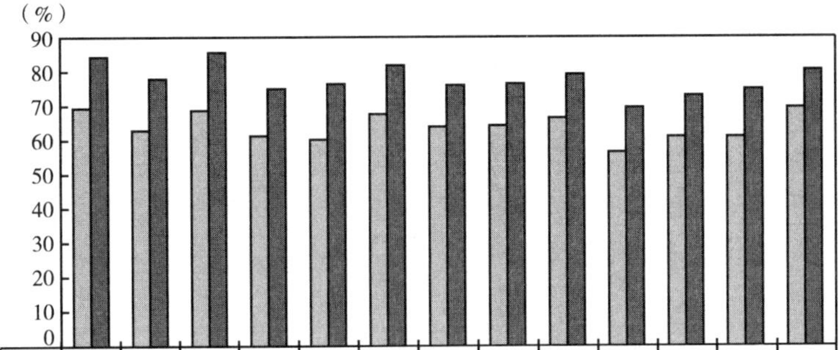

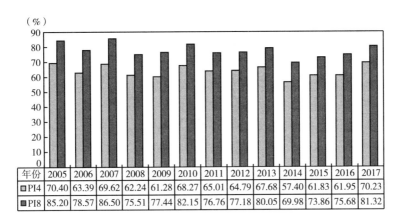

年份	2005	2006	2007	2008	2009	2010	2011	2012	2013	2014	2015	2016	2017
□PI4	70.40	63.39	69.62	62.24	61.28	68.27	65.01	64.79	67.68	57.40	61.83	61.95	70.23
■PI8	85.20	78.57	86.50	75.51	77.44	82.15	76.76	77.18	80.05	69.98	73.86	75.68	81.32

图4-4　2005~2017年我国保险经纪机构的首位度指数

资料来源：根据《中国保险统计年鉴》数据整理计算而得.

从各省份保险经纪机构数看，排名前六位的省份均位于东部地区，分别是北京、上海、广东、浙江、山东和天津，而仅北京保险经纪机构数占全国总机构数的比重就达到37.58%；另外中部地区的湖南省、湖北省，西部地区的陕西省，其保险经纪机构数的占比也相对较多。

从城市的角度看，广东省的保险经纪机构主要集聚在深圳和广州两个城市中，其中深圳市的机构数占比超过70%；浙江省50.94%的保险经纪机构集聚在杭州市，28.30%则位于宁波市；山东省济南市的保险经纪机构数占比超过一半，青岛市占比也达到38.89%；湖南、湖北和陕西的保险经纪机构则分别集聚在长沙、武汉和西安这些省会城市。

4.2.3　保险公估机构的集聚度分析

(1) 时间维度的集聚程度

本书采用空间基尼系数利用保险公估机构的就业人数对其2005~2016年的空间集聚程度进行了测算（见图4-5）。具体来看，保险公估机构的基尼系数由2005年的0.059上升到2006年的0.091；2006年之后其空间基尼系数的值开始下降，到2008年又回落到0.059；2009年出现小幅上升后又呈逐年下降的趋势，到2013年下降到0.039，从2013年开始，保险公估机构的空间集聚指数基本维持在0.040左右，比较平稳。

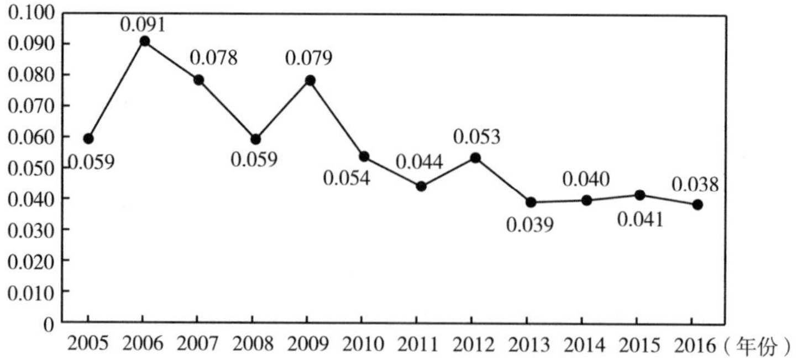

图 4-5　2005~2016 年我国保险公估机构的空间基尼系数

资料来源：根据《中国保险统计年鉴》数据整理计算而得.

总体上看，我国保险公估机构的整体空间集聚程度在波动中呈下降的趋势。其原因可能在于，其一，虽然我国保险公估机构的数量不断增多，但是其在各地区的分布更加均衡；其二，我国各地区保险公估机构的经营规模相差不大，吸纳各区域的就业能力逐渐均衡，从而使得其空间基尼系数较小且呈下降趋势。

（2）区域维度的集聚态势

空间基尼系数测度了我国保险公估机构空间集聚程度在时间轴上的变化和差异，对于保险公估机构的规模和机构数在区域间的集聚程度，本书进一步采用区位熵指数和首位度指数进行测度。

①区位熵指数。表 4-4 为保险公估机构就业人数区位熵指数在东部、中部和西部地区各个省份的平均值（2005~2016 年）。从整体上看，我国保险公估机构在东部地区的区位熵指数为 1.377；其次是中部地区，为 0.303；西部地区的区位熵指数最小，仅为 0.288。现阶段，我国保险公估机构主要集中在我国东部地区，中部、西部地区基本上没形成集聚态势。

表 4-4　我国东部、中部、西部地区各省份保险公估机构区位熵指数

东部地区		中部地区		西部地区	
北京	3.139	吉林	0.522	四川	0.450
广东	4.246	河南	0.159	重庆	0.500
山东	1.034	湖南	0.217	内蒙古	0.015

续表

东部地区		中部地区		西部地区	
河北	0.069	山西	0.213	广西	0.156
辽宁	1.015	安徽	0.840	陕西	0.711
江苏	0.590	湖北	0.110	云南	0.440
福建	0.802	黑龙江	0.161	贵州	0.316
天津	0.860	江西	0.206	新疆	0.314
浙江	0.689	—	—	西藏	0.085
海南	0.597	—	—	甘肃	0.092
上海	2.103	—	—	青海	0.084

资料来源：根据《中国保险统计年鉴》《中国城市统计年鉴》相关数据整理计算而得.

从东部地区看，保险公估机构的区位熵指数在广东省最高，其值为4.246，这说明保险公估机构在广东省的机构数比较集聚或者广东省保险公估机构的经营规模较大，在全国前五大保险公估机构中，广东省就占了3家；其次是北京市，其区位熵指数为3.139，其保险公估机构数仅次于广东省；上海市的保险公估机构集聚程度也很高，区位熵指数为2.103，具有泛华、上海恒量等大型保险公估机构；山东省、辽宁省的保险公估机构集聚程度也相对较高，其区位熵指数分别为1.034、1.015。

从中部地区看，各省份的保险公估区位熵指数均小于1，该地区保险公估机构在安徽和吉林的集聚程度比其他省份略高，其区位熵指数均超过0.5。而保险公估机构在西部地区的集聚程度同样很低，各省份的区位熵指数均小于1。

同样的，我国保险公估机构在东部地区省份的集聚程度远高于中部和西部地区，且区域间的集聚程度相差较大。

②首位度指数。图4-6为根据保险公估机构数计算的其前4位和前8位首位度指数。具体来看，从保险公估机构数量排名前4位的首位度指数（PI4）看，其波动范围在47.17%~58.91%，且自2011年后，PI4值呈下降的趋势；从保险公估机构数量排名前8位的首位度指数（PI8）看，其值在70%~80%范围上下波动，且自2009年开始呈现下降的趋势。

如表4-5所示，我国保险公估机构在前8个省份的机构数占到其

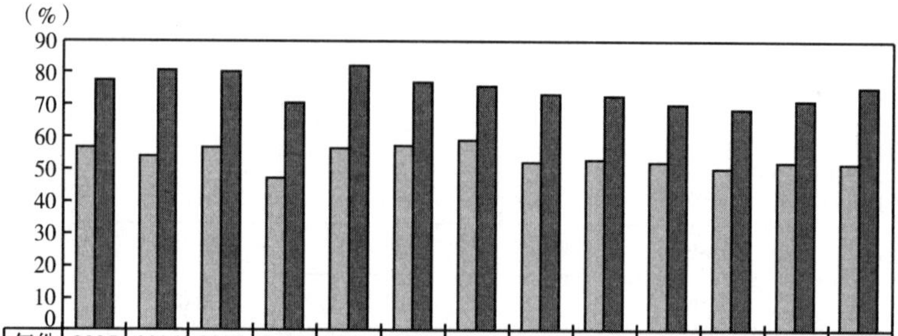

年份	2005	2006	2007	2008	2009	2010	2011	2012	2013	2014	2015	2016	2017
PI4	56.55	53.80	56.47	47.17	56.35	57.25	58.91	52.17	52.99	52.10	50.18	52.33	51.69
PI8	77.38	80.38	80.00	70.28	81.77	76.72	75.58	73.04	72.51	69.90	68.42	71.00	75.08

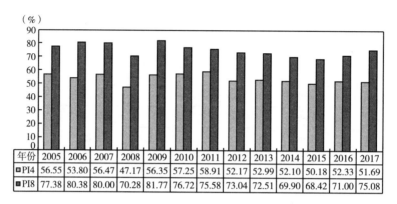

图 4－6　2005～2017 年我国保险公估机构首位度指数

资料来源：根据《中国保险统计年鉴》数据整理计算而得.

总机构数的 70% 以上，这说明我国保险公估机构在省份间的集聚程度很高。且机构数占比较多的省份主要是位于东部地区的广东、北京、上海、山东、江苏、辽宁、浙江、福建等。

同样的，保险公估机构也在各省份经济比较发达的省会或者计划单列市地区集聚程度较高（见表 4－5）。广东省的保险公估机构主要集聚在广州和深圳两市；南京市的保险公估机构在江苏省中占比最高，超过 70%；大连和沈阳两地保险公估机构数占辽宁省总数的 68.75%；杭州市集聚了浙江省近 70% 的保险公估机构；山东省的保险公估机构主要分布在青岛、济南、潍坊和烟台四市；在福建省，保险公估机构也主要集聚在福州和厦门。

表 4－5　我国保险公估机构在主要集聚省份相关城市中的占比　单位：%

省份	城市	占比	省份	城市	占比
广东	广州	33.87	山东	青岛	26.67
	深圳	43.55		济南	13.33
江苏	南京	73.33		潍坊	13.33
辽宁	大连	31.25		烟台	16.67
	沈阳	37.50	福建	福州	61.54
浙江	杭州	68.00		厦门	30.77
	宁波	20.00	—	—	—

资料来源：根据《中国保险统计年鉴》相关数据整理计算而得.

4.3　保险专业中介机构的集聚特点及影响因素分析

本章主要采用空间基尼系数、区位熵指数和首位度指数，利用我国保险专业代理机构、保险经纪机构和保险公估机构2005~2016年就业人数和机构数，从时间层面和区域间层面对我国各类保险专业中介机构的集聚程度进行了测算和比较分析。下面将根据文中的测算结果对我国保险专业中介机构的集聚特点及影响集聚的相关因素进行总结。

4.3.1　我国保险专业中介机构的集聚特点

从时间层面看，我国保险经纪机构的空间集聚态势在波动中呈逐渐上升的趋势；而保险公估机构的空间集聚态势呈逐渐下降的趋势，且下降的趋势比较平缓；对保险专业代理机构而言，以机构数测算的区域间的集聚程度有所下降，但是以就业人数测算的空间集聚程度呈上升的趋势。

从区域层面看，我国各类保险专业中介机构在东部地区的集聚程度均高于中部和西部地区，且都集聚在经济、金融市场比较发达的省份，其中北京、广东、上海三个省份的中介机构集聚程度最高；其次是山东、浙江、江苏、河北、辽宁等。同时，通过各省份城市间的集聚程度看，保险专业中介机构在省会城市和计划单列市的集聚程度要高于其他地区。

从三类保险专业中介机构的集聚程度看，保险经纪机构的空间基尼系数远大于保险专业代理机构和保险公估机构。这说明，我国保险经纪机构在空间上的集聚程度远高于保险专业代理机构和保险公估机构。且从首位指数的比较看，我国保险经纪机构数量在区域间的集聚程度也是最高，超过70%的机构集聚在北京、广东、上海、浙江和山东五个省份，说明我国保险经纪机构在区域间的分布极化现象比较严重。其次是保险公估机构，其机构在各省份的集聚程度略小于保险经纪机构。由于我国保险代理机构的数量众多，尤其是区域性保险专业代理机构，所以其区域集聚程度较保险经纪机构和保险公估机构要低，约1/3的省份集聚了我国60%的保险代理机构。

4.3.2 影响我国保险专业中介机构集聚的相关因素

结合我国各类保险专业中介机构的集聚特点及保险专业中介机构集聚省份或者城市的发展环境，本书认为影响我国保险专业中介机构集聚的因素主要包括以下几个方面：

（1）生产要素状况

保险专业中介机构主要集中在经济发展较快且规模较大的东部省份和城市，这与金融产业的集聚区位选择一致，因为城市规模、经济规模较大的地区可以为其发展提供多样化的生产要素，利于其获得规模经济（Davis，1990）。北京、上海、广东等地区领先的经济发展环境中基础设施、高素质人才、资本、技术等集聚程度也相对较高，对保险专业中介机构的集聚起到正向促进作用。

同时，高质量生产要素相对丰富的地区，一方面，其居民的收入水平较高，对保险的潜在需求更大；另一方面，其区域内经济活动的种类和范围更广，对保险产品需求的细分化和专业化程度相对较高，这也为保险专业中介机构在这些地区的集聚发展提供了空间和业务基础。

（2）保险市场状况

保险中介是保险市场专业化和细分化发展的结果，是保险产业链中的一环，其集聚区位的选择与该地区保险市场的发展状况密切相关。

保险市场是典型的信息不对称市场，随着距离的增大，交易的风险和成本也会增大。而为降低信息不对称带来的成本损失，保险专业中介机构会选择贴近保险供给和保险需求的区域集聚，即保险市场的集聚发展相应带动保险专业中介机构在该地区的集聚发展。

同时，保险市场的集聚发展也为保险专业中介机构提供了专业性人才与技术优势，这对保险专业中介机构专业技术水平的提升和竞争优势的形成具有重要支撑作用。

（3）市场环境

良好的市场环境对产业的集聚发展具有至关重要的作用，公平开放的市场环境不仅有利于产业集聚规模的扩大，而且更有利于集聚产生的知识和技术溢出，减少恶性竞争对溢出效应的挤出。

从市场开放程度看，我国东部沿海地区的市场开放时间较早，加之相关的政策支持，经济类型的多样化发展提高了这些地区的市场化和专业化程度，为保险专业中介机构集聚发展提供了土壤。另外，专业化和开放化的市场环境也利于保险专业中介的技术创新和业务范围的拓展。在国际保险业务方面，保险专业中介机构比保险营销员和兼业代理更具有发展优势，而开放的市场环境中外资企业的集中程度相对较高，为保险专业中介机构跨国业务的拓展提供更多的潜在需求。

第5章　保险专业中介机构集聚对其经营效率影响效应分析

通过对我国保险专业中介机构集聚态势分析发现，不论是从就业人数还是机构数看，我国各类保险专业中介机构均存在不同程度的地理集聚现象。集聚通过成本优势、创新优势和要素优势对我国保险专业中介机构的经营效率存在提升作用。但同样的，集聚地区也意味着同类市场主体的增加，激烈的市场竞争也可能会提高保险专业中介机构的经营成本，从而降低其经营效率。基于此，本章从理论和实证两方面具体分析了各类保险专业中介机构集聚对自身经营效率的影响效应。

5.1　保险专业中介机构集聚对其经营效率影响的传导路径

企业选择集聚发展的动因在于集聚发展可以从生产要素、生产成本、技术溢出等方面给其发展带来优势，从而提升其生产效率，国内外学者对此也从不同的国家、产业角度进行了验证。德克尔和伊顿（Dekle & Eaton，1999）就日本的产业集聚与其劳动生产率进行了研究，发现以就业密度测算的产业集聚程度对其劳动生产率提升的正向促进效应显著，且服务业产业的集聚效应要大于制造业，但是其集聚效应的弹性系数却较小。亨德森（Henderson，2003）对高科技产业的集聚程度及其生产率进行了检验，认为产业的集聚水平越高对劳动生产率的正向促进作用越大。钦加诺和希瓦迪（Cingano & Schivardi，2004）也同样证明意大利的产业集聚有利于其生产率的提升。范剑勇（2009）利用我国制造业数据分析了产业内集聚和关联产业集聚对行业劳动生产率的影响效应。结果表明，无论是产业内还是关联产业集聚都对劳动生产率存在显著正向促进作用，且产业内的集聚效应高于关联产业的集聚效应。

大部分学者的研究结果都表明产业集聚对生产效率的提升具有正向促进作用，而也有部分学者的结果相反。张万里、魏玮（2018）利用制造业数据分析了产业集聚下要素密集度与企业效率之间的关系。结果显示，由于集聚引起的拥挤效应使得集聚对企业的生产效率存在负向影响。

从产业规模看，制造业的集聚规模较大，且发展历程较长，所以现有文献中以制造业为对象来分析产业集聚对生产率影响的研究较多，而却没有对保险专业中介机构集聚效应研究的文献。为了分析现阶段我国保险专业中介机构集聚对其经营效率的影响效应，本节首先在以上相关文献的基础上，从理论方面对影响效应的具体传导路径进行了分析，具体体现在以下两个方面。

5.1.1　集聚发展的促进效应

（1）集聚发展的成本优势

首先，保险专业中介机构是保险供给方与保险需求方有效联结的桥梁，既需要掌握保险供给方的相关信息，又需要了解保险需求方的风险需求和状态。而随着保险专业中介机构在某一地区的集聚发展，相关的保险公司、投保人等保险市场信息也会在该区域大量集聚，从而降低保险专业中介机构的信息成本，提高经营效率（见图5-1）。

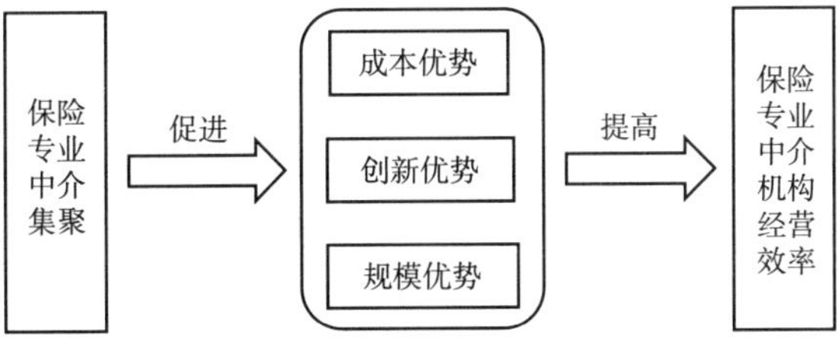

图5-1　保险专业中介机构集聚对其经营效率的影响路径

（2）集聚发展的创新优势

保险专业中介机构在某一地区的集聚使得经营主体增加而提高市场的竞争程度，竞争给保险专业中介机构带来一定经营压力的同时，也给其经营模式、技术等方面带来创新激励。为了在竞争中提高自身的市场占有率，保险专业中介机构会积极采用新技术、新模式提高经营效率，从而在集聚中形成自己的竞争优势。同时，集聚发展也会伴随相关技术、人才、资本等要素的集聚，这也为其创新提供了条件。而且，集聚发展使得保险产业链上的相关企业更加邻近，这也加速了创新的溢出效应，从而提高了整个集聚区的经营效率。

（3）集聚发展的规模优势

某一产业在一地区集聚发展初期都有一定发展条件的支持，比如优越的地理位置、优惠的政策支持等，因此为集聚产业的规模扩大化经营提供了条件。同样的，在我国北京、广东等金融、保险业发展较快的地区，集聚了其发展所需的技术、人才、资本等相关要素，而先进的技术、高素质人才、充足的资本等这些高质量生产要素也为保险专业中介机构的集聚发展提供了条件，有利于其经营规模的扩大，进而提升其规模效率。

5.1.2 集聚发展的负向效应

集聚也意味着同一地区保险市场中经营主体的增加，在经营业务结构相似的情况下，保险专业中介机构间的市场竞争也会增加，这在一定程度上反而会增加保险专业中介机构的竞争成本，对其经营效率的提升产生反作用。

5.1.3 集聚效应的理论预期

根据我国保险专业代理机构、保险经纪机构和保险公估机构的业务结构和经营现状，结合以上理论路径的分析，本书对各类保险专业中介机构集聚对自身经营效率的影响效应做如下假设：

第一，从保险专业代理机构的集聚效应看。一方面，我国保险专业代理机构的数量众多，且经营的业务结构相似，主要集中在车险业务方面，产品服务同质化现象严重。因此在集聚发展中，市场主体间激烈的竞争将会对其经营效率产生负向影响。另一方面，根据相互关联企业间的集聚理论，保险专业代理机构集聚的地区可能也是保险公司集聚的地区。虽然在理论上两者属于上、下游的关系，但是从目前我国保险市场的实际发展状况看，保险公司的产品销售环节仍然掌握在保险公司中，那么同时作为保险产品的供给方，两者就产生竞争的关系而非合作的关系，从而进一步增加了保险代理机构面临的市场竞争程度。

所以，综合以上两方面的分析，本书假设：现阶段我国保险专业代理机构集聚对自身经营效率的提升存在负向影响。

第二，从保险经纪机构的集聚效应看。一方面，相较于保险专业代理机构，我国保险经纪机构的业务结构更加多元化，且业务的技术含量相对较高，集聚发展所产生的成本优势、创新优势和要素优势对其经营效率的提升作用将更加明显。另一方面，保险经纪机构更多的是提供风险咨询和保险购买服务，其对保险公司而言是保险产品的需求方，与保险公司在同一区位的集聚有利于降低交易成本，进而提高自身经营效率。

所以，综合以上两方面的因素，本书假设：保险经纪机构的集聚对自身经营效率的提升存在正向促进效应。

第三，从保险公估机构的集聚效应看。现阶段，我国保险公估机构的业务量较少，而集聚发展可以为保险公估机构提供所需的人才、技术等发展优势；同时，集聚地区相互关联机构的发展也会激发对保险公估机构业务的潜在需求，从而提高其经营效率。

所以，本书假设保险公估机构的集聚对自身经营效率的提升存在正向促进效应。

5.2 保险专业中介机构经营效率的测度方法及指标选择

5.2.1 经营效率的概念及构成

(1) 经营效率的相关概念

在常见文献中，对于厂商生产能力的测度通常采用生产率来表示，即厂商产出与投入的比率。在制造业中，通常厂商的产出对应一定的具体实物产品。但对于服务业而言，产品是无形的，所以本书将服务机构的生产能力称之为经营效率，通常采用全要素生产率进行测量。而技术改革、厂商规模的变动、投入要素配置的调整都会对生产率产生影响（见图5-2）。

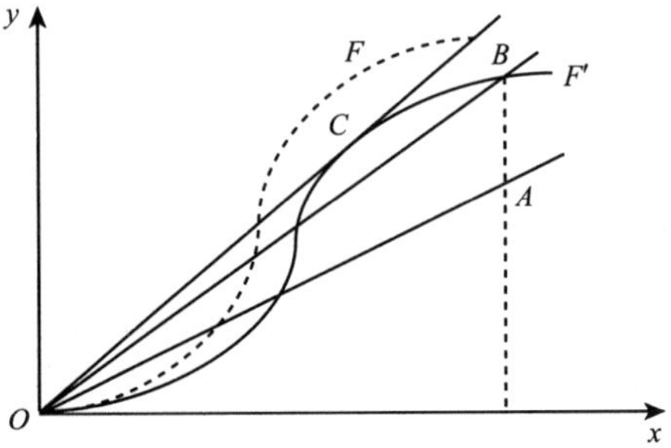

图5-2　厂商生产率变动

资料来源：蒂莫西·J. 科埃利等. 效率与生产率分析引论［M］. 王忠玉译. 北京：中国人民大学出版社，2008：4.

以单要素投入为例，x 轴表示生产要素的投入，y 轴表示产出，则从原点 O 出发的射线 OA、OB、OC 表示厂家的生产率；曲线 OF、OF' 表示生产边界，即对应投入的最大产出，处于该曲线上的点也代表技术是有效的，其与 x 轴形成的范围表示对应投入的所有可能产出。因为 A 点并不处于生产边界上，所以其技术是无效的。对于 B 点而言，其位于生产边界上，且与 A 点有相同的投入，但其产出却高于 A 点，这说明 B 点的技术是有效的。而 B 点与 C 点相比，其都位于生产边界上，都存在技术效率，但是 C 点的生产率要高于 B 点，且 C 点是射线 OC 与生产边界 OF' 的相切点，是生产率最优点。虽然 B 点与 C 点都是技术有效的，但是随着厂商规模的调整，规模报酬递增会使得厂商的生产率进一步提高从而达到最优，即 C 点的生产率。同时，随着时间的推移，厂商会引进新的人力资本、新的技术等，从而使得现有的生产边界 OF' 向左上方移动到新的生产边界 OF，在新的生产边界上每一点对应投入其产出都高于曲线 OF' 的生产率。

这也说明，厂商的生产效率并不是一成不变的，现实中往往达不到最优状态，而其技术效率的变动、投入要素配置比例的调整、厂商生产规模的改变、新技术的创新使用等方面都会引起厂商生产率的变动。

（2）经营效率变化的分解效率

对于技术效率、配置效率、规模效率等方面变动大小的衡量也可以在图形上表现出来，下面本书将对生产率变动的具体构成进行说明。

①技术效率和配置效率。对于厂商效率最大化的衡量标准有两种，一种是在既定投入下使得厂商的产出最大化；另一种是对于既定的产出使得生产成本（投入要素）最小化。同样的，对于生产效率的计算也分为投入导向的效率测量和产出导向的效率测量。

图5－3为投入导向的技术效率和配置效率，其中 x 轴与 y 轴分别表示单位产出中两种要素 X_1、X_2的投入；曲线 $s\,s'$ 表示等产量线；P 点为实际的要素投入。N 点位于等产量线上，为技术效率有效点，表明在维持产出不变情况下，相较于 P 点可减少的要素投入为 NP；N 点和 K 点虽然同时存在技术效率有效，但是 K 点是等产量线和等成本线的交点，其配置效率最高，其差距成本为 MN。

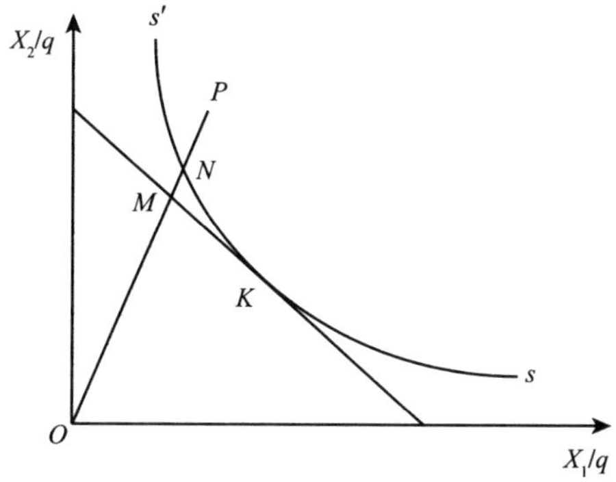

图5－3　投入导向下的技术效率和配置效率

资料来源：蒂莫西·J. 科埃利等. 效率与生产率分析引论［M］. 王忠玉译. 北京：中国人民大学出版社，2008：51.

因此，技术效率 = ON/OP；配置效率 = OM/ON。

对于投入导向的技术效率和配置效率表达与收入导向的效率表达相似，只是坐标轴对应的是单位投入要素的产出，据其画出厂商的最大生产边界和等收入线。在规模报酬不变情况下，两种导向表达的技术效率相等，但在规模报酬可变情况下，两种导向的函数测算的效率变化存在一定差异。

②规模效率。在实际经济中，厂商规模报酬可变的假设更符合实际情况，如图5－4所示。

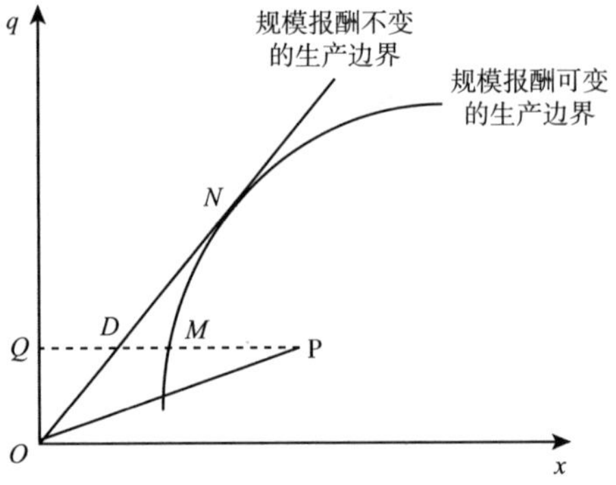

图 5-4　规模效率

资料来源：蒂莫西·J. 科埃利等．效率与生产率分析引论［M］．王忠玉译．北京：中国人民大学出版社，2008：58.

P 点既不位于规模报酬不变的生产边界上，也不位于规模报酬可变的生产边界上，因此技术效率无效，则规模报酬不变情况下的技术效率为 *QD/QP*；规模报酬可变情况下的技术效率为 *QM/QP*。虽然 *M* 与 *N* 都位于生产边界上，*N* 点的生产率高于 *M* 点，即由于存在规模报酬递增，随着厂商规模的扩大，其生产效率不断提高到最大，两者之间的差距可用距离 *DM* 来表示，因此厂商的规模效率为 *QD/QM*。

通过上述效率的比例关系可以得出，规模效率也等于规模不变下的技术效率与规模效率可变下的技术效率之比。所以，在 DEA 前沿方法中，对于规模报酬可变假设下的技术效率可以分解为纯技术效率和规模效率两部分。

通过技术效率、配置效率及规模效率的表达式可以看出，理论上通常用距离的方式来表示影响生产率变化的各种效率大小，因此学者们将距离函数引入其中用来测算生产率的变动。

5.2.2　经营效率的测度方法

对厂商多投入多产出的情况，通常采用全要素生产率（total factor productivity，TFP）进行测算。而根据测算选取指标及样本数据的特点，又衍生出多个 TFP 指数，主要包括 HM TFP 指数、利润率 TFP 指数、Malmquist TFP 指数。

其中，HM TFP 指数［摩尔斯通（Moorsteen，1961）］是采用产出增长与要素投入净增长的比例；利润率 TFP 指数是根据不同时期投入要素、产出及相关价格而建立的对利润率计算的生产率指数；Malmquist TFP 指数通过不同时期投入和产出的观测数据计算而得，而根据距离函数的不同又可以分为投入导向和产出导向的全要素生产率指数。在面板数据可得的情况下，通常采用 Malmquist TFP 指数来测算全要素生产率。具体到本书的数据，采用 2005～2016 年的省级面板数据，包括保险专业代理机构、保险经纪机构、保险公估机构的相关投入、产出指标，而对相关要素的价格指标没有涉及。因此本书将采用 Malmqusit TFP 指数，对我国各类保险专业中介的经营效率进行测度比较。

Malmquist TFP 指数计算中最常用的就是数据包络法（DEA）和随机前沿法（SFA）。下面本书将对这两种测度方法的测度原理和计算方法进行详细说明。

（1）数据包络法

数据包络分析法（data envelopment analysis）是运用线性规范的方法构造观测数据的非参数前沿，根据这个前沿进行生产率测算的一种估计方法。早在 1957 年法雷尔（Farrel，1957）就提出了前沿估计法。而针对该问题博尔斯（Boles，1966）、谢泼德（Shephard，1970）、阿弗雷特（Afriat，1972）分别提出采用数学规划的解决方法，之后查恩斯等（Charnes et al.，1978）首次将该方法命名为数据包络分析（DEA），此后该方法得到了国内外广大学者的研究和应用。

采用 DEA 前沿法对 MPI（malmquist productivity index）的测算可以分解成效率变化和技术变化，下面将采用下列公式①对 *MPI* 变化的组成效率进行计算：

$$MPI_I^t = \frac{E_I^t(x^{t+1}, y^{t+1})}{E_I^t(x^t, y^t)} \tag{5-1}$$

$$MPI_I^{t+1} = \frac{E_I^{t+1}(x^{t+1}, y^{t+1})}{E_I^{t+1}(x^t, y^t)} \tag{5-2}$$

其中，E 为距离函数；I 为导向，分为投入导向和产出导向。

通过式（5－1）与式（5－2）可以得到 *MPI* 的几何均值，即为：

---

① http：//digital. cgdev. org/doc/stata/MO/DEA.

$$MPI_I^G = \left(\frac{E_I^t(x^{t+1}, y^{t+1})}{E_I^t(x^t, y^t)} \times \frac{E_I^{t+1}(x^{t+1}, y^{t+1})}{E_I^{t+1}(x^t, y^t)}\right)^{\frac{1}{2}} \quad (5-3)$$

从上文的理论分析可知，生产率的变动等于效率变化和技术变化的乘积，因此式（5－3）可以转化成：

$$MPI_I^G = \left(\frac{E_I^{t+1}(x^{t+1}, y^{t+1})}{E_I^t(x^t, y^t)}\right) \times \left(\frac{E_I^t(x^{t+1}, y^{t+1})}{E_I^{t+1}(x^t, y^t)} \times \frac{E_I^{t+1}(x^{t+1}, y^{t+1})}{E_I^{t+1}(x^{t+1}, y^{t+1})}\right)^{\frac{1}{2}} \quad (5-4)$$

对于式（5－4）的等号右边方程中，第一个括号中为效率的变化；第二个括号中为技术变化的几何均值。

而对于规模报酬可变（*VRS*）的效率变化又可以进一步分解为纯效率变化（*PECH*）和规模效率变化（*SECH*），其表达式分别为：

$$PECH = \frac{E_{VRS}^{t+1}(x^{t+1}, y^{t+1})}{E_{CRS}^t(x^t, y^t)} \quad (5-5)$$

$$SECH = \left[\frac{E_{VRS}^{t+1}(x^{t+1}, y^{t+1})/E_{CRS}^{t+1}(x^{t+1}, y^{t+1})}{E_{VRS}^{t+1}(x^t, y^t)/E_{CRS}^{t+1}(x^t, y^t)} \times \frac{E_{VRS}^t(x^{t+1}, y^{t+1})/E_{CRS}^t(x^{t+1}, y^{t+1})}{E_{VRS}^t(x^t, y^t)/E_{CRS}^t(x^t, y^t)}\right]^{\frac{1}{2}} \quad (5-6)$$

通过上述计算公式可以看出，采用 DEA 前沿测算 *MPI* 指数既可以测算规模报酬不变（*CRS*）的效率，也可以测算规模报酬可变（*VRS*）的效率。若厂商是规模报酬不变的，则全要素生产率的变化来源于效率变化（*EFFCH*）和技术变化的效率（*TECHCH*）；若厂商是规模报酬可变的，则全要素生产率的变化来源于纯效率变化（*PECH*）、规模效率变化（*SECH*）、技术变化（*TECHCH*）。

（2）随机前沿法

不同于数据包络法，随机前沿法（SFA）是一种参数估计法，需要根据具体的生产函数设定形式进行估计。其一般的函数形式［艾格纳等（Aigner et al.，1977）；米奥森等（Meeusen et al.，1977）］为：

$$\ln q_i = x_i'\beta + v_i - u_i \quad (5-7)$$

其中，i 表示厂商；x 为厂商的要素投入；v_i 表示与厂商投入要素相关的遗漏要素及因为模型设定而带来的误差，通常称之为噪声；u_i 为厂商的技术无效率部分。

对于单要素投入而言，式（5-7）可以转变为：

$$q_i = \exp(\beta_0 + \beta_1 x_i) \times \exp(v_i) \times \exp(-u_i) \tag{5-8}$$

所以，厂商确定的生产边界为 $\exp(\beta_0 + \beta_1 x_i)$，实际的生产边界为 $\exp(\beta_0 + \beta_1 x_i) \times \exp(v_i)$。若 $v_i > 0$，则厂商生产边界要高于确定的生产边界，反之就小于（或等于）确定的生产边界；若 $v_i < u_i$时，则厂商的实际产出位于确定生产边界的下方；当且仅当 $v_i > 0$ 且 $v_i < u_i$时，厂商的实际产出位于确定生产边界的上方。

应用随机前沿法对全要素生产率的测算，通常采用超越对数形式的方式，其表达式为：

$$\begin{aligned}\ln q_{it} = {} & \beta_0 + \sum_{n=1}^{N} \beta_n \ln x_{nit} + \frac{1}{2}\sum_{n=1}^{N}\sum_{m=1}^{N} \beta_{nm} \ln x_{nit} \ln x_{nit} \\ & + \sum_{n=1}^{N} \beta_{tn} t \ln x_{nit} + \beta_t t + \frac{1}{2}\beta_{tt} t^2 + v_{it} - u_{it}\end{aligned} \tag{5-9}$$

其中，n 为投入要素的种类；t 为时间变量；x_{nit}为厂商 i 在 t 期的要素投入。

若要素投入为 L 与 K 两种要素，则式（5-9）的具体展开形式为：

$$\begin{aligned}\ln q_{it} = {} & \beta_0 + \beta_L \ln L_{it} + \beta_K \ln K_{it} + \frac{1}{2}\beta_{LL}(\ln L_{it})^2 + \frac{1}{2}\beta_{LK}(\ln L \times \ln K) \\ & + \frac{1}{2}\beta_{KK}(\ln K_{it})^2 + \beta_{tL} t \ln L_{it} + \beta_{tK} t \ln K_{it} + \beta_t t + \frac{1}{2}\beta_{tt} t^2 + v_{it} - u_{it}\end{aligned} \tag{5-10}$$

随机前沿法计算的生产率也同样可以分解为效率变化、技术变化。

效率变化具体计算公式为：

$$EF = \frac{TE_{it}}{TE_{i(t-1)}} \tag{5-11}$$

其中，$TE = E[\exp(-u) \mid (v - u)]$。

技术变化则可以采用式（5-10）对时间的导数来表示，具体为：

$$\exp\left[\frac{1}{2}\left(\frac{\partial \ln q_{i(t-1)}}{\partial (t-1)} + \frac{\partial \ln q_{it}}{\partial t}\right)\right] \tag{5-12}$$

全要素生产率的变化，则为效率变化与技术进步变化的乘积。而对于规模报酬可变情况下规模效率的变化，则已经包含在全要素生产率的测算中①，在其生产率变化的分解中并不单独进行测算。

5.2.3 相关样本及指标的说明

本书的样本数据来源于《中国保险统计年鉴》中各省份保险专业代理机构、保险经纪机构和保险公估机构 2005～2016 年的相关数据。

出于不同的研究目的或者样本数据可得性的考虑，对于不同行业投入、产出的指标选择也不尽相同。对于金融、保险机构生产率的衡量中，常用的投入、产出指标包括：

目前文献中鲜有对保险专业中介结构经营效率的测算，所以参考现有文献中对金融、保险行业的投入、产出指标，结合样本的数据可获得性，本书采用的投入指标包括劳动力投入和资本投入，其中劳动力投入采用保险专业中介机构的员工数来表示；对于流动资产、固定资产、无形及其他资产的投入，本书采用样本中的资产金额来表示。对于产出指标，本书采用保险专业中介机构的营业收入来表示，其原因在于除了代理保险业务的代理收入外，保险专业中介机构也会存在业务咨询等方面的业务收入。所以，营业收入更能全面地体现其经营能力。

5.3 保险专业中介机构经营效率的比较分析

下面将采用 DEA 前沿与 SFA 前沿两种估计方法分别对我国保险专业代理机构、保险经纪机构和保险公估机构的经营效率变动，从时间层面和区域层面进行比较分析。本节在比较分析保险专业中介机构全要素生产率变动指数的基础上，进一步对其变动的各分解效率进行了分析，从而找到现阶段引起我国保险专业中介机构经营效率变动的主要动因。

---

① Orea，L.，Parametric Decomposition of a Generalized Malmquist Productivity Index ［J］. Journal of Productivity Analysis，2002（18）：5－22.

5.3.1　保险专业代理机构的经营效率分析

（1）基于 DEA 前沿测算的经营效率变化

①时间维度上我国保险专业代理机构经营效率的变化。图 5－5[①] 为我国 31 个省份保险专业代理机构全要素生产率变动的几何平均值，用来反映我国所有保险专业代理机构经营效率在时间层面上的变动趋势。

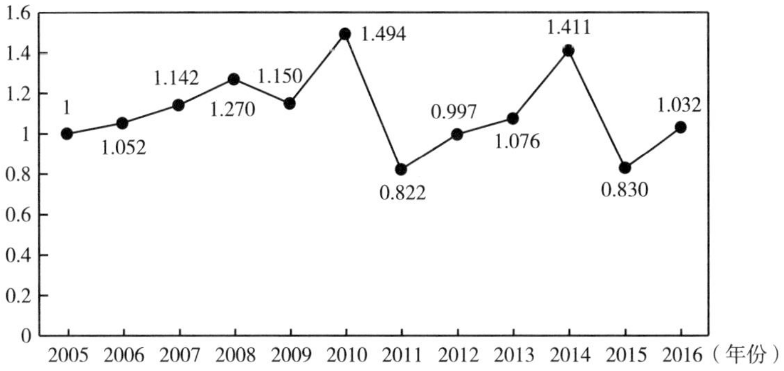

图 5－5　2005～2016 年我国保险专业代理 TFP 变化

资料来源：根据 Stata13 计算结果绘制而成.

从每年全要素生产率指数变动的大小看，除 2011 年、2012 年和 2015 年外，我国保险专业代理机构的全要素生产率均呈增长的态势。从其增长的速度看，2005～2010 年增长速度不断提高，2010 年的全要素生产率较 2005 年的变动提高了近 0.5；而 2011 年生产率变动指数下降到 0.822，之后开始回升，至 2014 年保险专业代理机构的全要素生产率变化指数为 1.411；2015 年又回落到 0.830，2016 年又有所提升。

虽然保险专业代理机构经营效率变动幅度一直处于出现上下波动的状态，但相较于其下降的幅度，全要素生产率提升的幅度更大一些。因此，从整体上看，我国保险专业代理机构的经营效率呈现增长的趋势。

企业全要素生产率的变动主要来源于两部分，一是技术效率的变动（*EFFCH*）；二是技术进步的变动（*TECHCH*），如图 5－6 所示。

---

① 因为曼奎斯特生产率指数（*MPI*）的计算需要有一个基期的前沿，因此其 2005 年的全要素生产率变化值默认为 1.

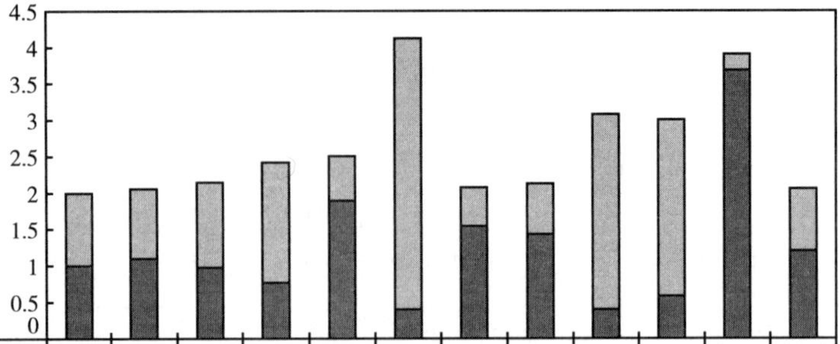

年份	2005	2006	2007	2008	2009	2010	2011	2012	2013	2014	2015	2016
TECHCH	1	0.956	1.169	1.655	0.606	3.727	0.532	0.696	2.675	2.423	0.225	0.858
EFFCH	1	1.101	0.977	0.767	1.898	0.401	1.544	1.432	0.402	0.582	3.684	1.202

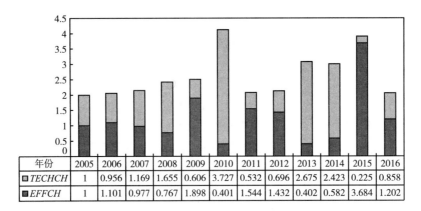

图5-6　2005~2016年保险专业代理机构的技术效率变动指数和技术进步变化指数

资料来源：根据Stata13计算结果绘制而成.

在规模报酬可变情况下，技术效率的变动（*EFFCH*）又可以进一步分解为纯技术效率变动（*PECH*）和规模效率变动（*SECH*）。通过表5-1的分解效率可以看出，我国保险专业代理机构技术效率变动趋势与纯技术效率变动趋势一致。例如，2008年虽然规模效率有所提升，其变动指数为1.093；但对应的纯技术效率有所降低，其变动指数为0.702；而技术效率也有所下降，其指数为0.767。这说明现阶段，相较于规模效率的变动，我国保险专业代理机构纯技术效率的变动对其技术效率的变动影响程度更大。

表5-1　2006~2016年保险专业代理机构的技术效率变动指数及分解效率

年份	2006	2007	2008	2009	2010	2011	2012	2013	2014	2015	2016
EFFCH	1.101	0.977	0.767	1.898	0.401	1.544	1.432	0.402	0.582	3.684	1.202
PECH	1.065	1.205	0.702	1.877	0.577	1.485	1.067	0.429	0.740	2.928	1.123
SECH	1.034	0.811	1.093	1.011	0.694	1.040	1.342	0.937	0.787	1.258	1.070

资料来源：根据《中国保险统计年鉴》（2005~2016）由Stata13计算而得.

②区域维度上保险专业代理机构经营效率变化。本书根据非参数法DEA计算得到我国31个省份2005~2016年的保险专业代理全要素生产率变化指数和其分解效率变化指数，而后将每个省份12年的相关指标进行几何平均，计算得到样本期间每个省份我国保险专业代理机构经营

效率的平均变动指数（见表5-2）。

表5-2　各省份保险专业代理机构TFP变动指数及其分解效率变化指数

区域	省份	*TFPCH*	*EFFCH*	*TECHCH*	*PECH*	*SECH*
东部地区	北京	0.952	0.884	1.077	1.000	0.884
	浙江	1.069	1.013	1.055	1.074	0.943
	上海	1.071	0.972	1.101	0.979	0.993
	天津	1.085	0.998	1.087	1.000	0.998
	江苏	0.961	0.889	1.082	0.890	0.999
	福建	1.062	0.993	1.069	0.994	1.000
	河北	1.185	1.066	1.111	1.066	1.000
	海南	1.118	1.028	1.088	1.028	1.000
	山东	1.102	1.038	1.062	1.036	1.002
	广东	0.988	0.943	1.048	0.918	1.026
	辽宁	1.083	1.021	1.061	0.958	1.066
西部地区	青海	0.894	0.885	1.010	1.065	0.832
	宁夏	1.078	1.058	1.019	1.088	0.973
	贵州	1.064	0.946	1.125	0.968	0.978
	甘肃	1.081	0.986	1.097	1.005	0.981
	四川	1.273	1.180	1.078	1.201	0.983
	新疆	1.178	1.090	1.081	1.103	0.989
	云南	1.293	1.324	0.977	1.338	0.990
	陕西	1.178	1.146	1.028	1.155	0.992
	内蒙古	1.080	0.973	1.110	0.975	0.998
	重庆	1.164	1.086	1.071	1.087	0.999
	广西	0.954	0.920	1.036	0.921	1.000
	西藏	1.118	1.188	0.941	0.993	1.195
中部地区	河南	1.017	1.002	1.014	1.019	0.983
	江西	1.090	0.986	1.105	1.001	0.985
	黑龙江	1.077	1.036	1.039	1.038	0.998
	吉林	1.233	1.205	1.023	1.208	0.998
	安徽	1.021	0.977	1.045	0.978	0.999
	湖北	1.279	1.203	1.063	1.204	0.999
	湖南	1.199	1.156	1.037	1.156	1.000
	山西	0.956	0.978	0.977	0.960	1.020

资料来源：根据《中国保险统计年鉴》（2005～2016）由Stata13计算而得.

从全要素生产率变动指数（*TFPCH*）看，青海、北京、广西、山西、江苏、广东六省份全要素生产率的平均变动指数区间为［0.894，0.988］，其指数变动均值小于1，这说明这些省份的全要素生产率变动在样本期间存在下降的趋势；河南、安徽、福建、贵州、浙江、上海、黑龙江、宁夏、内蒙古、甘肃、辽宁、天津、江西13个省份的保险专业代理机构全要素率变动均值区间为［1.017，1.090］，变动指数均超过1，说明这些省份在样本期间的全要素生产率有所提升，但是其上升的幅度较小；山东、西藏[①]、海南、重庆、陕西、新疆、河北、湖南、吉林、四川、湖北、云南12个省份的保险专业代理机构全要素生产率变动指数区间为［1.102，1.193］，全要素生产率提升幅度要高于其他省份。

北京、江苏、广东这些保险、金融等产业处在全国发展前沿的省份，其保险专业代理机构的相对集中程度也较高，但是其平均全要素生产率变动指数却相对较低。而中、西部机构集聚程度相对较低的省份其全要素生产率变动指数却相对较高，这说明保险专业代理机构的高集聚带来的市场激烈竞争，同样会对全要素生产率提升存在挤出效应，从而降低全要素生产率的提高。同样的，北京、广东、江苏等保险专业代理机构高集聚的地区，保险机构的集聚程度也相对较高。因此其面临的保险代理人渠道、兼业保险代理渠道的竞争也会更大，从而对保险专业代理机构的全要素生产率提升也存在一定的抑制效应。

进一步地，从我国各省份全要素生产率变动（*TPFCH*）的具体分解效率角度分析看，我国大约45%的省份存在保险专业代理机构技术效率下降的情况；而除西藏、云南、山西外，我国其他省份的技术进步变动指数均大于1，存在技术进步；从规模效率看，基本上所有省份保险专业代理机构的规模效率变动指数小于等于1，说明现阶段我国保险专业代理机构不存在显著的规模效率提升。

（2）基于随机前沿法测算的经营效率变化

为了进一步验证我国保险专业代理机构全要素生产率、技术效率、技术进步效率的变化趋势，本书进一步采用超越对数随机前沿模型对其进行了测算，具体结果如表5-3所示。

---

① 西藏自治区在2007年才成立其第一家保险专业代理机构，因此其样本数据的统计期间为2008~2016年.

表5-3　保险专业代理机构的TFP在SFA模型中的最大似然估计值

变量	系数	标准误
t	0.148**	0.059
$\ln l$	0.377***	0.146
$\ln k$	0.432***	0.159
t^2	-0.021***	0.007
l^2	-0.047	0.035
k^2	-0.131***	0.041
tl	-0.007	0.011
tk	0.030**	0.013
lk	0.073**	0.033
_cons	-0.926*	0.514
lnsig2v_cons	-0.852***	0.074
lnsig2u_cons	-9.515	117.4
N	372	

注：* 表示10%水平下的显著性；** 表示5%水平下的显著性；*** 表示1%水平下的显著性.

模型中 l，k 分别表示要素劳动与资本的投入量；t 为时间变量，模型中 t 与投入变量的交互项假定存在非中性的技术变化，t^2 表示技术的变化是非单调的。从投入变量的系数看，$\ln l$ 与 $\ln k$ 都在1%水平上显著，且两者之和为0.809。这说明我国保险专业代理机构存在规模报酬递减的趋势，但是递减的幅度较小，这与采用DEA测算的多数省份规模效率变化相符合。t 前面的系数为0.148，且在5%水平上显著，这说明我国保险专业代理机构每年平均的技术进步为14.8%。但其二次项的系数在1%水平上显著为负，说明每年技术进步的速度呈现下降的趋势。

从时间与投入变量的交互项系数看，tl 的系数为负，说明随着技术进步的提高，劳动力要素投入的边际产量呈现下降的趋势。而 tk 的系数在5%水平上显著为正，说明随着技术进步的变化，资本投入的边际产出不断增加。

利用表5-3中各变量的回归系数，通过式（5-5）与式（5-6），可以计算随机前沿（SFA）下的全要素生产率变化指数、技术效率变化指数和技术进步指数。模型中相关变量的回归系数与采用 DEA 测算的保险专业代理机构的全要素生产率及其分解效率的变化趋势一致，只是具体的指数大小存在差别。因此，SFA 的具体测算结果在此不再详细赘述，将在下一节的集聚效应中用于回归结果的平稳性检验分析。

5.3.2 保险经纪机构的经营效率分析

（1）基于 DEA 前沿测算的保险经纪机构经营效率变化

①时间维度上我国保险经纪机构经营效率的变化。图 5－7 为每年我国所有保险经纪机构全要素生产率变动（*TPFCH*）指数的几何平均值，以此分析其在时间轴上的变动趋势。

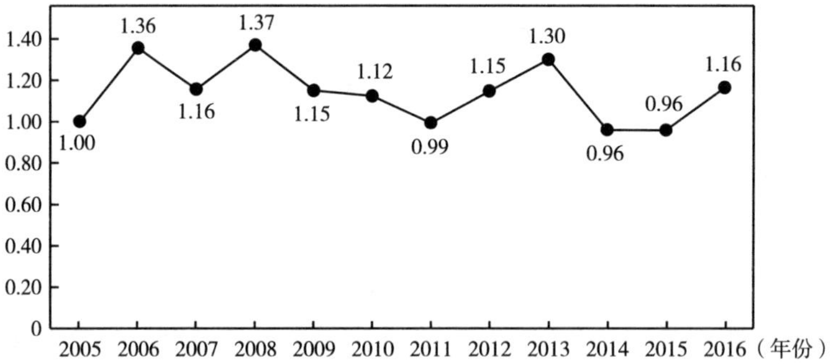

图 5－7　2005～2016 年保险经纪机构年均全要素生产率变动指数

资料来源：根据 Stata13 计算结果绘制而成．

整体上看，我国保险经纪机构全要素生产率变动指数的波动幅度比保险专业代理机构的平缓，*TPFCH* 在多数年份的值大于 1，仅在 2010～2011 年、2014～2015 年出现很小幅度的下降趋势，但整体上还是呈现经营效率提升的趋势。

从保险经纪机构全要素生产率的分解效率——技术效率变化（*EFFCH*）和技术进步变化（*TECHCH*）进行比较分析（见图 5－8）。从样本均值看，2005～2016 年保险经纪机构技术效率变化指数的均值为 1.02，而技术进步效率变化指数的均值为 1.11，两者均呈现增长的趋势。

具体到各年份看，在 2011～2014 年，虽然其技术进步效率的指数

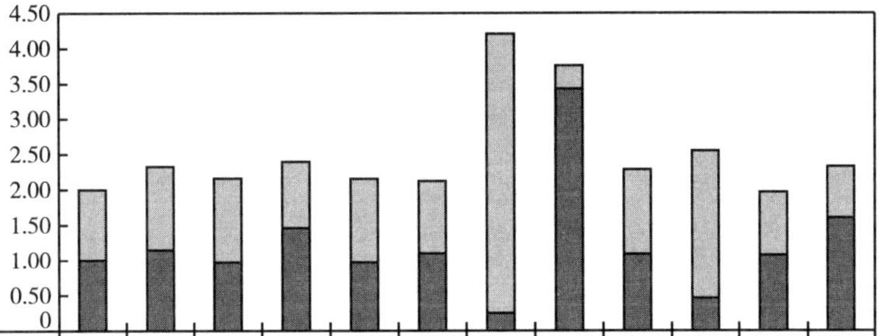

年份	2005	2006	2007	2008	2009	2010	2011	2012	2013	2014	2015	2016
□*TECHCH*	1.00	1.18	1.19	0.94	1.18	1.03	3.96	0.34	1.20	2.09	0.90	0.73
■*EFFCH*	1.00	1.15	0.97	1.46	0.97	1.09	0.25	3.42	1.08	0.46	1.07	1.60

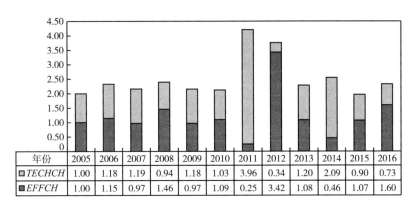

图5-8 2005~2016年保险经纪机构TFP的分解效率变化指数

资料来源：根据Stata13计算结果绘制而成.

较高，但是其对应年份的技术效率指数普遍偏低，从而造成保险经纪机构在这两年的全要素生产率指数较低；我国保险经纪机构在2008年的全要素生产率指数最高，相对应从其分解效率看，技术效率指数为1.46，而技术进步效率为0.94，虽然技术进步效率有所下降，但是因技术效率的提升而带动了全要素生产率的提升。所以，本书认为现阶段我国保险经纪机构全要素生产率的变动受其技术效率变动的影响更大。

从保险经纪机构技术效率变化（*EFFCH*）指数与技术进步变化（*TECHCH*）指数的增长趋势看，同一年份中两者的增长态势呈现此消彼长的趋势，但当期技术进步效率的变动趋势与滞后一期的技术效率的变化趋势更一致，这说明保险经纪机构技术效率与技术进步之间存在相关影响的关系。

根据经营机构规模报酬可变的假设，其技术效率的变化（*EFFCH*）还可以进一步细分为纯技术效率变化（*PECH*）和规模效率（*SECH*）两部分，具体数据如表5-4所示。

表5-4 2005~2016年保险经纪机构技术效率变化的分解效率

年份	2005	2006	2007	2008	2009	2010	2011	2012	2013	2014	2015	2016
EFFCH	1.00	1.15	0.97	1.46	0.97	1.09	0.25	3.42	1.08	0.46	1.07	1.60
PECH	1.00	1.15	1.02	1.38	0.98	1.07	0.24	3.49	1.08	0.47	1.12	1.76
SECH	1.00	1.00	0.95	1.06	0.99	1.02	1.04	0.98	1.00	0.97	0.95	0.91

资料来源：根据《中国保险统计年鉴2005~2016》由Stata13计算而得.

从时间层面变化趋势看，保险经纪机构的规模效率波动较为平缓，且指数值在 1 上下波动，这说明现阶段我国保险经纪机构的规模报酬变化可能比较小；而纯技术效率在时间上的波动幅度较大，且其变化趋势与保险经纪机构的技术效率变化趋势同步，这说明保险经纪机构技术效率变动受其纯技术效率变动的影响更大。

②区域维度上我国保险经纪机构经营效率比较（见表 5－5）。从 2005～2016 年我国保险经纪机构全要素生产率指数（*TPFCH*）变化的均值看，除东部地区的海南、江苏、辽宁之外，其他省份保险经纪机构的全要素生产率指数均大于 1，说明我国大部分省份保险经纪机构的全要素生产率有所提升。

表 5－5　我国不同地区的保险经纪机构 TFP 及其分解效率的变动指数

区域	省份	*TPFCH*	*EFFCH*	*TECHCH*	*PECH*	*SECH*
东部地区	北京	1.08	0.98	1.10	1.00	0.98
	福建	1.03	0.93	1.11	0.93	1.00
	广东	1.06	0.94	1.13	1.00	0.94
	海南	0.98	0.90	1.09	0.89	1.01
	江苏	0.99	0.90	1.09	0.90	1.00
	辽宁	0.95	0.89	1.08	0.89	1.00
	山东	1.13	1.06	1.07	1.10	0.97
	上海	1.03	0.94	1.10	0.99	0.95
	天津	1.23	1.08	1.14	1.12	0.96
	浙江	1.16	0.96	1.20	1.04	0.92
西部地区	甘肃	1.35	1.24	1.09	1.24	1.00
	贵州	1.19	0.98	1.22	0.97	1.01
	内蒙古	1.56	1.27	1.23	1.27	1.00
	宁夏	1.10	0.98	1.12	0.98	1.00
	青海	1.22	1.04	1.17	1.04	1.00
	陕西	1.09	0.93	1.17	0.92	1.01
	四川	1.03	1.02	1.02	1.02	1.00
	西藏	1.21	1.12	1.08	1.12	1.00
	新疆	1.14	1.07	1.07	1.07	1.00
	云南	1.11	0.97	1.15	0.97	1.00
	重庆	1.07	0.98	1.09	0.98	1.00

续表

区域	省份	*TPFCH*	*EFFCH*	*TECHCH*	*PECH*	*SECH*
中部地区	安徽	1.26	1.20	1.05	1.20	1.00
	河南	1.02	0.92	1.10	0.92	1.00
	黑龙江	1.10	1.00	1.10	1.00	1.00
	湖北	1.13	1.08	1.05	1.12	0.96
	湖南	1.00	0.99	1.01	0.98	1.01
	吉林	1.01	0.90	1.12	0.90	1.00
	江西	1.74	1.53	1.13	1.53	1.00

资料来源：根据《中国保险统计年鉴2005～2016》由Stata13计算而得.

从区域比较看，东部地区保险经纪机构的全要素生产率变化指数要低于中部和西部地区，虽然北京、广东等东部地区保险经纪机构的集聚程度较高，但其全要素生产率变动指数却不高。

从保险经纪机构的分解效率看，技术效率变动指数小于1的省份数占比为57.14%，其中东部地区的省份就占到一半；而所有省份的技术进步变动指数均大于1，这说明技术进步的提升对我国各省份保险经纪机构的全要素生产率起到推动作用。

从规模效率变化指数看，其在省份间的变动区间为［0.92，1.01］，省份间的差距较小；且规模效率变化指数小于1的省份多数位于东部地区，这说明受限于我国保险经纪机构的经营规模，现阶段保险经纪机构不存在明显的规模经济现象。

（2）基于SFA前沿法测算的经营效率变化分析

同样的，模型中各变量的意义与上文中保险专业代理机构的分析模型一致，其中，l，k 分别表示要素劳动与资本的投入量；t 为时间变量；t 与投入变量的交互项假定存在非中性的技术变化，t^2 表示技术的变化是非单调的。

如表5-6所示，从投入变量的系数看，$\ln l$ 与 $\ln k$ 的回归系数之和为0.557，这说明我国保险经纪机构存在规模报酬递减的趋势。虽然劳动力投入的系数在1%水平下显著，但资本投入的回归系数并不显著。t 的回归系数在1%水平下显著为正，其值为0.171，这说明我国保险经纪机构的技术进步呈现逐年增长趋势。但其二次项的系数在1%水平下显著为负，说明每年技术进步的速度呈现下降的趋势。从时间与投入变量的交互项系数看，*tl* 的系数为负，说明随着技术进步的提高，劳动力要素投入的边际产量呈现下降的趋势；而 *tk* 的系数在 1% 水平上显著为正，说明随着技术进步的变化，资本投入的边际产出不断增加。

表 5－6　　保险经纪机构 TFP 在 SFA 模型中的最大似然估计值

变量	系数	标准误
t	0.171***	0.047
ln*l*	0.372***	0.143
ln*k*	0.185	0.134
t^2	－0.020***	0.007
l^2	0.092	0.071
k^2	0.020	0.042
tl	－0.017	0.012
tk	0.029***	0.011
lk	－0.021	0.049
_*cons*	－0.273	0.213
ln*sig2v_cons*	－1.206***	0.206
ln*sig2u_cons*	－0.939**	0.441
N	372	

注：* 表示10%水平下的显著性；** 表示5%水平下的显著性；*** 表示1%水平下的显著性.

5.3.3　保险公估机构的经营效率分析

（1）基于 DEA 前沿法测算的经营效率分析

①时间维度上保险公估机构经营效率变化。图 5－9 中的相关数据是我国每年所有保险公估机构全要素生产率变动指数（*TPFCH*）的几何平均值。

从时间层面看，2005～2010 年我国保险公估机构全要素生产率的变动指数均大于 1，说明在此期间保险公估机构的经营效率逐年增长；但是其增长的幅度呈逐年下降的趋势。之后保险经纪机构的经营效率变

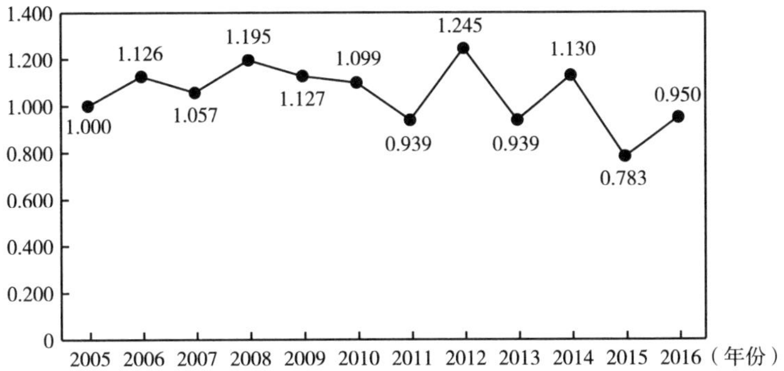

图 5－9　2005～2016 年保险公估机构全要素生产率的变动指数

资料来源：根据 Stata13 计算结果绘制而成.

动指数波动幅度较大，2011 年、2013 年、2015 年及 2016 年我国保险公估机构生产率的变动指数均小于 1，其生产率开始呈下降的趋势。

从保险公估机构全要素生产率的分解效率看（见图 5－10），在保险公估机构经营效率比较低的几个年份中，如 2011 年、2013 年、2015 年其对应年份中保险公估机构的技术进步指数也较低，即保险公估机构经营效率的下降更多的是由其技术进步指数较低引起的。同时，保险公估机构技术进步变动的降低会引起下一年度保险公估机构技术效率变动的降低，说明保险公估机构的技术变动和技术效率之间存在一定的因果关系。

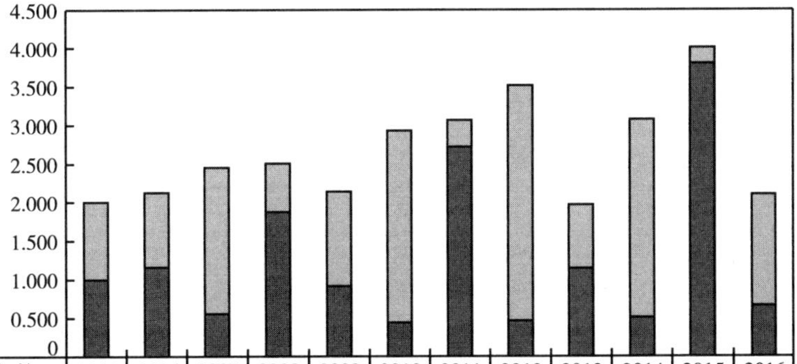

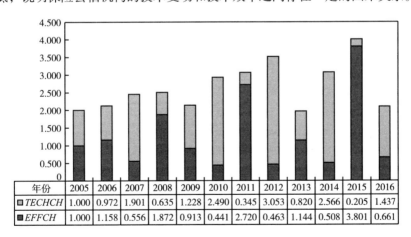

年份	2005	2006	2007	2008	2009	2010	2011	2012	2013	2014	2015	2016
TECHCH	1.000	0.972	1.901	0.635	1.228	2.490	0.345	3.053	0.820	2.566	0.205	1.437
EFFCH	1.000	1.158	0.556	1.872	0.913	0.441	2.720	0.463	1.144	0.508	3.801	0.661

图 5－10　2005～2016 年保险公估机构的 TFP 分解效率变动指数

资料来源：根据 Stata13 计算结果绘制而成.

规模报酬可变情况下，技术效率变化可以进一步分解为纯技术效率变化和规模效率变化（见图5－11）。

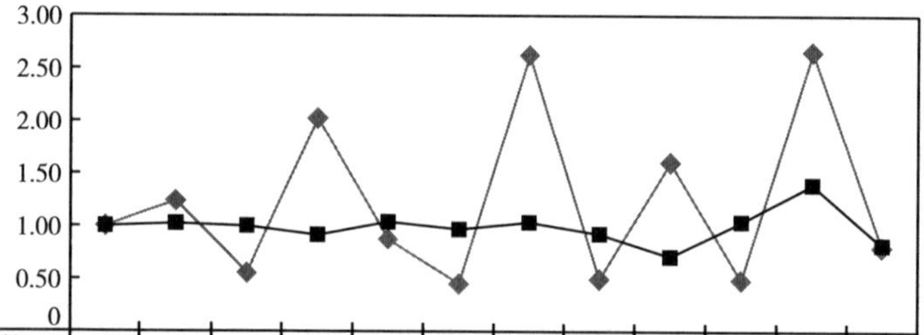

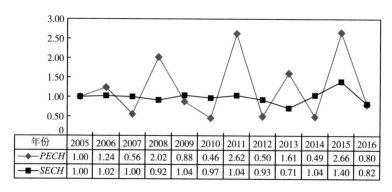

年份	2005	2006	2007	2008	2009	2010	2011	2012	2013	2014	2015	2016
PECH	1.00	1.24	0.56	2.02	0.88	0.46	2.62	0.50	1.61	0.49	2.66	0.80
SECH	1.00	1.02	1.00	0.92	1.04	0.97	1.04	0.93	0.71	1.04	1.40	0.82

图5－11　2005～2016年保险公估机构的EFFCH分解效率指数

资料来源：根据Stata13计算结果绘制而成.

我国保险公估机构每年规模效率的变动幅度非常小，没有表现出明显的规模报酬递增的趋势；而纯技术效率的变动波动比较大，这说明我国保险公估技术效率的变动主要来源于纯技术效率的变动。

②保险公估机构全要素生产率区域层面上的变动趋势。表5－7为我国各省份保险公估机构的全要素生产率变动指数及其分解效率指数。

表5－7　我国各地区的保险公估机构的TFP及其分解效率的变化指数

区域	省份	*TFPCH*	*EFFCH*	*TECHCH*	*PECH*	*SECH*
东部地区	北京	1.101	1.021	1.077	1.102	0.927
	福建	1.111	1.023	1.085	1.059	0.966
	广东	0.997	0.960	1.039	1.000	0.960
	海南	1.345	1.290	1.042	1.290	1.000
	江苏	0.731	0.738	0.991	0.738	1.000
	辽宁	1.096	0.991	1.105	1.021	0.971
	山东	1.173	1.062	1.105	1.118	0.949
	上海	1.052	0.949	1.109	1.000	0.949
	天津	1.045	0.982	1.064	1.023	0.960
	浙江	1.115	1.024	1.089	1.079	0.950

续表

区域	省份	*TFPCH*	*EFFCH*	*TECHCH*	*PECH*	*SECH*
中部地区	安徽	1.074	1.015	1.058	1.064	0.954
	河南	1.064	0.955	1.114	0.955	1.000
	黑龙江	1.312	1.193	1.100	1.193	1.000
	湖北	1.071	1.093	0.980	1.093	1.000
	湖南	1.261	1.059	1.191	1.064	0.995
	吉林	1.046	0.991	1.056	0.999	0.992
	江西	1.377	1.406	0.979	1.406	1.000
	山西	1.195	1.119	1.067	1.119	1.000
西部地区	甘肃	1.303	1.191	1.094	1.191	1.000
	广西	1.073	0.990	1.084	0.990	1.000
	贵州	1.272	1.180	1.077	1.180	1.000
	陕西	1.120	1.014	1.105	1.028	0.986
	四川	1.217	1.090	1.117	1.134	0.961
	西藏	0.817	0.814	0.416	0.814	1.000
	新疆	1.131	0.964	1.174	0.964	1.000
	云南	1.016	0.960	1.058	0.967	0.993
	重庆	1.086	1.018	1.067	1.018	1.000

资料来源：根据《中国保险统计年鉴2005～2016》由Stata13计算而得.

从整体上看，我国大部分省份保险公估机构的经营效率变动指数均值大于1，说明我国保险公估机构的经营效率存在上升的趋势；从各区域看，东部、中部和西部地区所有省份保险公估机构全要素生产率的变动指数均值分别为1.066、1.169、1.106。

从技术效率看，我国大部分省份的保险公估机构技术效率呈上升趋势，而技术效率变动指数小于1的省份占比为40.74%，其中东部省份数量占比最大，为45%，其次是西部省份，占比为36%；从技术进步变动指数看，除江苏、湖北、江西和西藏外，其余省份保险公估机构的技术变动指数均大于1，存在技术进步，促进了我国保险公估机构经营效率的提升；从规模效率变动指数看，所有省份保险公估机构规模效率变动指数均小于或者等于1，这说明我国保险公估机构不存在规模效率递增的趋势。

（2）基于 SFA 前沿法测算的保险公估机构经营效率分析

表 5－8 为运用随机前沿模型估计的保险公估机构相关投入要素的边际产出、技术变化等变量的回归弹性系数。

表 5－8　保险公估机构的 TFP 在 SFA 模型中的最大似然估计值

变量	回归系数	标准误差
t	0.049	0.040
ln$l$	－0.325***	0.116
ln$k$	0.617***	0.144
t^2	－0.002	0.006
l^2	0.229***	0.056
k^2	0.073	0.050
tl	0.035***	0.009
tk	－0.038***	0.011
lk	－0.084*	0.049
_cons	－0.249	0.341
ln*sig2v_cons*	－1.142***	0.074
ln*sig2u_cons*	－9.654	95.250

注：* 表示 10% 水平下的显著性；** 表示 5% 水平下的显著性；*** 表示 1% 水平下的显著性.

从具体变量回归系数看，t 的回归系数为 0.049，而 t^2 的回归系数为 －0.002，这说明保险公估机构存在技术进步的提高。但是其提升的速度存在逐年下降的趋势，因其系数比较小，所以其下降的速度也非常慢。投入变量 l 与 k 回归系数之和仅为 0.229；且从时间变化与投入变量的交互项系数可见，保险公估机构的劳动力边际产出为 0.035，而资本投入的边际产出为 －0.038，且两者均在 1% 水平下显著，这说明现阶段我国保险公估机构存在规模不经济的现象。且劳动和资本的边际产出系数非常小，这说明我国保险公估机构经营中劳动、资本等相关要素的投入不相匹配。其原因可能在于，我国保险公估机构在市场上的认可度不高，业务量非常少，同时受限于专业人才和技术的缺乏，其业务结构单一，主要集中在车险、企财险等方面，整体经营效率不高。

5.3.4　我国保险专业中介机构经营效率变动趋势与特点

本节分别采用 DEA 前沿法和 SFA 前沿法从时间层面和区域层面对我国保险专业代理机构、保险经纪机构和保险公估机构的经营效率变化进行了分析，综合以上相关分析结果表明：

从时间层面看，虽然各类保险专业中介机构的经营效率在时间轴上存在一定的波动，但是从平均变化趋势看，我国保险专业代理机构和保险经纪机构的经营效率有所提升，但是其提升幅度有所减缓；保险公估机构的经营效率在 2010 年之前呈递增趋势，但从 2011 年开始其经营效率有所下降。

从区域层面看，因为东部地区各类保险专业中介机构的集聚程度相对较高，市场主体的竞争程度高于中部和西部地区，竞争引起的经营成本的增加对其经营效率的提升起到抑制作用。因此，东部地区各类保险专业中介机构的经营效率平均增长幅度均小于中部和西部地区。

从经营效率的分解效率看，技术效率变化和技术进步变化都对保险专业中介机构效率变化存在影响，而各类保险专业中介机构经营效率的波动更多地来源于其技术效率变动的影响；各类保险专业中介在样本期内都存在显著的技术进步，显著提升了保险专业中介机构的经营效率；从规模效率看，因我国各类保险专业中介机构的平均规模较小，所以现阶段保险专业代理机构、保险经纪机构和保险公估机构均不存在明显的规模报酬递增现象，且规模效率在样本期间提升不明显。

5.4　保险专业中介机构集聚对其经营效率影响的实证分析

5.4.1　实证模型和变量的选取

（1）实证模型的选取

假设本书的回归模型为：

$$y_{it} = \alpha + x'_{it}\beta + z'_{it}\gamma + u_i + \varepsilon_{it} \tag{5-13}$$

其中，y_{it}为被解释变量，表示保险专业中介机构的经营效率指数；x_{it}为解释变量，表示保险专业中介机构的集聚程度；z_{it}为控制变量；u_i表示个体效应；ε_{it}为其扰动项。

由于本书中计算得到的技术效率（*EFFCH*）为相对值，作为被解释变量取值存在受限的情况，即：$EFFCH_i = \begin{cases} EFFCH_i, & if\ EFFCH_i < 1 \\ 1, & if\ EFFCH_i \geq 1 \end{cases}$，所以在相当多的观测点上，被解释变量（*vrs_eff*）的取值为1，如图5-12所示[①]。若按式（5-13）进行回归，将得不到一致估计，故采用归并回归Tobit模型进行回归。

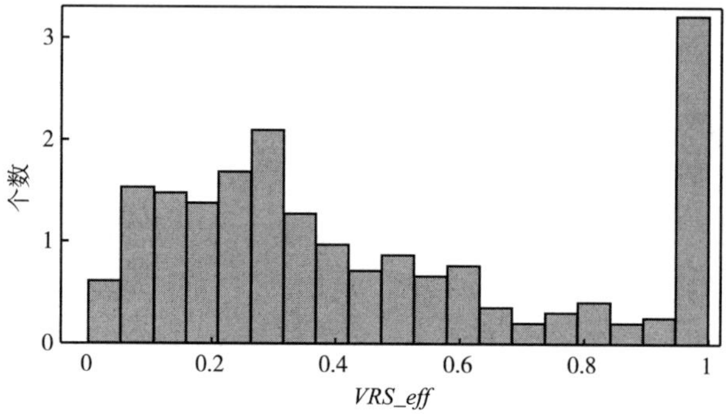

图5-12　我国保险专业代理机构技术效率变化指数

资料来源：由Stata13生成.

（2）相关变量的选取

①被解释变量。本节中的被解释变量来自于上一节测算的保险专业中介机构的经营效率分解指数。通过本章第3节的分析可以看出，保险专业中介机构经营效率的变化主要来源于技术效率和技术进步两方面的变动，所以本节分别将数据包络法和随机前沿法测算下的两种效率变动作为被解释变量（见表5-9）。

同时，集聚对机构规模效率的影响也是一个值得关注的焦点。所以，本节也进一步对保险专业中介机构集聚对其规模效率变动的影响进行了检验。

① 书中仅以保险专业代理机构的技术效率变化直方图来代表说明，实际中保险经纪机构和保险公估机构的技术效率变化直方图均存在取值受限于1的情况。

表5-9　　　　计量模型中相关变量的说明

变量	名称	意义	资料来源
被解释变量	*vrs_eff*	规模报酬可变下的技术效率变化	由DEA方法测算而得
	TECH	技术效率变化	由SFA方法测算而得
	TECHCH	技术进步变化	由DEA方法测算而得
	TPCH	技术进步变化	由SFA方法测算而得
	SECH	规模效率变化	由DEA方法测算而得
解释变量	*le*	以就业人数计算的区位熵指数	《中国保险统计年鉴2005~2016》《中国城市统计年鉴2005~2016》
控制变量	*intp*	互联网使用人数，取对数值	《中国统计年鉴2005~2016》
	cart	货物周转量，取对数值	《中国统计年鉴2005~2016》
	humc	普通高等学校在校生数，取对数	《中国统计年鉴2005~2016》
	techs	科学技术支出在财政预算支出中的占比	《中国统计年鉴2005~2016》
	forn	外资机构数占比	《中国统计年鉴2005~2016》
	stai	国有全社会固定资产投资占比	《中国统计年鉴2005~2016》
	fori	外资全社会固定资产投资占比	《中国统计年鉴2005~2016》
	prii	私营全社会固定资产投资占比	《中国统计年鉴2005~2016》

以上被解释变量指标的选取与来源为：

技术效率有两个变量分别为数据包络法测算的规模报酬可变情况下的效率变化[①]（*vrs_eff*）、随机前沿法测算下的效率变化（*TECH*）。对于技术进步变化的变量也同样包括数据包络法和随机前沿法计算而得的指数，分别用*TECHCH*和*TPCH*来表示。各类保险专业中介机构的规模效率变动指标，由DEA前沿法计算而得，采用*SECH*来表示。

②解释变量。本书采用区位熵指数（*le*）来表示我国各类保险专业中介机构的集聚程度，即：

① 因考虑到目前我国保险专业中介尚处于行业发展的前期，且大多数机构都属于中小公司，可能存在规模报酬递增，因为本书认为采用规模报酬可变情况下的技术效率变化指数更符合实际.

$$le_{it} = \frac{\left(\frac{x_{it}}{X_{it}}\right)}{\left(\frac{\sum^{i} x_{it}}{\sum^{i} X_{it}}\right)} \tag{5-14}$$

其中，分子表示我国 i 省份保险专业中介机构的从业人员数占 i 省份所有就业的比重；分母表示我国保险专业中介机构的总从业人员数占全国总就业的比重。i 表示区域，t 表示时间。

保险专业中介机构的集聚可以在成本、人力资本、技术创新、知识外溢等方面形成竞争优势，从而提高该区域保险专业中介的经营效率。但机构集聚程度的提高也伴随着市场主体竞争的加剧，不良的市场竞争也同样会造成额外成本的提高和经营效率的低下。所以，保险专业中介机构集聚对其经营效率影响的正负取决于其集聚带来的两种效应的大小。

③控制变量。根据第1节的理论分析，本书又进一步从基础设施、人力资本、技术创新、市场环境四个方面选取以下控制变量，具体为：

本书主要从基础设施的应用和服务两个方面来衡量。随着互联网技术的发展，保险专业中介机构的业务交易、技术学习等都通过互联网来完成，因此本书采用互联网的使用人数（*intp*）来反映每个省份信息基础设施的应用情况；对于基础设施的服务方面，本书主要采用货物周转量（*cart*）来衡量。

人力资本状况。多数文献中都认为高质量人力资本对企业经营效率的提高具有重要的正向作用。而目前我国保险中介行业的诸多问题和弊端都与从业人员的素质和能力不高有关。所以，高质量人才是保险专业中介经营效率提升的关键要素。但在实际中缺少保险专业中介就业人员学历、职称等方面的统计，因此本书采用各省份普通高等学校在校生数（*humc*）来代替，用来衡量各省份的高素质人力资本储备情况。

除高素质人力资本外，科技创新也是提高企业经营效率的关键因素。本书采用地方科学技术财政支出占全部财政支出预算的比例（*techs*）来替代。地方财政对科学技术的投入和支持力度越大，说明该地区的科技创新能力越强，企业经营效率也会相对更高。

某一地区的对外开放程度也会对该地企业经营效率存在影响。对外开放程度越高，外商企业、外商投资就相对较高，其带来的技术、资本等溢出效应会对本地企业的经营效率产生提升作用，但外资企业的国际竞争优势也可能在短期内对本地企业的经营效率产生负向挤出效应。本书中将采用某一省份外资机构在全国外资机构的占比（*forn*）来反映该省份的对外开放程度。

企业所面临的市场环境也会对其经营效率产生影响。本书采用不同性质企业的全社会固定资产投资占比来表示，具体包括国有全社会固定资产投资占比（*stai*）、外商投资全社会固定资产投资占比（*fori*）及私营全社会固定资产投资占比（*prii*）。通常认为，某一省份外资及私营企业的全社会固定资产投资占比越高，说明该省份的市场开放程度及活力较强，企业的经营效率也会相对较高（见表5-9）。

5.4.2　保险专业中介机构集聚对其技术效率变化的影响效应

（1）保险专业代理机构集聚对技术效率变化的影响分析

①模型回归结果分析。如表5-10所示，模型（1）为仅有解释变量与被解释变量的模型；考虑到企业通常会根据其上一年的投入产出来对当年的投入产出进行规划，所以在模型（2）中加入了被解释变量的滞后项；因为机构集聚对企业技术效率变化的影响也可能会存在滞后的情况，所以在模型（3）中加入了解释变量的滞后期；因考虑到技术效率变化可能会受不同省份自身条件以及时间变动的影响，在模型（4）中对地区和时间进行了控制，而且加入固定效应后，保险专业代理机构集聚对技术效率变动的影响更加显著，回归系数由-0.069变成了-0.091，且在5%水平下显著；模型（5）是加入其他控制变量的回归结果。通过对上述五种回归模型各变量回归系数比较看，虽然不同回归模型中各变量回归系数的显著性和弹性大小有所区别，但是其对被解释变量的影响方向基本一致。

从模型（5）的回归结果看，保险专业代理机构技术效率的滞后期（*l.vrs_eff*）对当年技术效率变化起到正向的促进作用，回归系数为0.192，且在5%的水平下显著。保险专业代理机构集聚程度（*le*）对其技术效率变化的影响在10%水平下显著为负，其回归系数为-0.075，这说明目前我国保险专业代理机构集聚对其技术效率提升存在抑制作用。其原因在于保险专业代理机构的高集聚也代表着集聚地区市场主体的高竞争，在业务结构同质化严重的情况下，为了维持市场份额，保险专业代理机构间会展开价格战，增加经营成本，从而导致技术效率的降低。虽然集聚指标的滞后期（*l. le*）对技术效率的回归系数为正，但在样本期间却并不显著。

表 5－10　保险专业代理机构集聚对其技术效率变化（*EFFCH*）影响的回归分析

变量	(1)	(2)	(3)	(4)	(5)
	vrs_eff	*vrs_eff*	*vrs_eff*	*vrs_eff*	*vrs_eff*
_cons	0.471*** (0.028)	0.274*** (0.035)	0.255*** (0.035)	0.510*** (0.029)	0.474*** (0.016)
L. vrs_eff	—	0.502*** (0.074)	0.506*** (0.074)	0.198** (0.081)	0.192** (0.081)
le	0.011 (0.027)	-0.010 (0.030)	-0.069 (0.042)	-0.091** (0.045)	-0.075* (0.045)
L. le	—	—	0.080* (0.048)	0.046 (0.048)	0.060 (0.048)
intp	—	—	—	—	0.260*** (0.079)
cart	—	—	—	—	-0.180*** (0.062)
humc	—	—	—	—	-0.160 (0.171)
techs	—	—	—	—	-0.923 (4.671)
fors	—	—	—	—	-2.382 (4.228)
fori	—	—	—	—	2.872* (1.487)
prii	—	—	—	—	-0.468 (0.591)

续表

变量	(1)	(2)	(3)	(4)	(5)
	vrs_eff	*vrs_eff*	*vrs_eff*	*vrs_eff*	*vrs_eff*
stai	—	—	—	—	-0.301 (0.486)
i. pro	no	no	no	yes	yes
i. year	no	no	no	yes	yes
sigma_cons	0.370*** (0.016)	0.340*** (0.016)	0.337*** (0.016)	0.222*** (0.009)	0.259*** (0.014)
N	372	341	341	341	341

注：①括号中的值为标准差；②* 表示10%水平下的显著性，** 表示5%水平下的显著性，*** 表示1%水平下的显著性.

从控制变量的回归结果看，互联网普及程度（*intp*）对技术效率的提升具有显著的提升作用，其回归系数为0.260，且在1%水平下显著。因为随着互联网技术的普及，保险相关业务对互联网的使用程度越来越高，所以其对保险专业代理机构技术效率的提升具有正向促进效应。货运周转量（*cart*）对保险专业代理机构技术效率的回归系数在1%水平下显著为负，其原因可能在于货运周转量更多地反映各省份的水路等交通便利程度，对工业企业及外贸企业的吸引能力更大，而不同产业间企业的集聚会对劳动力、资本等资源进行竞争，保险专业代理机构在各类产业中的占比偏低。因此，资源竞争而产生的挤出效应会对其影响更大一些，从而造成该指标的回归系数为负。外商全社会固定资产投资（*fori*）对保险专业代理机构技术效率提升的正向促进作用显著，回归系数为2.872，且在10%水平下显著。某一省份外商全社会固定资产投资比例越高，说明一方面该省份的市场开放程度较高，外商投资企业较多；另一方面，外商企业在技术、人力资本等方面的投资也会具有溢出效应。因此，对保险专业代理机构的技术效率具有正向促进作用。

②回归结果稳健性检验。

a. 不同解释变量及不同回归方法的比较分析。为了进一步检验上述模型的稳健性，本书采用不同的集聚指标和不同的回归方法对我国保险专业代理机构集聚对其技术效率的影响进行了进一步检验分析。

表5-11中，模型（1）采用保险专业代理机构数在各个省份的占比

来表示其集聚程度；模型（2）采用最小二乘法对相关变量进行了回归；模型（3）为 Tobit 模型中运用区位熵作为解释变量的估计结果。

表 5-11　保险专业代理机构集聚对 *EFFCH* 影响的回归结果检验

模型	(1)	(2)	(3)
	Tobit-ins	*Xtreg-le*	*Tobit-le*
L. vrs_eff	0.231*** (0.080)	0.153 (0.107)	0.192** (0.081)
ins	-0.070*** (0.014)	—	—
le	—	-0.060* (0.032)	-0.075* (0.045)
_cons	0.438*** (0.013)	-0.021 (1.751)	0.474*** (0.016)
i. pro	yes	yes	yes
i. year	yes	yes	yes
sigma_cons	0.271*** (0.014)	—	0.259*** (0.014)
N	341	341	341

注：①括号中的值为标准差；② * 表示 10% 水平下的显著性，** 表示 5% 水平下的显著性，*** 表示 1% 水平下的显著性.

从结果的比较看，虽然模型（1）与模型（3）采用表示产业集聚程度的指标不同，但是其回归结果都显著，且回归系数相近，分别为 -0.070 与 -0.075；模型（2）与模型（3）的结果相比，虽然采用的回归方法不同，但是其回归结果都在 10% 水平下显著为负，且从回归系数和其他变量的显著性看，Tobit 模型的回归结果更理想。

b. 集聚对 SFA 前沿法测算的技术效率变化的影响。本书采用随机前沿法计算的技术效率（*tech*）为被解释变量，进一步检验了保险专业代理机构集聚对其技术效率的影响效应，具体结果如表 5-12 所示。模型（1）中为基本的变量回归；模型（2）、模型（3）中分别加入了变量的滞后期；模型（4）中是加入滞后性、控制变量及固定效应的模型。

表 5－12　保险专业代理机构对技术效率（*TECH*）影响的回归结果

模型	(1)	(2)	(3)	(4)
	tech	*tech*	*tech*	*tech*
L. tech	—	−0.405*** (0.062)	−0.382*** (0.058)	−0.391*** (0.057)
_cons	1.000*** (1.93E−06)	1.405*** (0.062)	1.382*** (0.058)	1.391*** (0.057)
le	−6.14E−06*** (1.75E−06)	−12.2E−06** (6.02E−06)	−16.4E−06*** (5.47E−06)	−18.3E−06*** (4.91E−06)
L. le	—	—	9.67E−06* (5.14E−06)	9.10E−06 (5.82E−06)
控制变量	no	no	no	yes
i. pro	no	yes	yes	yes
i. year	no	yes	yes	yes
N	372	341	341	341

注：①回归系数中 E－06 表示 10 的负 6 次方；②括号中的值为标准差；③ * 表示 10% 水平下的显著性，** 表示 5% 水平下的显著性，*** 表示 1% 水平下的显著性.

从各模型的回归结果看，表 5－12 中的回归系数极小，这可能与技术效率的测算方法有关。采用随机前沿法测算的保险专业代理机构的技术效率变化非常平缓，不论是从区域层面还是从时间层面比较，其技术效率的变动差异非常小，这可能引起回归系数比较小。但是从回归结果的显著性上看，保险专业代理机构集聚对其技术效率具有显著的负向作用，且在 1% 的水平下显著，这与 MPI－DEA 的回归结果相一致。

c. 内生性问题检验。在分析保险专业代理机构集聚对自身技术效率变动指数的实证分析中采用了动态面板模型，而模型的内生性问题会导致回归结果的不一致估计。为此，本书进一步采用 GMM（Generalized Method of Moments）对模型进行估计。

表 5－13 为分别采用差分 *GMM* 和系统 *GMM* 对模型的回归结果。结果表明，保险专业代理机构集聚对自身经营效率变动指数的影响结果依然显著为负，与 Tobit 模型中该系数的影响方向一致。系统 *GMM* 中变量 *le* 的回归系数的标准误比差分 *GMM* 更小，估计结果相对更准确一些，且该结果与 Tobit 模型的回归系数相近。

表 5-13 保险专业代理机构集聚对技术效率变动影响的 *GMM* 估计

模型	(1)	(2)
	差分 *GMM*	系统 *GMM*
L. vrs_eff	-0.0302 (0.0556)	0.0144 (0.0273)
le	-0.253*** (0.0282)	-0.0603** (0.0235)
intp	0.0201 (0.0619)	0.140*** (0.0413)
cart	-0.0867* (0.0476)	-0.0949** (0.0420)
humc	0.649** (0.279)	-0.158** (0.0796)
techs	6.365** (2.899)	4.529 (3.406)
fors	1.654 (2.072)	1.416*** (0.472)
fori	-3.066*** (0.822)	-3.252** (1.290)
prii	-2.152*** (0.437)	-0.621 (0.572)
stai	-0.455 (0.383)	-0.771* (0.419)
_cons	-0.780 (0.757)	0.996*** (0.357)
N	310	341

注：①括号中的值为标准差；② * 表示 10% 水平下的显著性，** 表示 5% 水平下的显著性，*** 表示 1% 水平下的显著性.

为检验回归结果的稳健性，本书进一步对差分 *GMM* 和系统 *GMM* 扰动项的差分自相关性进行了检验。其中，差分 *GMM* 和系统 *GMM* 扰动项的差分均存在一阶自相关，但不存在二阶自相关，验证了 *GMM* 的适用性。

同时，对以上估计的工具变量进行了过度识别检验。其中，差分 *GMM* 的 $p=0.1791>0.1$；系统 *GMM* 的 $p=0.9554>0.1$。在10%的水平上，均无法拒绝“所有工具变量均有效”的原假设，也表明了 *GMM* 模型的适用性。

（2）保险经纪机构集聚对技术效率变化的影响分析

①回归结果分析。表5-14为保险经纪机构集聚对其技术效率变动影响的实证回归结果。其中模型（1）为基本的变量回归；模型（2）为加入滞后期变量的模型回归；模型（3）在前面模型的基础上又进一步加入了个体固定效应和时间固定效应；模型（4）、模型（5）为加入相关控制变量的回归模型，其中 *vrs_eff* 为采用数据包络法测算得到的技术效率变化指数，而 *tech* 为采用随机前沿法测算而得的技术效率变化指数①。

表5-14　保险经纪机构集聚对其技术效率变化影响的回归结果

模型	(1)	(2)	(3)	(4)	(5)
	vrs_eff	*vrs_eff*	*vrs_eff*	*vrs_eff*	*tech*
L. vrs_eff	—	0.482*** (0.0629)	0.075 (0.074)	0.067 (0.076)	—
_cons	0.354*** (0.029)	0.193*** (0.0249)	0.464*** (0.043)	0.385*** (0.012)	1.327 (0.782)
le	0.120** (0.051)	0.067** (0.029)	0.132** (0.053)	0.163*** (0.059)	-0.009 (0.010)
控制变量	no	no	no	yes	yes
i. pro	no	no	yes	yes	yes
i. year	no	no	yes	yes	yes
sigma_cons	0.359*** (0.018)	0.318*** (0.017)	0.239*** (0.014)	0.238*** (0.0137)	—
N	372	341	341	341	372

注：①括号中的值为标准差；②*表示10%水平下的显著性，**表示5%水平下的显著性，***表示1%水平下的显著性.

① 对于随机前沿法测算的技术效率变化指数（*tech*）的回归模型，本书同样采用了加入滞后期、固定效应等不同的模型进行了回归，但是不同模型间保险经纪机构集聚对其技术效率变化指数的回归结果基本相同，因此本书仅将回归结果的一种列在表5-14中.

从技术效率变化指数的滞后期（*vrs_eff*）看，其对当期保险经纪机构技术效率的提高具有正向的促进作用。从模型（2）的结果看，回归结果在1%水平下显著，但是随着模型中固定效应和控制变量的加入，模型的回归系数和显著性不断降低。

从保险经纪机构集聚指数（*le*）回归结果看，其对保险经纪机构技术效率（*vrs_eff*）的提升具有显著的促进作用，回归系数为0.163，且在1%水平下显著。对比前四列模型回归结果可以看到，随着模型控制条件的增加，保险经纪机构集聚对自身技术效率影响的回归系数逐渐减小，但是回归结果的显著性不断增强。从模型（5）的回归结果看，集聚指标对SFA方法下测算的技术效率变动指标（*tech*）回归结果虽然为负，但是其回归系数却不显著，且相较于模型（4）的回归结果，回归系数也较小。

通过以上回归结果的对比分析，说明保险经纪机构技术效率变化受其自身滞后期的影响，前期技术效率的提高对当期的技术效率提升存在正向的激励作用；保险经纪机构集聚对自身技术效率提升存在正向的促进作用，保险经纪机构所经营的保险业务和服务较保险专业代理机构技术含量要高，而集聚不仅可以吸引更多的优质资源和人力，同时还加快了机构间技术和知识的溢出效应，从而对自身技术效率的提升存在促进作用。

②内生性问题检验。同样的，为了解决保险经纪机构集聚对其技术效率变动指数影响模型中的内生性问题，也同样采用差分 *GMM* 和系统 *GMM* 方法进行了回归分析（见表5－15）。

表5－15　保险经纪机构集聚对技术效率变动影响的 *GMM* 估计

变量	(1)	(2)
	差分 *GMM*	系统 *GMM*
L. vrs_eff	0.001 (0.014)	0.024 (0.052)
le	0.035*** (0.013)	－0.006 (0.014)
intp	0.082 (0.066)	0.093*** (0.033)

续表

变量	(1)	(2)
	差分 *GMM*	系统 *GMM*
cart	-0.133*** (0.021)	-0.005 (0.013)
humc	0.009 (0.448)	-0.191* (0.101)
techs	9.713*** (0.792)	12.490*** (3.173)
fors	-7.761*** (2.891)	0.303 (0.843)
fori	1.266 (1.113)	0.120 (1.244)
prii	-0.380 (0.422)	-0.569** (0.236)
stai	0.232** (0.117)	0.340 (0.263)
_cons	0.796 (1.277)	0.311 (0.387)
N	310	341

注：①括号中的值为标准差；② * 表示 10% 水平下的显著性， ** 表示 5% 水平下的显著性， *** 表示 1% 水平下的显著性.

从变量 *le* 的回归结果看，差分 *GMM* 与系统 *GMM* 回归系数的标准差基本一致，但是系统 *GMM* 的回归系数并不显著。

为进一步检验回归结果的稳健性，本书对差分 *GMM* 和系统 *GMM* 扰动项的差分自相关性进行了检验。其中，系统 *GMM* 扰动项的差分不仅存在一阶自相关，二阶自相关的 p 值在 5% 的水平上拒绝不存在自相关的原假设。因此，系统 *GMM* 的适用性不高。

同时，对以上估计的工具变量进行了过度识别检验。其中，差分 *GMM* 的 $p=0.4950>0.1$ 在 10% 的水平上，可以接受“所有工具变量均有效”的原假设，表明了差分 *GMM* 模型的适用性。

表5－14与表5－15的回归结果均显示，保险经纪机构的集聚对其技术效率的提升存在显著的正向提升作用。

（3）保险公估机构集聚对技术效率变化的影响分析

①回归结果分析。本书采用保险公估机构区位熵指数与可变规模下技术效率变化指数，实证分析了保险公估机构集聚对其技术效率变化的影响，回归结果如表5－16所示。其中模型（1）为基本的变量回归；模型（2）为加入变量滞后期的回归模型；模型（3）为加入个体固定效应与时间固定效应的回归模型；模型（4）为加入其他控制变量的回归结果。

表5－16　保险公估机构集聚对其技术效率变化影响的回归结果

模型	(1)	(2)	(3)	(4)
	vrs_eff	*vrs_eff*	*vrs_eff*	*vrs_eff*
L. vrs_eff	—	0.300*** (0.069)	0.072 (0.074)	0.085 (0.077)
_cons	0.231*** (0.020)	0.168*** (0.023)	0.372** (0.147)	0.193*** (0.012)
le	0.207*** (0.025)	0.161*** (0.027)	0.166*** (0.042)	0.210*** (0.046)
popd	—	—	—	0.096** (0.041)
humc	—	—	—	-0.242* (0.125)
techs	—	—	—	-7.741** (3.653)
prii	—	—	—	-0.897** (0.431)
i. pro	no	no	yes	yes
i. year	no	no	yes	yes
sigma_cons	0.313*** (0.017)	0.304*** (0.017)	0.221*** (0.012)	0.239*** (0.015)
N	372	341	341	341

注：①括号中的值为标准差；②*表示10%水平下的显著性，**表示5%水平下的显著性，***表示1%水平下的显著性.

保险公估机构技术效率变化指数的滞后期（*L. vrs_eff*）对当期技术效率变化存在正向的促进作用，且模型（2）中的回归系数在 1% 水平下显著。从区位熵指数（*le*）的回归结果看，其在模型（1）~模型（4）的回归系数皆为正，且均在 1% 的水平下显著，这说明保险公估机构集聚对自身技术效率提升存在正向的促进作用。

②回归结果的稳健性检验。

a. 不同回归模型与不同变量的检验。为了检验表 5－17 回归结果的稳定性，本书又进一步采用不同的回归模型与变量对保险公估机构集聚对其技术效率变动的影响结果进行了检验。其中表 5－17 中模型（1）与模型（2）分别为采用 *OLS* 和 *Tobit* 模型对数据包络法测算的规模报酬可变情况下技术效率变化指数的回归模型；模型（3）为采用随机前沿法测算的技术效率变化指数的回归模型。

表 5－17　保险公估机构集聚对其技术效率变化影响的回归结果稳健性检验

模型	(1)	(2)	(3)
	ols_eff	*tobit_eff*	*ols_tech*
L. vrs_eff	0.056 (0.061)	0.072 (0.076)	—
L. tech	—	—	−0.468*** (0.051)
_cons	1.703 (1.180)	0.366*** (0.013)	1.468*** (0.051)
le	0.113*** (0.029)	0.207*** (0.043)	−0.579E−06 (0.679E−06)
L. le	0.028 (0.020)	0.054 (0.045)	0.111E−04*** (0.375E−05)
popd	0.063 (0.077)	0.076* (0.041)	−0.263E−06 (0.857E−05)
humc	−0.331 (0.243)	−0.403*** (0.123)	0.144E−04 (0.341E−04)

续表

模型	(1)	(2)	(3)
	ols_eff	tobit_eff	ols_tech
techs	-1.884 (3.276)	-9.800** (3.910)	-0.108E-03 (0.799E-03)
fori	2.909* (1.573)	0.065 (1.347)	0.330E-03 (0.354E-03)
prii	-0.826* (0.429)	-0.957** (0.436)	-0.995E-04 (0.104E-03)
i. pro	yes	yes	yes
i. year	yes	yes	yes
sigma_cons	—	0.224*** (0.013)	—
N	341	341	341

注：①括号中的值为标准差；②*表示10%水平下的显著性，**表示5%水平下的显著性，***表示1%水平下的显著性.

模型（2）与模型（1）的回归结果相比，模型回归系数的符号基本一致，但是其回归系数的大小和显著性明显提高。这说明，采用Tobit模型的回归结果更加稳健和显著。从模型（2）与模型（3）的回归结果比较看，保险公估机构集聚（*le*）对自身技术效率变动指标的回归系数分别为0.207与-0.579E-06，但是模型（2）中的回归结果在1%水平下显著，而模型（3）中回归结果却不显著，且回归系数极小；其滞后期（*L. le*）对技术效率变动指标的回归系数分别为0.054、0.111E-04，虽然模型（3）的回归结果在1%的水平下显著，但同样的其回归系数极小。这说明模型（2）中的回归结果更稳健和显著。

b. 内生性问题检验。为降低Tobit模型中的内生性问题对估计结果带来的偏差，本书进一步采用差分*GMM*和系统*GMM*对保险公估机构集聚对其技术效率的影响结果进行了检验（见表5-18）。

从回归结果看，保险公估机构的集聚（*le*）对其技术效率的提升存在显著的正向影响，变量的影响方向和显著性与表5-15中的回归结果一致。

表5-18　保险公估机构集聚对技术效率变动影响的 *GMM* 估计

变量	(1)	(2)
	差分 *GMM*	系统 *GMM*
L. vrs_eff	-0.200***	-0.054
	(0.033)	(0.034)
le	0.034***	0.078***
	(0.007)	(0.011)
intp	-0.012	0.185***
	(0.101)	(0.026)
cart	0.012	0.009
	(0.061)	(0.022)
humc	0.512	-0.364***
	(0.752)	(0.060)
techs	-0.785	3.246***
	(1.980)	(1.063)
fors	-0.295	1.400***
	(2.521)	(0.310)
fori	1.087	-0.165
	(0.841)	(0.623)
prii	0.357	-0.0341
	(0.791)	(0.273)
stai	0.353*	0.240
	(0.209)	(0.275)
_cons	-1.855	0.252
	(1.782)	(0.321)
N	310	341

注：①括号中的值为标准差；②*表示10%水平下的显著性，**表示5%水平下的显著性，***表示1%水平下的显著性.

为得到一致估计，*GMM* 的扰动项需不存在自相关。为此，进一步对表5-18中扰动项差分的一阶与二阶自相关性进行了检验。结果表明，差分 *GMM* 与系统 *GMM* 扰动项的差分存在一阶自相关，但均不存在二阶自相关。

接着，针对 *GMM* 的工具变量进行了过度识别检验。结果显示，差分 *GMM* 与系统 *GMM* 检验的 p 值均大于0.1，在10%的显著水平下接受“所有工具变量”均有效的原假设。

5.4.3 保险专业中介机构集聚对其技术进步变化的影响效应

（1）保险专业代理机构集聚对技术进步变化的影响分析

表5－19为保险专业代理机构集聚对其技术进步变化影响的回归结果，其中模型（1）~模型(3）中的被解释变量为采用数据包络法（DEA）测算的技术进步变动指标（*techch*）；模型（4）~模型(6）中的被解释变量为采用随机前沿法（SFA）测算的技术进步变动指标（*tpch*）。模型（1）与模型（4）为基本的变量回归；模型（2）与模型（5）分别为加入个体固定效应和时间固定效应的回归模型；模型（3）与模型（6）为加入个体固定效应、时间固定效应及控制变量的回归模型。

表5－19 保险专业代理机构集聚对其技术进步变化影响的回归结果

模型	(1)	(2)	(3)	(4)	(5)	(6)
	techch	*techch*	*techch*	*tpch*	*tpch*	*tpch*
_cons	1.352*** (0.061)	0.813*** (0.051)	2.011 (1.514)	0.945*** (0.021)	0.978*** (0.022)	1.524*** (0.569)
le	0.098 (0.082)	0.062** (0.034)	0.066* (0.040)	0.019 (0.017)	0.002 (0.005)	0.001 (0.006)
控制变量	no	no	yes	no	no	yes
i. pro	no	yes	yes	no	yes	yes
i. year	no	yes	yes	no	yes	yes
N	372	372	372	372	372	372
r^2	—	0.770	0.772	—	0.549	0.610

注：①括号中的值为标准差；②*表示10%水平下的显著性，**表示5%水平下的显著性，***表示1%水平下的显著性.

从表5-19前三列的回归结果看，保险专业代理机构集聚对自身技术进步的提升具有显著的正向效应，其回归系数为0.066，且在10%的水平下显著。从企业角度看，随着保险专业代理机构在某一区域集聚程度的增加，市场主体间的市场竞争程度不断提高，这就要求保险专业代理机构改进技术、积极创新，不断提高自身技术进步速度；从市场角度看，保险专业代理机构集聚程度的增加，会吸引更多的金融、保险及其代理相关产业的人才、资金、技术等方面的优质资源往该地区集聚，从而为该地区的技术创新提供更好的支持，同时也加快了技术创新和溢出的速度，进而促进保险专业代理机构的技术进步。

从模型（4）~模型（6）的模型回归结果看，同样的，保险专业代理机构集聚对自身技术进步提升存在正向促进作用，但该模型的回归结果与前三列模型相比，不仅回归系数小很多，而且回归结果不显著。这可能是因为，随机前沿模型中技术进步变动指标的测算是根据超越对数随机前沿函数中的相关回归系数计算而得，而模型中劳动与资本投入变量的回归系数显著性存在差异，进而造成技术进步变动指标测算中可能存在一定的偏误，从而引起表5-16中集聚对技术进步变化的回归结果不显著。

（2）保险经纪机构集聚对技术进步变化的影响分析

本书进一步分析了保险经纪机构集聚对自身技术进步变化的影响效应（见表5-20）。其中，模型（1）为基本的变量回归；模型（2）、模型（3）分别为加入滞后项和个体固定效应、时间固定效应的回归模型；模型（4）、模型（5）为加入相关控制变量的回归模型。

表5-20　保险经纪机构集聚对其技术进步变化影响的回归结果

模型	(1)	(2)	(3)	(4)	(5)
	techch	*techch*	*techch*	*techch*	*tpch*
_cons	1.219*** (0.0835)	1.236*** (0.0930)	1.075*** (0.121)	3.553 (3.718)	1.041*** (0.088)
le	0.025 (0.021)	0.024 (0.110)	0.122 (0.163)	0.093 (0.161)	0.003** (0.002)
L. le	—	0.007 (0.106)	0.119** (0.052)	0.085* (0.050)	—

续表

模型	(1)	(2)	(3)	(4)	(5)
	techch	*techch*	*techch*	*techch*	*tpch*
intp	—	—	—	-0.037 (0.300)	-0.033*** (0.011)
humc	—	—	—	-1.278** (0.548)	0.038* (0.021)
i. pro	no	no	yes	yes	yes
i. year	no	no	yes	yes	yes
N	372	341	341	341	372
r^2			0.612	0.625	0.984

注：①括号中的值为标准差；②*表示10%水平下的显著性，**表示5%水平下的显著性，***表示1%水平下的显著性.

从前四列的回归模型看，保险经纪机构集聚指数（*le*）对自身技术进步变化（*tpch*）指数的回归系数为正，这说明集聚对保险经纪机构技术进步具有正向的促进作用，但是样本的回归结果并不显著。从保险经纪机构集聚指标的滞后期（*l. le*）看，其对技术进步变化的影响回归结果为正，其回归系数分别为0.07［模型（2）］、0.119［模型（3）］、0.085［模型（4）］，且模型（3）与模型（4）的回归结果分别在5%与10%水平下显著。

从列（5）的回归结果看，保险经纪机构集聚（*le*）对随机前沿模型测算的技术进步效率（*tpch*）同样具有正向的促进作用，其回归系数为0.003，且在5%水平下显著。但是该回归系数与前四列的回归结果相比，系数值要小很多，这可能是两种效率测算方法之间的测算误差引起的。

从以上回归结果可以看出，保险经纪机构集聚对自身技术进步提升具有正向的促进作用，但是技术进步提升较技术效率的提升所需要的时间更长，因此模型中保险经纪机构集聚的滞后期对技术效率提升的作用要显著高于当期集聚指标对技术进步的提升作用。

（3）保险公估机构对其技术进步变化的影响分析

表5－21为保险公估机构集聚指标对自身技术进步变动影响的回归结果分析。

表5-21　保险公估机构集聚对其技术进步变化影响的回归结果

模型	(1)	(2)	(3)	(4)	(5)
	techch	*techch*	*techch*	*techch*	*tpch*
_cons	1.147 *** (0.120)	1.160 *** (0.132)	0.872 *** (0.092)	1.064 (2.995)	1.053 *** (0.169)
le	0.118 * (0.063)	0.101 (0.077)	0.084 (0.069)	0.091 (0.089)	-0.274E-03 (0.003)
L. le	—	0.038 (0.068)	0.023 (0.053)	0.028 (0.058)	0.002 (0.005)
intp	—	—	—	-0.690 * (0.413)	0.196E-03 (0.024)
fori	—	—	—	0.727 (3.270)	0.516 ** (0.237)
prii	—	—	—	-0.668 (1.133)	-0.119 ** (0.059)
i. pro	no	no	yes	yes	yes
i. year	no	no	yes	yes	yes
N	372	341	341	341	341

注：①括号中的值为标准差；②*表示10%水平下的显著性，**表示5%水平下的显著性，***表示1%水平下的显著性.

其中，模型（1）~模型（4）为数据包络法测算而得的技术进步变动指标（*techch*）；模型（5）为随机前沿法测算而得的技术进步变动指标（*tpch*）。模型（1）为基本变量回归；模型（2）、模型（3）为分别加入滞后项及固定效应的回归模型；模型（4）、模型（5）为进一步加入控制变量的回归模型。

从前四列模型的回归结果看，保险公估机构集聚（*le*）对自身技术进步变动的回归系数为正，即保险公估机构集聚促进了自身技术进步的提升，且在模型（1）中该回归系数在10%的水平下显著；保险公估机构集聚的滞后期（*L. le*）对技术进步变化的回归系数也同样为正，但在模型中该系数并不显著。从模型（5）的回归模型看，集聚指标（*le*）对保险公估机构技术进步变化的回归结果为负，但其回归系数非常小且不显著；同样的，其滞后期（*L. le*）对技术进步变化的回归系数虽然为正，但是回归系数与前四列的回归系数相比也小很多。所以，从整体看，保险公估机构集聚对自身技术进步的提升作用并不显著。

从控制变量的回归结果看，互联网技术的普及率（*intp*）对保险公估机构技术进步的提升存在负向作用，其回归系数为 -0.690，且在 10% 水平下显著。这说明现阶段互联网技术的普及并不能提升保险公估机构的技术进步，可能对保险公估机构而言，专业技术人员对其技术进步效率的提升更有效；从市场结构看，外商固定资产投资占比（*fori*）的增加对技术进步效率的提升有促进作用，而私营固定资产投资（*prii*）则对技术进步效率的提升具有负向作用。

5.4.4 保险专业中介机构集聚对其规模效率变化的影响分析

（1）保险专业代理机构集聚对规模效率变化的影响分析

表 5-22 为我国保险专业代理机构集聚对自身规模效率变动的回归结果，其中模型（1）为简单的变量回归模型；模型（2）~模型（4）分别为加入滞后期、双固定效应和控制变量的回归结果。

表 5-22 保险专业代理机构集聚对其规模效率变化影响的回归结果

变量	(1)	(2)	(3)	(4)
	sech	*sech*	*sech*	*sech*
_cons	1.189*** (0.144)	1.231*** (0.169)	0.807*** (0.194)	-13.48 (9.144)
le	0.054 (0.117)	0.154 (0.095)	0.128 (0.206)	0.136 (0.191)
L. le	—	-0.124 (0.097)	0.030 (0.105)	0.082 (0.138)
控制变量	no	no	no	yes
i. year	no	no	yes	yes
i. pro	no	no	yes	yes
N	372	341	341	341

注：①括号中的值为标准差；②*表示 10% 水平下的显著性，**表示 5% 水平下的显著性，***表示 1% 水平下的显著性.

以上四个模型的回归结果皆显示，变量（*le*）对规模效率变动的回归结果为正。这说明保险专业代理机构集聚对自身规模效率提升存在正向的促进作用，但其结果在现阶段却不显著。其原因可能在于，一方面，现阶段我国保险专业代理机构的平均规模较小，还不具有规模优势；另一方面，保险专业中介机构在区域集聚的同时，也面临着集聚区内竞争的加剧，因我国保险专业代理机构的专业化程度较低，代理机构间的业务模式单一且同质化现象严重，而竞争进一步加剧其交易成本的增加，影响经营规模的扩大，从而导致集聚对规模效率的影响不显著。

（2）保险经纪机构集聚对规模效率变化的影响分析

同样的，本书进一步分析了保险经纪机构集聚对自身规模效率变动的影响结果（见表5-23）。

表5-23　保险经纪机构集聚对其规模效率变化影响的回归结果

变量	(1)	(2)	(3)	(4)
	sech	*sech*	*sech*	*sech*
_cons	0.997*** (0.003)	0.991*** (0.004)	0.993*** (0.026)	0.728 (0.531)
le	0.006*** (0.002)	-0.053 (0.041)	-0.102*** (0.027)	-0.106*** (0.024)
L. le	—	0.063 (0.044)	0.060 (0.046)	0.065 (0.050)
控制变量	no	no	no	yes
i. year	no	no	yes	yes
i. pro	no	no	yes	yes
N	372	341	341	341

注：①括号中的值为标准差；②*表示10%水平下的显著性，**表示5%水平下的显著性，***表示1%水平下的显著性.

从表5-23中各模型的回归结果看，随着回归模型中限制条件和控制变量的增加，保险经纪机构集聚对其规模效率变动的回归结果由模型（1）的正向回归系数转向负向不显著［模型（2）］再到模型（3）、模型（4）的负向显著回归系数，且系数不断增大。

从模型（4）的回归结果看，保险经纪机构集聚对自身规模效率变化的回归系数为 -0.106，且在 1% 水平下显著，这表明我国保险经纪机构集聚对其规模效率的提升存在抑制作用。第 4 章中保险中介集聚态势的结果表明，在三类保险专业中介机构中，保险经纪机构的集聚程度最高，其市场竞争程度也最高，过度的市场竞争阻碍了保险经纪机构规模的扩大，从而造成集聚对规模效率提升的负向作用。

从集聚指标的滞后期看，其对保险经纪机构规模效率的影响系数皆为正。说明保险经纪机构集聚对其经营规模的扩大存在潜在的吸引力，有利于其规模效率的提升，但其结果不显著。

（3）保险公估机构集聚对规模效率变化的影响分析

表 5 - 24 为保险公估机构集聚对自身规模效率变动影响效应的回归结果。从集聚指标（*le*）的回归结果看，模型（1）、模型（3）、模型（4）的回归结果均不显著；模型（2）中的回归系数显著为负，为 -0.065。这说明我国保险公估机构的集聚对其规模效率提升不存在显著的正向促进作用。

表 5 - 24　保险公估机构集聚对其规模效率变化影响的回归结果

变量	(1)	(2)	(3)	(4)
	sech	*sech*	*sech*	*sech*
_cons	0.990***	0.964***	0.820***	3.267
	(0.038)	(0.0541)	(0.270)	(3.512)
le	0.096	-0.065**	-0.038	0.027
	(0.065)	(0.031)	(0.133)	(0.124)
L. le	—	0.199**	0.290*	0.330***
		(0.079)	(0.159)	(0.126)
控制变量	no	no	no	yes
i. year	no	no	yes	yes
i. pro	no	no	yes	yes
N	372	341	341	341

注：①括号中的值为标准差；② * 表示 10% 水平下的显著性，** 表示 5% 水平下的显著性，*** 表示 1% 水平下的显著性.

从集聚指标滞后期（*L. le*）的回归结果看，模型（2）~模型（4）的回归结果显著为正，且随着模型限制条件的增加，其回归系数不断增大，这说明保险公估机构集聚效应存在滞后性。

5.5 集聚对经营效率影响效应的实证结果总结与启示

5.5.1 实证结果总结

本节采用我国31个省份2005~2016年的面板数据，分别分析了保险专业代理机构集聚、保险经纪机构集聚和保险公估机构集聚对自身技术效率变化、技术进步变化和规模效率变化的影响效应。

从保险专业中介机构集聚对其技术效率变化的影响结果看，保险专业代理机构的集聚对自身技术效率提升存在显著负向作用，其回归系数为-0.075；而保险经纪机构和保险公估机构的集聚对自身技术效率提升具有显著的正向促进作用，其回归系数分别为0.163、0.210。

从保险专业中介机构集聚对其技术进步变化的影响结果看，保险专业代理机构集聚对自身技术进步提升存在显著的正向促进作用，其回归系数为0.066；而保险经纪机构集聚对自身技术进步变化的影响效应存在一定的滞后性，其滞后一期的集聚指标对技术进步的提升作用显著为正，回归系数为0.085；从保险公估机构看，其集聚对技术进步变化的影响效应虽然为正，但是现阶段却不显著。

从保险专业中介机构集聚对其规模效率变化的影响结果看，保险专业代理机构集聚虽然对自身规模效率的提升存在正向影响，但回归结果并不显著；而保险经纪机构的集聚显著抑制了其规模效率的提升，回归结果为-0.106；保险公估机构集聚对自身规模效率的影响存在滞后性，其滞后一期的集聚指标对当期规模效率的提升存在显著的正向促进作用，其回归系数为0.330。

5.5.2 启示

通过对各类保险专业中介机构集聚效应的回归结果分析可以看出，现阶段我国保险专业中介机构的集聚发展确实对自身技术效率、技术进步和规模效率的提升存在一定的促进作用，但是也存在回归系数偏小、显著性不高等问题。其可能的原因在于：第一，我国保险专业中介机构的业务结构比较单一，机构间业务同质化现象严重，那么集聚发展中就容易引起市场主体间激烈的竞争，不仅不会降低中介机构的经营成本反而会额外增加其竞争成本，进而限制了集聚发展对自身技术效率的提升作用。第二，因专业技术、人才等要素的缺乏，现阶段各类保险专业中介机构集聚对自身技术进步的提升作用较小或者不显著。第三，受限于我国保险专业中介机构的业务能力，各类保险专业中介机构的经营规模普遍较小，从而造成保险专业中介机构集聚对规模效率的提升效应不够显著。

所以，保险专业中介机构在集聚发展过程中，首先，要积极创新和拓展自身的业务种类；其次，要充分利用集聚发展带来的技术、人才优势，形成自身的专业化优势；最后，明确各类保险专业中介机构在市场中的服务定位，拓展其业务范围，扩大经营规模，进而加速保险专业中介机构集聚对自身经营效率的提升作用。

第6章 保险专业中介机构集聚对保险业发展影响效应分析

保险中介是联结保险供给和保险需求的桥梁和纽带，在沟通和协调保险市场主体关系、提高保险市场运行效率、提升保险市场专业化程度等方面具有重要作用，是现代保险市场上不可或缺的重要组成部分。因此，保险专业中介机构的集聚发展不仅对自身经营效率存在显著影响，对整个保险业的发展也存在影响。基于此，本书在以上章节分析的基础上，进一步从理论和实证两方面分析了我国保险专业中介机构集聚对保险业发展的影响效应。

6.1 保险专业中介机构集聚对保险业影响效应的路径分析

随着省份间经济、资本、人员、技术等生产要素流动的加强，各区域间保险市场的发展也存在相互溢出效应，保险专业中介机构在某一省份的集聚不仅对该省份保险业发展存在直接效应，而且集聚发展带来的技术溢出、发展模式推广等方面也会对相关省份保险业的发展产生间接效应。下面将从理论方面就我国保险专业中介机构集聚对保险市场发展直接效应和间接效应的影响路径进行分析。

6.1.1 直接效应的传导路径

（1）保险专业中介机构集聚对保险供给的影响

作为保险产品供给方，保险公司的产品供应能力越强，保险市场发展就会越快，保险业的竞争力也会更强。从保险公司的价值链看，其核心环节主要包括保险产品的研发、保险营销、保险承保与理赔、客户服务、再保险设计和投资活动等（桑强，2008）。但是对于保险公司而言，其人力、物力、财力等生产要素毕竟是有限的，要想提高保险公司的产品供应能力，节约成本，就必须对其价值链中各个环节的生产要素进行最有效的配置。在保险业发展的初期，受限于保险市场及保险公司自身发展规模，价值链中的所有环节都由保险公司自己包揽。但随着保险市场的快速增长，保险市场主体逐渐增加，保险公司间的竞争程度不断增强，这就需要保险公司对其价值链中各个环节的投入有所取舍。

而相较于保险公司，保险专业中介在保险产品的营销、理赔方面更具有人力、技术和成本优势，保险专业中介机构可以改善和提升保险公司与客户间的沟通能力，一方面可以向保险公司及时反映细分客户群的不同需求，加速保险公司的产品创新，激发市场的保险需求潜力；另一方面，保险专业中介机构承接了保险公司产品营销、理赔等相关业务，提升了保险公司的专业化程度，降低了其综合成本，促进了保险公司的经营效率，使其扩大经营规模，提高保险产品供应能力。

而保险专业中介机构的集聚可以增加该地区保险中介市场主体的竞争性，从而提升保险专业中介机构的经营效率和服务质量，加速保险专业中介机构对保险市场产品供给能力的提升。

（2）保险专业中介机构集聚对保险需求的影响

保险产品经营的是一种风险，但是风险无时无刻不存在于我们每一个人的生活中。因此，人们对于保险的潜在需求是很大的。但是因为缺乏专业的保险知识，人们潜在的保险需求往往转化不成现实的需求。而保险专业代理机构凭借其专业能力、人力、网点等优势，加速了保险市场中潜在需求转化成现实需求的速度。一方面，保险专业中介机构的存在提高了公民的保险意识，激发了保险市场的潜在需求；另一方面，保险专业中介机构凭借其专业的保险技术和能力合理配置保险需求方和供给方，提高客户购买保险的效率，增加保险市场的现实需求。

现阶段我国保险专业中介机构的营业范围具有一定的地域限制，而其在某一地区的集聚发展使得该地区营业网点及就业人数增加，从而增加保险专业中介机构的覆盖率，提高了其对保险需求的开发能力。

（3）保险专业中介机构集聚对保险市场运行效率的影响

保险面对的是未来可能的风险，保险供给方与需求方是一种契约的存在关系，双方以最大诚信原则为前提。但是对于保险市场而言，因为存在保险人与被保险人双方信息的不对称，保险人不可能拥有被保险人投保行为前后的完全信息，所以保险市场中容易存在道德风险。而道德风险的存在会迫使保险人提高保险费率，从而导致保险市场中逆向选择的产生，最终将会降低保险市场运行效率。

而相较保险公司，保险专业中介机构更加贴近保险需求方，对被保险人的风险、需求等信息优势有利于保险公司创新保险产品和确定差异化保险费率，避免保险市场中的“逆向选择”（Cummins，2006）。同时，面对保险市场的信息不对称，关于保险市场交易主体风险状况的信息收集和处理的成本较高，而保险专业中介机构位于保险产业链中保险供、需双方的中间，是保险信息的收集、处理和传播者（Traub，1994），其存在极大降低了保险市场主体的交易成本。

保险专业中介机构处于保险人与被保险人之间，相较保险供、需双方都具有一定的信息优势，可以做到投保前保险人与被保险人相关信息的有效配对；投保后可对被保险人风险行为进行监督；风险发生后，可以委托办理定损、理算等相关业务，减少了保险人与被保险人之间的经济利益冲突和矛盾，降低了保险市场的交易成本，提高了保险市场信息透明度和运行效率。

6.1.2 间接效应的传导路径

本书中保险专业中介机构集聚对保险业发展影响的间接效应主要指某一省份保险专业中介机构集聚对其他省份保险业发展的影响效应。随着交通、信息等技术的发展，区域间的人力、物力、财力等方面的交流和互动更加频繁，彼此间的信息获得成本变得更低。所以，某一地区保险专业中介机构集聚会对相邻地区该行业发展产生溢出效应。同时，随着各地区经济结构的调整，保险及相关产业的高速发展成为各地区新的经济增长点，所以某一地区保险中介行业的集聚发展会为相邻地区该产业的发展起到榜样作用，从而促进其他地区保险专业中介机构的集聚发展。

（1）保险专业中介机构集聚效应的溢出效应

缪达尔（Myrdal，1957）认为，在产业集聚区中存在“积累循环因果关系”，集聚区的成本、资源优势能够吸引新的企业进入产业集聚区，而新企业的不断进入又进一步扩大该区域产业集聚的规模和范围，进一步提高其竞争优势。而随着集聚规模的不断扩大，集聚效应会向其他区域进行溢出和扩散。

保险专业中介机构集聚对自身经营效率的提升具有促进作用。而随着集聚省份保险专业中介机构经营效率的提升，其相应的经营规模也会扩大。为进一步提高市场占有率，规模较大的保险专业中介机构可能会在其他省份设立分支机构，最终会对其他省份的保险业发展产生间接效应。

同时，某一省份保险专业中介机构集聚可以通过影响保险市场的供给、需求、保险市场的运行效率等途径来促进本省份保险市场的发展。随着我国区域协调发展战略的推进，各省份之间的产业相互关联性不断增强，因此某一省份保险市场强劲发展，则可能会对相邻省份保险市场的发展产生溢出效应。

（2）保险专业中介机构集聚模式的溢出效应

在发展资源禀赋相似的地区，某一省份保险专业中介机构集聚发展模式可能会被其他省份进行模仿或者借鉴，从而激励其他省份出台相应的产业政策来吸引保险专业中介机构的集聚发展，进而影响该省份保险业的发展（见图6－1）。

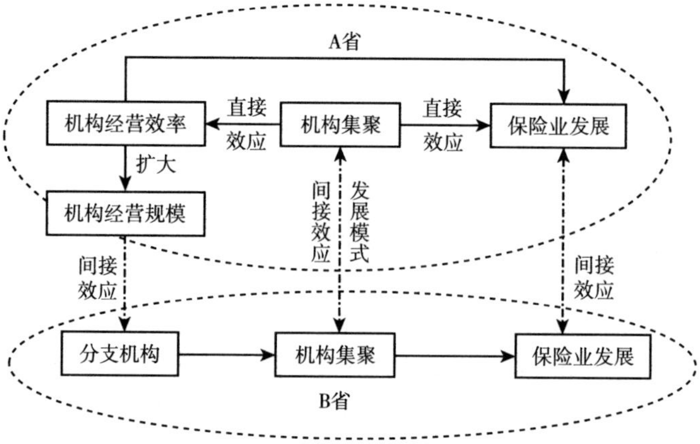

图6－1　保险专业中介机构集聚对保险业影响的间接效应传导路径

6.2　样本及相关变量的统计性分析

6.2.1　空间计量模型的设定

（1）空间计量模型的形式

空间计量经济学始于20世纪70年代，随着地理信息系统的发展，加之区域间经济行为人之间的互动受到越来越多的关注（陈强，2010），空间计量分析方法也开始得到广泛的应用。一般的空间面板模型为：

$$\begin{aligned} Y_{it} &= \rho WY_{it} + \beta X_{it} + \delta WX_{it} + \mu_{it} \\ \mu_{it} &= \lambda W\mu_{it} + \varepsilon_{it} \end{aligned} \tag{6-1}$$

其中，W 为空间权重矩阵；μ_{it} 和 ε_{it} 为扰动项。

由于式（6-1）太普通，而常用的空间计量模型则为其特殊变形，包括 *SAR* 模型（空间自回归模型）、*SDM* 模型（空间杜宾模型）和 *SEM* 模型（空间误差模型）。

若式（6-1）中的 $\lambda=0$ 且 $\delta=0$，则为“空间自回归模型”——*SAR*：

$$\ln ins_{it} = \rho W\ln ins_{it} + \beta_0 + \beta_1 le_{it} + \beta_2 \ln X_{others} + \varepsilon_{it} \tag{6-2}$$

若式（6-1）中的 $\lambda=0$，则为“空间杜宾模型”——*SDM*：

$$\ln ins_{it} = \rho W\ln ins_{it} + \beta_0 + \beta_1 le_{it} + \beta_2 \ln X_{others} + \delta_1 W\ln le_{it} + \delta_2 W\ln X_{others} + \varepsilon_{it} \tag{6-3}$$

若式（6-1）中的 $\rho=0$ 且 $\delta=0$，则为“空间误差模型”——*SEM*：

$$\begin{aligned} \ln ins_{it} &= \beta_0 + \beta_1 le_{it} + \beta_2 \ln X_{others} + \mu_{it} \\ \mu_{it} &= \lambda W\mu_{it} + \varepsilon_{it} \end{aligned} \tag{6-4}$$

以上每个模型假定的空间效应的传导机制不尽相同，*SAR* 模型反映相邻地区保险市场之间的发展可能存在相互依赖，通过空间溢出效应不同地区的保险市场相互作用并最终形成新的区域间平衡；*SDM* 模型则假定某省份保险市场的发展不仅依赖于本省份相关变量的影响，而且还受其他省份相关变量的影响（白俊红等，2017；LeSage & Pace，2009）；*SEM* 模型的空间效应则是通过误差项来体现，即不包含在解释变量中但对被解释变量有影响的遗漏变量存在空间相关性，或者不可观测的随机冲击存在空间相关性（陈强，2010）。

若不存在空间效应，则模型中的空间项系数均为 0，即为 *OLS* 模型。

（2）空间权重的形式

空间计量分析的前提是区域间空间距离的计算，假定区域 i 与 j 之间的距离为 w_{ij}，则空间权重矩阵 W 为：

$$W = \begin{pmatrix} w_{11} & \cdots & w_{1n} \\ \vdots & \ddots & \vdots \\ w_{n1} & \cdots & w_{nn} \end{pmatrix} \tag{6-5}$$

其中，同一区域间的距离为 0，即 $w_{11} = \cdots = w_{nn} = 0$。通常在实践中会对 W 进行“行标准化”处理，即 $w_{ij} = \tilde{w}_{ij}/max\left(1, \sum_{j} \tilde{w}_{ij}\right)$。

托伯勒（Tobler，1970）认为，所有事物都与其他事物相关联，但是较近的事物间相比较远的事物间其关联性更强。所以，最早的空间计量模型中空间权重矩阵的设定是从邻接矩阵开始的（王守坤，2013；Getis，2009）。即如果区域 i 与 j 有共同的边界，则 $w_{ij} = 1$；反之则为 0。而后随着空间计量应用的广泛，空间反距离权重矩阵和经济权重矩阵也纳入到空间计量模型的应用中。根据以往的文献研究（陈继勇等，2010；林光平，2005），本书采用的空间反距离权重矩阵和经济权重矩阵形式分别为：

$$w_{ij} = \begin{cases} 1/d_{ij}^2, & i \neq j \\ 0, & i = j \end{cases} \tag{6-6}$$

$$w_{ij} = \begin{cases} 1/|\bar{x}_i - \bar{x}_j|, & i \neq j \\ 0, & i = j \end{cases} \tag{6-7}$$

其中，d_{ij} 为两省份之间的中心距离；$\bar{x}_i$ 与 $\bar{x}_j$ 分别为 i 与 j 省样本时间段内人均 GDP 的平均值。

本书中采用的权重矩阵形式分别为：邻接权重矩阵（W_1）、反距离权重矩阵（W_2）、经济权重矩阵（W_3）。

（3）空间效应的形式

对于存在空间滞后的空间计量模型，解释变量 X 对被解释变量 Y 的边际效应并不能用其系数 β 来表示。因为 X 对 Y 产生影响之后，不同区域之间的 Y 也会相互影响，并最终形成新的均衡。以 SDM 模型为例：

$$Y = \rho WY + \beta X + \delta WX + \varepsilon \tag{6-8}$$

由式（6－8）可得：

$$Y = (I - \rho W)^{-1}\beta X + (I - \rho W)^{-1}\delta WX + (I - \rho W)^{-1}\varepsilon \tag{6-9}$$

假设上式中解释变量 X 中包括了 K 个变量，假定第 r 个变量为 $x_r = (x_{1r}x_{2r}\cdots x_{nr})'$，则 $\beta X = \sum_{r=1}^{K}\beta_r x_r$，式（6－9）可转化为：

$$Y = \sum_{r=1}^{K} (I - \rho W)^{-1}(I\beta_r + \delta_r W)x_r + (I - \rho W)^{-1}\varepsilon \tag{6-10}$$

若 $S_r(W) \equiv (I - \rho W)^{-1}(I\beta_r + \delta_r W)$，则 $Y = \sum_{r=1}^{K} S_r(W)x_r + (I - \rho W)^{-1}\varepsilon$，　141

用矩阵形式表示为：

$$\begin{pmatrix} y_1 \\ y_2 \\ \vdots \\ y_n \end{pmatrix} = \begin{pmatrix} S_r(W)_{11} & S_r(W)_{12} & \cdots & S_r(W)_{1n} \\ S_r(W)_{21} & S_r(W)_{22} & \cdots & S_r(W)_{2n} \\ \vdots & & & \vdots \\ S_r(W)_{n1} & S_r(W)_{n2} & \cdots & S_r(W)_{nn} \end{pmatrix} \begin{pmatrix} x_{1r} \\ x_{2r} \\ \vdots \\ x_{nr} \end{pmatrix} + (I - \rho W)^{-1}\varepsilon \tag{6-11}$$

很明显，j 省份中的解释变量 x_{jr}，对其他省份 i 中的被解释变量都有可能产生影响，即为溢出效应，$\frac{\partial y_i}{\partial x_{jr}} = S_r(W)_{ij}$；而对本区域被解释变量的直接效应为 $\frac{\partial y_j}{\partial x_{jr}} = S_r(W)_{jj}$；总效应为 $S_r(W)_{ij} + S_r(W)_{jj}$。

6.2.2　相关变量的选取

保险专业中介机构作为保险市场供给方与需求方的桥梁，其在区域间的集聚发展对当地保险市场的发展具有重要的推动作用。现有文献中，反映保险市场发展的常用和直接指标即为保费收入。鉴于保险专业中介机构对财产保险和人身保险的保费规模占比存在差异，所以在下面的计量模型中本书将分别分析保险专业中介机构集聚对财险保费规模和人身险保费规模的影响效应。

对于保险专业中介机构的集聚指标，本节还是采用保险专业中介机构在各省份就业人数的区位熵来表示。

同时，保险业的发展水平还会受到各地区经济、人口、产业结构等外部及内部环境方面的影响。

从保险业发展的宏观环境看，首先，某一地区的经济发展水平、居民消费水平都对当地保险业的发展具有正向促进作用，本书将分别采用人均 GDP、居民消费水平来表示；其次，对外开放程度也对我国保险业的发展具有重要影响，保险业作为 2001 年我国加入世界贸易组织后首先开放的金融市场，在市场开放进程中不断发展与壮大，且开放程度较早的沿海省份保险业发展程度也相对较高。鉴于此，本书采用实际对外直接投资额和出口贸易额占当地 GDP 的比重来表示各省份的对外开放程度；同时，保险业属于现代服务业，对人力资本的需求较高，某一地区高素质的人力资源储备也会对当地保险业的发展产生推动作用，本书采用我国人口抽样调查数据中六岁及以上、大专及以上学历人口占比来表示；城镇化水平对保险市场发展也存在影响，我国城镇化进程的推进，扩大了各地保险市场的潜在需求，对各地区保险业的发展也会产生影响，本书采用各地区城镇人口数与总人口数的比值来表示各省份的城镇化水平。

从保险业发展的内部环境看，首先，保险业就业人数和工资水平与当地保险业的发展存在相关性，保险业吸纳的就业人数越多，说明该地区的保险业发展水平越高，而保险业的工资水平越高，也会吸引更多的人力资本向保险业集聚，从而促进保险业的发展；其次，保险市场的竞争程度对保险业的发展具有显著影响，通常情况下，某一地区市场竞争程度越高，对保险市场主体的创新、产品质量提升等激励影响更大，因此本书分别采用财险市场和人身险市场的赫芬达尔指数（HHI）来表示；同时考虑到，保险业作为金融市场的重要组成部分，某一地区整个金融业的深化发展程度对当地保险业的发展也存在影射作用，本书将采用金融业增加值占 GDP 的比重来表示。

各变量具体计算公式及来源，如表6－1所示。

表6－1　　　　相关变量的选取与计算

类别	变量名称	变量计算	变量意义	数据来源
被解释变量	财险保费收入（*propertypre*）	历年财险保费收入的对数值	财产保险的发展情况	《中国保险统计年鉴》
	人身险保费收入（*lifepre*）	历年人身险保费收入的对数值	人身保险的发展情况	
解释变量	保险专业代理集聚（*agentle*）	$\frac{(x_i/X_i)}{\left(\sum_i x_i/\sum_i X_i\right)}$，其中 x_i，X_i 分别表示 i 地区保险专业中介机构的就业人数和总就业人数	保险专业中介机构的集聚状态	根据《中国保险统计年鉴》保险中介数据计算而得
	保险经纪集聚（*brokerle*）			
	保险公估集聚（*assessorle*）			
控制变量——外部因素	出口额占比（export）	出口额占 GDP 的比重	对外开放程度	《中国统计年鉴》
	实际利用外资占比（*fdi*）	实际利用外资额占 GDP 的比重		《中国城市统计年鉴》
	人均 *GDP*（*pergdp*）	人均 GDP 取对数值	经济、消费状况	《中国统计年鉴》
	居民消费水平（*consumption*）	居民消费水平取对数值		
	城镇化率（*urbrate*）	城镇人口数占年末常住人口数的比	城镇化程度	
	高素质人力资源（*humancapital*）	六岁及以上大专及以上学历人口占我国人口抽样调查数据的比例	高素质人力资源储备情况	
控制变量——内部因素	保险业就业人数（*inslab*）	历年保险业就业人数取对数值	保险业吸纳就业能力	《中国劳动统计年鉴》
	保险业工资水平（*inswage*）	历年保险业工资水平取对数值	保险业的工资水平	

续表

类别	变量名称	变量计算	变量意义	数据来源
控制变量——内部因素	财险市场集中度（*prohhi*）	$\sum_k \left(x_{ik} / \sum_k x_{ik} \right)^2$，其中 x_{ik} 表示 i 地区第 k 家保险公司市场规模占比	保险主体的市场竞争程度	根据《中国保险统计年鉴》计算而得
	人身险市场集中度（*lifehhi*）			
	金融业增加值占比（*finanadd*）	金融业增加值占 GDP 的比重	金融业的深化程度	《中国统计年鉴》

注：因西藏人身险保费收入在 2005 年、2006 年存在缺失值，因此对所有地区人身险保费收入加 1 之后再取对数.

6.2.3 相关变量的统计性描述

本节对表 6－1 的相关变量进行了统计性描述（见表 6－2）。

表 6－2 相关变量的统计性描述

变量	样本	平均值	标准差	最小值	最大值
ln*property*	372	4.420	1.153	0.622	7.997
ln*lifepre*	372	5.150	1.332	0.000	7.730
agentle	372	0.709	0.842	0.000	6.628
brokerle	372	0.880	2.266	0.000	14.745
assessorle	372	0.669	1.026	0.000	7.147
export	372	16.288	18.680	1.483	90.533
fdi	372	2.398	1.933	0.000	11.448
ln*pergdp*	372	10.310	0.629	8.528	11.680
ln*consumpt*	372	9.255	0.592	7.965	10.812
urbrate	372	0.515	0.147	0.207	0.896
humancapital	372	0.096	0.063	0.008	0.426
ln*inslab*	372	10.393	1.244	4.883	12.276
ln*inswage*	372	10.446	0.514	9.301	11.890
prohhi	372	0.269	0.133	0.113	1.000
lifehhi	372	0.257	0.162	0.000	1.000
finanadd	372	0.052	0.028	0.006	0.171

资料来源：由 Stata13 计算而得.

因为西藏在2007年5月才成立第一家寿险公司，所以表中变量 ln-*lifepre*，*lifehhi* 的最小值为0；*agentle*，*brokerle*，*assessorle* 的最小值0是因为部分省份最早成立的保险专业代理机构、保险经纪机构和保险公估机构的时间点不同，比如西藏在2007年2月成立第一家保险专业代理公司，2009年8月才有第一家保险经纪公司，2012年10月成立第一家保险公估公司；*fdi* 同样也是因为西藏部分年份实际利用外资额缺失。

6.3 保险专业中介机构集聚对财产保险影响的空间实证分析

6.3.1 空间相关性检验

在使用空间计量模型时，首先要确定模型的变量是否存在空间相关性，若不存在空间相关性，则采用一般的计量方法回归即可；若存在空间相关性，则因为变量在空间上的相互依赖性会导致一般计量方法的回归结果存在误差。因此，本书采用常用的莫兰指数 *I*(*Moran's I*) 进行空间性检验。

（1）莫兰指数 *I*

在空间权重矩阵为标准化情况下，*Moran's I* 的计算公式为：

$$I = \frac{\sum_{i=1}^{n}\sum_{j=1}^{n} w_{ij}(x_i - \bar{x})(x_j - \bar{x})}{\sum_{i=1}^{n}(x_i - \bar{x})^2} \tag{6-12}$$

其中，w_{ij}则为标准化的空间权重矩阵，本书中主要采用邻接矩阵（W_1）、反距离矩阵（W_2）、经济距离矩阵（W_3）三种。莫兰指数的取值区间为（-1，1），当莫兰指数取值大于0时，说明变量存在正向的空间相关性；若莫兰指数小于0，则存在负向的空间相关性；若趋向于0，则说明变量的空间分布是随机的，不存在空间相关性。

（2）空间性检验

随着我国区域间统筹发展进程的加快，我国各省份间的经济、金融、投资等相关经济活动的交流更加频繁，所以各省份保险业的发展也并不是孤立存在的，其发展除了受本省份相关因素的影响外，其他相关省份的因素也会对其产生一定的影响，即存在空间相关性。进而本书采用邻接权重矩阵（W_1）、反距离权重矩阵（W_2）和经济距离权重矩阵（W_3）对我国财产保险保费收入的空间相关性进行了测算。

从我国财产险保费收入的空间相关性看（见表6－3），其 *Moran's I* 在 W_1，W_2，W_3 三种空间权重矩阵下的值均大于0，这说明我国各省份财产保险的发展存在正向的空间相关性。从不同权重矩阵的莫兰指数 *I* 大小和显著性看，经济距离权重矩阵下，财产保险在区域间的空间相关性最强，其莫兰指数 *I* 的变动区间为［0.276，0.336］，且均在1%水平下显著（除2005年外）；其次是邻接权重矩阵下的莫兰指数 *I*，其变动区间为［0.082，0.276］，其在多数年份中位于1%水平下显著；反距离权重矩阵下，财产保险的莫兰指数 *I* 值相对较小，其变动区间为［0.096，0.151］，且显著。这说明，经济距离越近，省份之间的经济发展现状，或者产业结构等越相似，具备同类产业所需要的相似发展资源和环境，因此相同产业的空间正相关性也较高；同样的，相邻省份间存在空间的距离优势，人力、资本、技术等在产业间的溢出效应也会更明显，但地理距离邻近的地区也会因优质发展资源和环境存在竞争性。

表6－3　2005～2016年财产保险保费收入的空间相关性检验

年份	W_1 权重下		W_2 权重下		W_3 权重下	
	Moran's I	*p* 值	*Moran's I*	*p* 值	*Moran's I*	*p* 值
2005	0.082	0.060	0.011	0.171	0.056	0.123
2006	0.193	0.024	0.115	0.018	0.295	0.003
2007	0.258	0.006	0.135	0.009	0.335	0.001
2008	0.246	0.008	0.139	0.008	0.328	0.001
2009	0.240	0.009	0.138	0.009	0.318	0.002
2010	0.264	0.005	0.150	0.006	0.325	0.002
2011	0.276	0.004	0.151	0.005	0.336	0.001

续表

年份	W_1 权重下		W_2 权重下		W_3 权重下	
	Moran's I	p 值	Moran's I	p 值	Moran's I	p 值
2012	0.272	0.004	0.147	0.006	0.326	0.001
2013	0.228	0.011	0.096	0.033	0.322	0.001
2014	0.256	0.006	0.123	0.014	0.293	0.003
2015	0.253	0.007	0.121	0.016	0.283	0.004
2016	0.258	0.006	0.122	0.015	0.276	0.005

资料来源：由 Stata13 计算而得.

(3) 回归模型的选择与检验

表6-4为 *OLS*、*GMM* 与空间回归方法中各类保险专业中介机构集聚对财产保险保费规模影响总效应的回归系数。

通过表6-4中，模型（1）与模型（3）、模型（4）的回归结果显示，变量 *agentle* 与 *brokerle* 在 *SAR* 模型与 *SDM* 模型中的回归系数均高于 *OLS* 的回归结果。这说明若不考虑变量的空间相关性，则会引起保险专业中介机构集聚对财产保险影响效应的低估。

表6-4　*OLS*、*GMM*、*SAR*、*SDM* 模型的回归结果比较

集聚变量		(1)	(2)	(3)	(4)
		OLS	*GMM*	*SAR*	*SDM*
agentle	—	0.079** (2.07)	0.040*** (0.13)	—	—
	W_1 权重	—	—	0.077* (1.73)	0.298* (1.91)
	W_2 权重	—	—	0.111** (2.04)	0.317 (1.57)
	W_3 权重	—	—	0.125** (2.16)	0.221 (1.16)

续表

集聚变量		(1)	(2)	(3)	(4)
		OLS	*GMM*	*SAR*	*SDM*
brokerle		0.111*** (5.18)	0.143** (0.06)	—	—
	W_1 权重	—	—	0.272*** (6.22)	0.271** (2.35)
	W_2 权重	—	—	0.284*** (5.12)	0.373*** (2.91)
	W_3 权重	—	—	0.276*** (5.98)	0.507*** (4.73)
assessorle		0.035 (0.88)	0.012 (0.01)		
	W_1 权重	—	—	0.007 (0.14)	0.035 (0.20)
	W_2 权重	—	—	0.035 (0.58)	-0.010 (-0.05)
	W_3 权重	—	—	0.040 (0.62)	-0.082 (-0.35)

注：①括号中的值为标准差；②*表示10%水平下的显著性，**表示5%水平下的显著性，***表示1%水平下的显著性.

但是在空间计量模型中，无法检验模型的内生性问题。因此在运用空间计量方法前，本书首先对样本数据进行了差分 *GMM* 估计［见表6-4中模型（2）］。差分 *GMM* 的回归结果显示，变量 *agentle*，*brokerle*，*assessorle* 对被解释变量的影响方向一致，且均显著。同时，各变量的差分 *GMM* 估计均在10%显著水平下通过了“扰动项不相关”及“所有工具变量”扰动项不相关的检验。

鉴于此，下面本书将分别估计经济距离权重矩阵、反距离权重矩阵和邻接权重矩阵下各类保险专业中介机构（保险专业代理机构、保险经纪机构、保险公估机构）集聚对财产保险市场影响的直接效应、间接效应和总效应。

6.3.2　保险专业代理机构集聚对财产保险影响效应的实证结果

（1）经济距离权重下的回归结果

①各类空间模型的回归结果。从表6-5可以看出，在 W_3 权重矩阵下，*SAR*、*SEM*、*SDM* 三种空间计量模型的空间系数分别为0.392、0.422、0.391，且均在1%水平下显著为正。这说明财产保险的发展不仅受本省份相关变量的影响，其他省份的因素变动也会对其存在溢出影响。*Main* 和 *Wx* 分别表示各个模型中变量的水平项和空间交互项对财产保险保费收入影响效应的正负方向，但是其系数并不代表各个变量对财产保险保费影响的直接效应和空间效应的大小，其影响效应的大小需要经过另外的计算。

表6-5　W_3 权重下保险专业代理机构集聚对财险规模影响的回归结果

变量		(1)	(2)	(3)
		SAR	*SEM*	*SDM*
空间系数		0.392*** (5.80)	0.422*** (6.12)	0.391*** (5.80)
Main	*agentle*	0.076* (1.86)	0.063* (1.67)	0.081* (1.91)
	ln*pergdp*	-0.702*** (-2.73)	-0.480* (-1.78)	-0.604* (-1.73)
	finanadd	-5.434** (-1.96)	-4.554* (-1.69)	-3.209 (-1.14)
	ln*consumption*	1.794*** (5.26)	2.036*** (5.83)	1.365*** (2.95)
	urbrate	-1.701* (-1.72)	-2.983*** (-3.33)	-1.077 (-0.85)
	ln*inslab*	0.372*** (4.68)	0.446*** (6.71)	0.445*** (5.88)

续表

变量		(1)	(2)	(3)
		SAR	SEM	SDM
Main	_cons	-8.105*** (-6.29)	-12.230*** (-9.82)	-5.216*** (-2.85)
Wx	agentle	—	—	0.057 (0.64)
	lninslab	—	—	-0.533*** (-3.31)
N		372	372	372
r^2		0.773	0.791	0.792

注：①括号中的值为标准差；②*表示10%水平下的显著性，**表示5%水平下的显著性，***表示1%水平下的显著性；③—表示计量结果不包含这一项；④表格中并没有列出全部控制变量的回归结果，只列出了回归结果显著的变量.

②直接效应、间接效应和总效应。表6-6中对保险专业代理机构集聚对财产保险保费影响的直接效应、间接效应和总效应进行了计算。因为SEM模型的空间效应是通过模型误差项来表现的，无法具体测算模型中各变量具体效应的大小，所以，在表6-6中的回归结果并没有对SEM模型的测算，仅包括SAR和SDM两个空间模型的变量回归结果。

表6-6　W_3权重下保险专业代理机构集聚对财险规模影响的分解效应

变量	直接效应		间接效应		总效应	
	SAR	SDM	SAR	SDM	SAR	SDM
agentle	0.078** (2.18)	0.090** (2.14)	0.047* (1.95)	0.132 (0.81)	0.125** (2.16)	0.221 (1.16)
lnpergdp	-0.736*** (-2.84)	-0.643** (-2.04)	-0.438** (-2.23)	-0.524 (-0.64)	-1.174*** (-2.71)	-1.167 (-1.45)
finanadd	-5.139* (-1.92)	-3.076 (-1.15)	-2.991* (-1.72)	-5.678 (-0.71)	-8.130* (-1.90)	-8.754 (-0.97)

续表

变量	直接效应		间接效应		总效应	
	SAR	*SDM*	*SAR*	*SDM*	*SAR*	*SDM*
ln*consumption*	1. 924 *** (5. 53)	1. 606 *** (3. 57)	1. 131 *** (3. 53)	2. 422 ** (2. 48)	3. 055 *** (5. 44)	4. 027 *** (4. 11)
ln*inslab*	0. 382 *** (4. 75)	0. 398 *** (5. 60)	0. 226 *** (3. 03)	−0. 557 ** (−2. 36)	0. 607 *** (4. 37)	−0. 160 (−0. 63)

注：①括号中的值为标准差；②＊表示 10% 水平下的显著性，＊＊表示 5% 水平下的显著性，＊＊＊表示 1% 水平下的显著性；③表格中并没有列出全部控制变量的回归结果，只列出了回归结果显著的变量.

从 *SAR* 模型的回归结果看，*agentle* 的回归系数在直接效应和间接效应中分别为 0. 078 和 0. 047，且均显著。这说明因为空间效应的存在，保险专业代理机构集聚不仅对财险保费的增长存在显著的直接促进作用，同时也产生间接的促进作用。其中保险专业代理机构集聚对财产保险的影响中总效应的 62. 4% 来自于直接效应；而 37. 6% 来自于其间接效应。从 *SDM* 模型看，虽然变量 *agentle* 的回归结果在直接效应和间接效应中也均为正，且系数值大于 *SAR* 模型中相对应的回归结果，但是其间接效应的系数在样本中并不显著。这说明，虽然本省份保险专业代理机构的集聚对其财产保险的保费增长存在正向的促进作用，但是其与空间交互项的结果对本省份财产保险的影响结果并不显著。

从控制变量的回归结果看，ln*pergdp*，*finanadd* 对财产保险保费收入影响的回归结果看，不管是直接效应还是间接效应，都对保费收入产生负向的影响。这说明，虽然现阶段我国保险业发展速度较快，但是其总量相对于我国经济总量和金融业来说规模还是较小，保险深度还有待提高。ln*consumption* 对财产保险保费的回归结果显著为正，且回归系数较大。这说明居民的消费水平对我国财险保险存在显著的正向促进作用，且空间交互项对财产保险保费的影响同样显著为正。同样的，ln*inslab* 对财产保险保费收入也存在正向的促进作用，与理论部分的分析一致。

（2）反距离权重矩阵下的回归结果

①各空间模型的回归结果。在反距离权重矩阵下，*SAR*、*SEM*、*SDM* 模型的空间相关性系数也均为正，分别为 0. 338、0. 313、0. 275，且均在 1% 的水平下显著。变量 *agentle*，export，ln*pergdp*，*finanadd*， ln*consumption*，*urbrate* 和 ln*inslab* 的水平项对财产保险保费存在显著的影响。同时，ln*pergdp*，*urbrate*，ln*inswage*，*humancaptial* 这些变量的空间交互项也对财产保险的保费收入影响显著（见表6－7）。

表6－7　W_2 权重下保险专业代理机构集聚对财险规模影响的回归结果

变量		(1)	(2)	(3)
		SAR	*SEM*	*SDM*
空间系数		0.338*** (3.99)	0.313*** (3.11)	0.275*** (2.86)
Main	*agentle*	0.073* (1.76)	0.051 (1.28)	0.085* (1.75)
	export	0.008** (2.34)	0.005 (1.52)	0.012*** (3.18)
	ln*pergdp*	−0.620** (−2.52)	−0.501* (−1.89)	−0.532* (−1.82)
	finanadd	−5.508** (−2.02)	−5.006* (−1.79)	−4.106 (−1.47)
	ln*consumption*	1.838*** (5.28)	2.184*** (6.28)	1.444*** (3.20)
	urbrate	−2.768*** (−3.05)	−3.453*** (−3.77)	−2.389** (−1.97)
	ln*inslab*	0.420*** (6.10)	0.433*** (6.42)	0.432*** (6.47)
	_cons	−9.163*** (−7.00)	−12.040*** (−10.14)	−10.540*** (−4.12)
Wx	*agentle*	—	—	0.143 (1.30)
	ln*pergdp*	—	—	−1.292** (−2.09)
	urbrate	—	—	5.951** (2.36)

续表

变量		(1)	(2)	(3)
		SAR	SEM	SDM
Wx	ln*inswage*	—	—	1.192** (2.20)
	humancapital	—	—	-6.186* (-1.75)
N		372	372	372
r^2		0.794	0.791	0.808

注：①括号中的值为标准差；②＊表示 10% 水平下的显著性，＊＊表示 5% 水平下的显著性，＊＊＊表示 1% 水平下的显著性.

②直接效应、间接效应和总效应。表 6-8 中为反距离权重矩阵下，相关显著性变量的直接效应、间接效应和总效应。

表 6-8　W_2 权重矩阵下保险专业代理机构集聚对财险规模影响的分解效应

变量	直接效应		间接效应		总效应	
	SAR	SDM	SAR	SDM	SAR	SDM
agentle	0.073** (2.06)	0.090** (2.07)	0.038* (1.70)	0.227 (1.30)	0.111** (2.04)	0.317 (1.57)
export	0.008** (2.17)	0.012*** (2.89)	0.004 (1.39)	-0.020 (-1.54)	0.012* (1.89)	-0.008 (-0.63)
ln*pergdp*	-0.631*** (-2.63)	-0.590** (-2.15)	-0.326* (-1.86)	-2.050** (-2.26)	-0.957** (-2.51)	-2.640*** (-3.04)
finanadd	-5.092** (-2.01)	-3.835 (-1.52)	-2.562 (-1.58)	-10.070 (-1.09)	-7.654** (-1.96)	-13.910 (-1.47)
ln*consumption*	1.916*** (5.49)	1.538*** (3.46)	0.973*** (2.74)	1.346 (1.24)	2.888*** (5.44)	2.884*** (2.82)
urbrate	-2.924*** (-2.75)	-2.362* (-1.78)	-1.499* (-1.84)	7.731** (2.37)	-4.423*** (-2.60)	5.369 (1.49)
ln*inslab*	0.419*** (6.21)	0.427*** (6.90)	0.219** (2.36)	-0.002 (-0.01)	0.638*** (4.68)	0.425 (1.62)

注：①括号中的值为标准差；②＊表示 10% 水平下的显著性，＊＊表示 5% 水平下的显著性，＊＊＊表示 1% 水平下的显著性.

反距离权重矩阵下，*agentle* 在 *SAR* 模型中对财产保险保费规模存在正向的直接效应和间接效应，其回归系数大小分别为 0.073、0.038，且结果分别在 5% 和 10% 的水平下显著。这说明，我国保险专业代理机构集聚对财产保险保费规模存在正的总促进效应，其回归系数为 0.111，且在 5% 水平下显著。其中总效应的 65.77% 来自于直接效应；而 34.23% 来自于间接效应。同样的，在 *SDM* 模型中保险专业代理机构集聚指标空间交互项的回归结果虽然为正，但是现阶段并不显著。在 W_2 权重下的回归结果与经济距离权重矩阵下的回归结果类似。

在反距离权重矩阵下，*urbrate* 对财产保险保费规模影响的直接效应和间接效应皆显著为负，这说明随着我国城镇化进程的推进，其对财险市场需求的潜在需求并没有显著地提高，这也进一步证明除车险外，我国其他类别的财产保险产品普及率有待提高；而 ln*pergdp*，*finanadd*，ln*consumption*，ln*inslab* 这些控制变量对财产保险保费规模影响的直接效应和间接效应基本与经济距离权重矩阵下一致，只是回归系数的大小存在些许差别，所以在此并不再赘述。

（3）邻接权重矩阵下的回归结果

①各空间模型的回归结果。表 6－9 为邻接权重矩阵下，不同空间计量模型的空间系数及各相关显著性变量的水平项及空间交互项对财产保险保费规模影响的相关性。

表 6－9　W_1 权重下保险专业代理机构集聚对财险规模影响的回归结果

变量		（1）	（2）	（3）
		SAR	*SEM*	*SDM*
空间系数		0.210*** （3.13）	0.250*** （2.96）	0.268*** （3.85）
Main	*agentle*	0.062 （1.45）	0.054 （1.32）	0.074* （1.78）
	export	0.003 （0.87）	0.005 （1.54）	0.011*** （3.00）
	ln*pergdp*	－0.657** （－2.39）	－0.502* （－1.91）	－0.430 （－1.54）

续表

变量		(1)	(2)	(3)
		SAR	*SEM*	*SDM*
Main	*finanadd*	-5.983** (-2.03)	-5.069* (-1.82)	-4.103 (-1.47)
	ln*consumption*	2.031*** (5.63)	2.140*** (6.16)	1.557*** (4.16)
	urbrate	-1.880* (-1.77)	-3.609*** (-3.91)	-3.280*** (-3.08)
	ln*inslab*	0.307*** (3.60)	0.438*** (6.46)	0.483*** (6.82)
	_*cons*	-9.568*** (-6.55)	-11.85*** (-10.25)	-7.080*** (-4.59)
Wx	*agentle*	—	—	0.148 (1.59)
	expor*t*	—	—	-0.012* (-1.82)
	urbrate	—	—	4.740*** (2.61)
	ln*inslab*	—	—	-0.314*** (-3.14)
	humancapital	—	—	-5.003* (-1.77)
N		372	372	372
r^2		0.758	0.792	0.811

注：①括号中的值为标准差；②*表示10%水平下的显著性，**表示5%水平下的显著性，***表示1%水平下的显著性.

SAR、*SEM*、*SDM* 模型在邻接权重矩阵下的空间系数分别为0.210、0.250和0.268，且均在1%的水平下显著。其中在 *SDM* 模型中 *agentle*，expor*t*，ln*consumption*，*urbrate*，ln*inslab* 的水平项均对财产保险保费收入

规模存在显著影响。同时，export，*urbrate*，ln*inslab* 及 *humancapital* 这些变量的空间交互项也对其影响显著。

②直接效应、间接效应与总效应。表 6－10 为邻接权重矩阵下相关变量对财产保险保费规模影响的直接效应、间接效应和总效应。

表 6－10　W_1 权重下保险专业代理机构集聚对财险规模影响的分解效应

变量	直接效应		间接效应		总效应	
	SAR	*SDM*	*SAR*	*SDM*	*SAR*	*SDM*
agentle	0.062 * (1.69)	0.085 ** (2.26)	0.016 (1.52)	0.213 (1.56)	0.077 * (1.73)	0.298 * (1.91)
ln*pergdp*	−0.665 ** (−2.50)	−0.483 * (−1.87)	−0.167 * (−1.83)	−1.024 * (−1.75)	−0.832 ** (−2.48)	−1.507 *** (−2.61)
finanadd	−5.493 ** (−2.00)	−3.515 (−1.34)	−1.329 * (−1.67)	0.813 (0.13)	−6.822 ** (−2.02)	−2.702 (−0.37)
ln*consumption*	2.101 *** (5.85)	1.677 *** (4.62)	0.523 *** (2.69)	1.372 * (1.80)	2.624 *** (6.12)	3.049 *** (3.82)
urbrate	−2.028 * (−1.65)	−3.172 *** (−2.62)	−0.471 (−1.42)	5.152 ** (2.49)	−2.499 * (−1.67)	1.980 (0.81)
ln*inslab*	0.304 *** (3.58)	0.464 *** (7.00)	0.074 *** (2.59)	−0.244 ** (−2.03)	0.377 *** (3.84)	0.220 (1.59)

注：①括号中的值为标准差；②＊表示 10% 水平下的显著性，＊＊表示 5% 水平下的显著性，＊＊＊表示 1% 水平下的显著性．

在 *SAR* 模型中，保险专业代理机构集聚（*agentle*）对财产保险保费规模影响的直接效应和总效应均为正，其回归系数分别为 0.062、0.077；同样的，在 *SDM* 模型中直接效应和总效应的回归系数也为正，其系数分别为0.085、0.298；但是，在两个模型中保险专业代理机构集聚对财产保险保费规模的间接效应虽然为正，但却不显著。

从相关显著的控制变量结果看，其与经济距离权重矩阵和反距离权重矩阵下的回归结果相似，其中人均 GDP（ln*pergdp*）、金融业的占比（*finanadd*）、城镇化率（*urbrate*）对财产保险保费规模影响的直接效应和间接效应均为负；而居民消费水平（ln*consumption*）、保险业的就业人数（ln*inslab*）对其影响的直接效应和间接效应均显著为正。

（4）小结

综合以上的回归结果可以得出，无论是在经济距离权重矩阵、反距离权重矩阵还是邻接权重矩阵下，*SAR* 模型、*SEM* 模型与 *SDM* 模型中的空间系数均显著为正。这说明我国财产保险的保费规模变动存在空间相关性，其不仅受本省份相关变量的影响，其他省份的变量同样对其变动存在空间上的影响。从其空间效应系数的大小看，经济距离权重矩阵下的系数大于反距离权重矩阵和邻接矩阵，这说明经济规模、结构等方面相似的省份和地区财产保险市场发展的空间效应更加显著。

同时，从保险专业代理机构集聚对财产保险保费规模的影响效应看，其在经济距离权重矩阵和反距离权重矩阵下的直接效应和间接效应均显著为正，且经济距离权重矩阵下的直接效应、间接效应和总效应均大于反距离权重矩阵下的回归结果。这也说明保险专业代理机构集聚对财产保险影响的空间效应并不仅仅是因为省份间地区位置邻近而由相关要素流动带动的溢出效应，更多是由相似的经济产业结构等因素引起的产业发展模式的溢出效应。

6.3.3 保险经纪机构集聚对财产保险影响效应的实证结果

保险经纪机构在个性化定制保险条款、潜在风险较高，或技术含量相对较高的家庭财产险、责任险、工程险等保险业务的购买和服务中发挥着重要作用，保险经纪机构的集聚发展也会对财险市场的发展产生相应的促进作用。基于此，本书在经济距离权重矩阵、反距离权重矩阵及邻接权重矩阵下，分别分析了保险经纪机构集聚对财产保险保费规模影响的直接效应、间接效应和总效应。

（1）经济距离权重矩阵下的计量结果分析

①各空间模型的回归结果。表6－11为经济距离权重矩阵下，保险经纪机构集聚对财产保险保费规模影响的空间相关性。

SAR 模型、*SEM* 模型与 *SDM* 模型中的空间相关系数分别为0.379、0.361、0.292，且均在1%水平下显著，这说明我国财产保险保费规模的变动具有明显的空间相关性。从每个模型中具体变量水平项及其空间交互项的回归结果看，保险经纪机构集聚（*brokerle*）的水平项及其空间相互项都对财产保险保费规模存在显著的正向相关性。

表 6-11 W_3 权重下保险经纪机构集聚对财险规模影响的回归结果

变量		(1)	(2)	(3)
		SAR	*SEM*	*SDM*
空间系数		0.379*** (5.92)	0.361*** (4.84)	0.292*** (4.14)
Main	*brokerle*	0.170*** (6.42)	0.136*** (5.15)	0.206*** (7.33)
	ln*pergdp*	-0.639*** (-2.59)	-0.394 (-1.49)	-0.635* (-1.91)
	finanadd	-6.911** (-2.57)	-5.838** (-2.16)	-6.670** (-2.40)
	ln*consumption*	2.059*** (6.23)	2.270*** (6.62)	1.624*** (3.65)
	urbrate	-2.593*** (-2.79)	-3.626*** (-4.13)	-2.260* (-1.90)
	ln*inslab*	0.399*** (5.49)	0.451*** (7.08)	0.487*** (6.66)
	humancapital	-3.832** (-2.57)	-3.835** (-2.50)	-4.425*** (-2.93)
	_cons	-10.660*** (-8.07)	-14.350*** (-11.51)	-11.290*** (-5.37)
Wx	*brokerle*	—	—	0.153*** (2.59)
	fdi	—	—	-0.101* (-1.77)
	ln*consumption*	—	—	1.910*** (2.73)
N		372	372	372
r^2		0.792	0.803	0.816

注：①括号中的值为标准差；②*表示10%水平下的显著性，**表示5%水平下的显著性，***表示1%水平下的显著性.

从其他控制变量看，人均 GDP（ln*pergdp*）、金融业增加值占比（*finanadd*）、居民消费水平（ln*consumption*）、城镇化率（*urbrate*）、保险业的就业人数（ln*inslab*）、高素质人力资源占比（*humancapital*）的水平项都对被解释变量存在显著的影响，而外商直接投资（*fdi*）、居民消费水平（ln*consumption*）的空间交互项对财产保险保费规模的影响也显著。

②直接效应、间接效应与总效应测算。在以上回归结果的基础上，本书又进一步对经济距离权重下相关变量对财产保险保费规模影响的直接效应、间接效应和总效应进行了具体分解测算（见表6-12）。

表6-12 W_3 权重矩阵下保险经纪机构集聚对财险规模影响的分解效应

变量	直接效应		间接效应		总效应	
	SAR	*SDM*	*SAR*	*SDM*	*SAR*	*SDM*
brokerle	0.177*** (7.52)	0.223*** (8.78)	0.099*** (3.41)	0.285*** (3.06)	0.276*** (5.98)	0.508*** (4.73)
ln*pergdp*	-0.668*** (-2.70)	-0.679** (-2.24)	-0.377** (-2.12)	-0.750 (-1.07)	-1.045*** (-2.58)	-1.429** (-2.15)
finanadd	-6.685** (-2.58)	-6.921*** (-2.68)	-3.691** (-2.17)	-13.320* (-1.90)	-10.380** (-2.54)	-20.240*** (-2.59)
ln*consumption*	2.191*** (6.55)	1.871*** (4.31)	1.218*** (3.74)	3.194*** (3.70)	3.410*** (6.30)	5.066*** (5.82)
urbrate	-2.820** (-2.55)	-2.565* (-1.93)	-1.561** (-2.16)	-2.846 (-1.18)	-4.381** (-2.52)	-5.410* (-1.89)
ln*inslab*	0.409*** (5.34)	0.472*** (6.54)	0.230*** (3.11)	-0.135 (-0.68)	0.639*** (4.75)	0.337 (1.54)
ln*inswage*	-0.181 (-1.04)	-0.313* (-1.73)	-0.103 (-0.97)	-0.764* (-1.69)	-0.285 (-1.03)	-1.077** (-2.15)
humancapital	-4.039*** (-2.62)	-4.606*** (-3.14)	-2.304** (-2.02)	-1.303 (-0.36)	-6.343** (-2.45)	-5.910 (-1.53)

注：①括号中的值为标准差；②*表示10%水平下的显著性，**表示5%水平下的显著性，***表示1%水平下的显著性.

变量 *brokerle* 对财产保险保费规模影响的直接效应、间接效应和总效应在 *SAR* 模型与 *SDM* 模型中均在 1% 水平下显著。在 *SAR* 模型中，保险经纪机构集聚对财产保险保费规模影响的直接效应和间接效应回归系数分别为 0. 177 、0. 099，其中 64. 13% 的总效应来源于直接效应；而 35. 87% 来源于间接效应。在 *SDM* 模型中，虽然保险经纪机构集聚对财产保险保费规模影响的直接效应、间接效应和总效应与 *SAR* 模型中的显著性及作用方向是一致的，但是因为在 *SDM* 模型中加入了 *brokerle* 的空间交互项，且从表 6 – 11 中可以看出该项的回归结果在 1% 水平下显著。所以，*SDM* 模型中变量 *brokerle* 的直接效应、间接效应和总效应的回归系数分别大于 *SAR* 模型中的回归结果，且保险经纪机构集聚的间接效应表现得更加充分，占总效应的 56. 10% 。

从控制变量的回归结果看，其中 ln*inswage* 对财产保险保费规模的效应为负，这说明区域间同行业的工资差距会产生虹吸效应，某一省份保险业的高工资水平会对其他地区保险从业人员产生吸引力，从而对其他相关地区财险市场的发展产生负向效应；同样的，产业集聚也易引起人才的集聚，但在集聚的初期，作为稀缺资源，某一省份人才的集聚会因竞争效应而对其他省份产生负向影响，因此 *humancapital* 对财产保险保费规模的间接效应为负；而变量 ln*pergdp*，*finanadd*，ln*consumption*，*urbrate*，ln*inslab* 对财产保险保费规模的影响结果与保险代理模型中的回归结果相似，自此不再赘述。

（2）反距离权重矩阵下的计量结果分析

除去经济因素的影响，地理距离的远近也对变量的空间相关性存在影响。通常认为，地理距离相近的地区，其人员、技术的流动更为频繁，相关政策的溢出效应也会更加明显。因此，为验证相关结果的稳健性，本书进一步分析了反距离权重矩阵下保险经纪机构集聚对财产保险的影响效应。

①各空间模型的回归结果。表 6 – 13 为反距离权重矩阵下相关变量的空间相关性回归结果。

在 *SAR*、*SEM*、*SDM* 三种空间计量模型中，其空间交互项系数分别在 1% 、1% 和 5% 的水平下显著为正，其回归系数分别为 0. 366、0. 313、0. 230。这说明在反距离权重矩阵下，财产保险保费规模的变动具有显著的空间相关性。

表6-13 W_2 权重下保险经纪机构集聚对财险规模影响的回归结果

变量		(1) SAR	(2) SEM	(3) SDM
空间相关系数		0.366*** (4.42)	0.313*** (3.11)	0.230** (2.38)
Main	brokerle	0.176*** (6.27)	0.168*** (5.93)	0.198*** (7.29)
	export	0.005 (1.55)	0.003 (0.87)	0.012*** (3.17)
	lnpergdp	-0.578** (-2.33)	-0.390 (-1.44)	-0.543* (-1.85)
	finanadd	-7.263*** (-2.66)	-6.552** (-2.34)	-7.093*** (-2.59)
	lnconsumption	2.162*** (6.40)	2.454*** (7.14)	1.563*** (3.58)
	urbrate	-3.216*** (-3.47)	-3.952*** (-4.29)	-2.130* (-1.88)
	lninslab	0.396*** (5.68)	0.415*** (6.10)	0.433*** (6.74)
	lninswage	-0.206 (-1.22)	-0.167 (-0.98)	-0.359** (-2.08)
	humancapital	-3.609** (-2.35)	-4.112*** (-2.59)	-3.254** (-2.09)
	_cons	-11.190*** (-8.15)	-14.340*** (-11.45)	-12.740*** (-4.56)
Wx	brokeerle	—	—	0.086 (1.11)
	lnpergdp	—	—	-1.919*** (-3.09)
	finanadd	—	—	-11.960* (-1.68)

续表

变量		(1)	(2)	(3)
		SAR	*SEM*	*SDM*
Wx	ln*consumption*	—	—	1.860 * (1.96)
	urbrate	—	—	4.923 ** (2.07)
	ln*inswage*	—	—	0.972 * (1.82)
N		372	372	372
r^2		0.802	0.796	0.820

注：①括号中的值为标准差；②∗表示10%水平下的显著性，∗∗表示5%水平下的显著性，∗∗∗表示1%水平下的显著性.

从相关变量的回归相关性看，保险经纪机构集聚（*brokerle*）的水平项对被解释变量的影响在三种空间模型中均为正，且在1%水平下显著，但是其空间交互项的影响并不显著；控制变量中，export，ln*pergdp*，*finanadd*，ln*consumption*，*urbrate*，ln*inslab*，ln*inswage*，*humancapital* 的水平项对被解释变量的影响效应显著，其中 ln*pergdp*，*finanadd*，ln*consumption*，*urbrate*，ln*inswage* 的空间交互项也显著。

②直接效应、间接效应与总效应测算。针对 W_2 权重矩阵下相关显著性变量的影响效应，本书进一步测算其对财产保险保费规模影响的直接效应、间接效应和总效应（见表6－14）。

表6－14　W_2 权重矩阵下保险经纪机构集聚对财险规模影响的分解效应

变量	直接效应		间接效应		总效应	
	SAR	*SDM*	*SAR*	*SDM*	*SAR*	*SDM*
brokerle	0.179 *** (7.36)	0.202 *** (8.52)	0.105 *** (2.58)	0.171 (1.43)	0.284 *** (5.12)	0.373 *** (2.91)
ln*pergdp*	−0.590 ** (−2.43)	−0.606 ** (−2.20)	−0.343 * (−1.77)	−2.706 *** (−3.14)	−0.933 ** (−2.30)	−3.312 *** (−3.98)

续表

变量	直接效应		间接效应		总效应	
	SAR	*SDM*	*SAR*	*SDM*	*SAR*	*SDM*
finanadd	-6.895*** (-2.69)	-6.977*** (-2.81)	-3.922* (-1.93)	-18.620** (-1.99)	-10.820*** (-2.58)	-25.590*** (-2.65)
ln*consumption*	2.249*** (6.68)	1.683*** (3.89)	1.286*** (2.85)	2.916** (2.39)	3.535*** (5.97)	4.599*** (3.76)
urbrate	-3.403*** (-3.14)	-2.159* (-1.73)	-1.964** (-2.01)	6.180** (2.12)	-5.368*** (-2.90)	4.021 (1.22)
ln*inslab*	0.398*** (5.60)	0.428*** (6.81)	0.232** (2.42)	0.010 (0.04)	0.630*** (4.40)	0.438* (1.84)
humancapital	-3.725** (-2.40)	-3.457** (-2.33)	-2.204* (-1.69)	-6.317 (-1.35)	-5.930** (-2.19)	-9.774** (-2.10)

注：①括号中的值为标准差；②*表示10%水平下的显著性，**表示5%水平下的显著性，***表示1%水平下的显著性.

反距离权重矩阵下，变量 *brokerle* 对财产保险保费规模的直接效应为正，*SAR* 模型与 *SDM* 模型的回归系数分别为0.179、0.202，且均在1%水平下显著，这说明某一省份保险经纪机构的集聚程度越高，越能促进本省份财产保险业务规模的扩大；从间接效应看，保险经纪机构集聚对财产保险保费规模的间接效应也同样为正，两个模型中的回归系数分别为0.105、0.171，且 *SAR* 模型中回归系数在1%水平下显著，这说明财产保险保费规模除受本省份保险经纪机构集聚的影响外，其他相关省份保险经纪机构的集聚程度也会对其产生正向的影响。从总效应看，*SAR* 模型中保险经纪集聚总效应的63.03%来自其直接效应；而间接效应占其总效应的36.97%。

（3）邻接权重矩阵下的计量结果分析

因其算法简单，邻接权重矩阵是最早被使用的空间权重之一，也是对相关省份间地理距离远近程度的一种反映。下面本书将采用邻接权重矩阵（W_1）对保险经纪机构集聚的空间效应进行实证分析。

①各空间模型的回归结果。表6-15为邻接权重矩阵（W_1）下，相关变量的空间相关性回归结果。

表 6-15 W_1 权重下保险经纪机构集聚对财险规模影响的回归结果

变量		(1)	(2)	(3)
		SAR	*SEM*	*SDM*
空间相关系数		0.266*** (4.33)	0.285*** (3.53)	0.263*** (3.89)
Main	*brokerle*	0.199*** (6.80)	0.178*** (6.11)	0.201*** (7.21)
	export	0.001 (0.32)	0.003 (0.87)	0.011*** (2.72)
	fdi	0.012 (0.46)	0.044* (1.76)	0.015 (0.60)
	ln*pergdp*	-0.545** (-1.98)	-0.348 (-1.28)	-0.348 (-1.27)
	finanadd	-6.133** (-2.01)	-6.311** (-2.25)	-7.676*** (-2.85)
	ln*consumption*	2.121*** (5.65)	2.404*** (7.00)	1.828*** (4.93)
	urbrate	-2.477** (-2.37)	-4.255*** (-4.49)	-3.447*** (-3.39)
	ln*inslab*	0.283*** (3.42)	0.413*** (5.83)	0.467*** (6.41)
	humancapital	-3.942** (-2.54)	-3.807** (-2.39)	-3.728** (-2.38)
	_cons	-11.030*** (-7.27)	-14.230*** (-11.38)	-9.211*** (-5.77)
Wx	*brokerle*	—	—	-0.002 (-0.02)
	fdi	—	—	-0.158*** (-2.67)
	ln*pergdp*	—	—	-1.030** (-2.28)

续表

变量		(1)	(2)	(3)
		SAR	*SEM*	*SDM*
Wx	*urbrate*	—	—	4.402 ** (2.43)
	ln*inslab*	—	—	-0.220 ** (-2.15)
N		372	372	372
r^2		0.736	0.792	0.815

注：①括号中的值为标准差；② * 表示10%水平下的显著性， ** 表示5%水平下的显著性， *** 表示1%水平下的显著性.

表6-15中三种空间计量模型的空间相关回归系数分别为0.266、0.285、0.263，且均在1%水平下显著，这说明在邻接权重矩阵下不同省份的被解释变量间存在明显的空间相关性。

从具体变量看，保险经纪机构集聚的水平项在三种空间回归模型中均对被解释变量存在显著的正向影响，而其空间交互项对被解释变量的影响却不显著；控制变量中，金融业的增加值占比、居民消费水平、城镇化率、保险业的就业人数、高素质人力资源占比的水平项也均在各个空间回归模型中对被解释变量存在显著影响，而其中城镇化率与保险业的就业人数两个指标空间交互项的影响结果在*SDM*模型中显著。

②直接效应、间接效应与总效应测算。本书进一步对邻接权重矩阵下相关显著性变量的直接效应、间接效应和总效应进行了测算（见表6-16）。

表6-16　W_1权重下保险经纪机构集聚对财险规模影响的分解效应

变量	直接效应		间接效应		总效应	
	SAR	*SDM*	*SAR*	*SDM*	*SRA*	*SDM*
brokerle	0.202 *** (7.92)	0.205 *** (8.07)	0.069 *** (2.85)	0.066 (0.65)	0.272 *** (6.22)	0.271 ** (2.35)
fdi	0.013 (0.47)	0.008 (0.26)	0.003 (0.35)	-0.175 *** (-2.63)	0.017 (0.44)	-0.168 ** (-2.04)

续表

变量	直接效应		间接效应		总效应	
	SAR	*SDM*	*SAR*	*SDM*	*SRA*	*SDM*
ln*pergdp*	-0.557** (-2.08)	-0.423* (-1.66)	-0.186* (-1.72)	-1.476** (-2.55)	-0.744** (-2.07)	-1.899*** (-3.25)
finanadd	-5.680* (-1.95)	-7.527*** (-2.99)	-1.815* (-1.78)	-7.262 (-1.08)	-7.495** (-1.99)	-14.790** (-1.97)
ln*consumption*	2.202*** (5.84)	1.970*** (5.41)	0.732*** (3.36)	1.845** (2.26)	2.933*** (6.31)	3.814*** (4.21)
urbrate	-2.644** (-2.17)	-3.358*** (-2.91)	-0.869* (-1.86)	4.671** (2.25)	-3.513** (-2.19)	1.313 (0.54)
ln*inslab*	0.281*** (3.28)	0.454*** (6.23)	0.093*** (2.66)	-0.131 (-1.08)	0.374*** (3.42)	0.322** (2.31)
humancapital	-4.057*** (-2.66)	-3.888** (-2.56)	-1.392** (-1.96)	-2.332 (-0.67)	-5.449** (-2.57)	-6.220* (-1.80)

注：①括号中的值为标准差；②*表示10%水平下的显著性，**表示5%水平下的显著性，***表示1%水平下的显著性.

从保险经纪机构集聚指标的影响效应看，在 W_1 权重矩阵下其对财产保险保费规模的影响效应与反距离权重矩阵下的回归结果相似，区别在于邻接权重矩阵下，保险经纪机构集聚的间接效应占比更少。在 *SAR* 模型中，*brokerle* 的直接效应和间接效应在总效应中的占比分别为 74.26%、25.74%，这说明保险经纪机构集聚对财产保险保费规模的空间效应更多的是一种模式的示范效应，而不仅仅是一种距离上的溢出。

（4）小结

鉴于财产保险市场发展的空间相关性，某一省份财产保险保费规模不仅受本省份保险经纪机构集聚的影响，其他相关省份保险经纪机构的集聚态势同样会对其存在空间上的间接影响。而相关的空间实证结果也对此进行了证明，在经济距离权重矩阵下的实证结果表明，保险经纪机构集聚不仅对财产保险保费规模存在正向的直接促进作用，而且其间接（空间）效应同样显著为正。

为验证上述结果的稳健性，本书又进一步采用反距离权重矩阵和邻接权重矩阵对相关变量的影响效应进行了检验，其保险经纪机构集聚对财产保险保费规模影响的直接效应和间接效应同样显著为正，但是其间接效应在总效应中的占比略小于经济距离权重矩阵下的回归结果。这说明保险经纪机构集聚对财产保险市场影响的空间溢出效应更多的是一种发展模式的示范效应，在经济结构相似或者接近省份间的溢出效应会更加显著，而不仅仅表现为距离邻近省份间的集聚扩散效应。

6.3.4　保险公估机构集聚对财产保险影响效应的实证结果

保险公估机构是重要的保险中介市场主体，在保险标的价值评估及损失勘验、估损、理算中起关键作用。保险公估人的存在减少了保险供给方与需求方的矛盾，降低了保险市场的交易成本，提高效率，对保险市场规模的扩大具有促进作用。下面本书将采用空间计量模型对保险公估机构集聚对财产保险影响的效应进行实证分析。

（1）各空间模型的回归结果

表6－17为保险公估机构集聚对财产保险影响的*SAR*模型、*SEM*模型、*SDM*模型在邻接权重矩阵（W_1）、反距离权重矩阵（W_2）与经济距离权重矩阵（W_3）下的模型空间相关性回归结果。

表6－17　不同权重下保险公估机构集聚对财险规模影响的回归结果

计量模型	W_1 权重矩阵	W_2 权重矩阵	W_3 权重矩阵
SAR 模型	0.219*** (3.23)	0.342*** (4.02)	0.435*** (6.32)
SEM 模型	0.266*** (3.22)	0.342*** (3.47)	0.435*** (6.32)
SDM 模型	0.270*** (3.86)	0.286*** (2.96)	0.383*** (5.65)

注：①括号中的值为标准差；②*表示10%水平下的显著性，**表示5%水平下的显著性，***表示1%水平下的显著性.

各个计量模型的空间相关系数均为正，且在1%水平下显著，这说明我国财险保费收入的规模不仅受本省份保险公估机构集聚态势的影响，其他相关省份保险公估机构集聚引起的相关因素也会对其产生正向的相关效应。同时，空间自回归模型、空间误差模型及空间杜宾模型的空间相关性系数均在经济距离权重下的回归结果较大。这说明相较于省份之间的地理距离，两者之间的经济距离对模型的空间效应影响更显著，经济水平差距越小，两者之间的空间溢出效应越明显。

（2）直接效应、间接效应和总效应分析

表6－18为在三种权重矩阵下，保险公估机构集聚对财产保险保费规模影响的直接效应、间接效应和总效应。

表6－18　不同权重下保险公估机构集聚对财险规模影响的分解效应

影响效应		W_1 权重矩阵	W_2 权重矩阵	W_3 权重矩阵
直接效应	*SAR* 模型	0.006 (0.14)	0.023 (0.58)	0.025 (0.61)
	SDM 模型	0.048 (1.17)	0.030 (0.77)	0.039 (0.88)
间接效应	*SAR* 模型	0.001 (0.12)	0.012 (0.57)	0.015 (0.62)
	SDM 模型	－0.013 (－0.08)	－0.040 (－0.20)	－0.120 (－0.58)
总效应	*SAR* 模型	0.007 (0.14)	0.035 (0.58)	0.040 (0.62)
	SDM 模型	0.035 (0.20)	－0.010 (－0.05)	－0.082 (－0.35)

注：①括号中的值为标准差；②＊表示10%水平下的显著性，＊＊表示5%水平下的显著性，＊＊＊表示1%水平下的显著性.

从各个模型的回归系数看，*assessorle* 对财产保险影响的效应系数均较小，且并不显著。这说明，现阶段我国保险公估机构集聚态势并没有对我国财产保险的发展起到显著的促进提升作用。其可能的原因是我国保险公估机构的数量和业务量均较少，其在保险市场中的占比非常小，以其现在的发展规模和经营能力还不足以对我国财险市场的发展产生明显的提升效应。

6.4　保险专业中介机构集聚对人身保险影响的空间实证分析

同样的，本书采用空间计量模型进一步分析了各类保险专业中介机构集聚对人身险保费收入规模的影响效应。

6.4.1　空间相关性检验

从人身险保费收入的空间相关性看（见表6－19），在不同距离权重下的空间莫兰指数 I 均大于0，即存在正向的空间相关性。邻接权重矩阵下，人身保险的莫兰指数 I 均高于地理距离权重矩阵和经济距离权重下的莫兰指数 I，且均在5%的水平下显著。相比于财产险业务，人身险业务更多的是面向于个人，相邻省份间的生活习惯、文化、人口结构等较为相近，因此人身保险在邻接权重矩阵下的空间相关性更大一些。

表6－19　　2005～2016年人身保险保费收入的空间相关性检验

年份	W_1 权重下		W_2 权重下		W_3 权重下	
	Moran's I	*P*	*Moran's I*	*P*	*Moran's I*	*P*
2005	0.251	0.006	0.150	0.004	0.207	0.020
2006	0.324	0.001	0.182	0.001	0.252	0.009
2007	0.295	0.002	0.167	0.003	0.223	0.017
2008	0.243	0.009	0.128	0.013	0.152	0.064
2009	0.243	0.009	0.131	0.012	0.128	0.093
2010	0.226	0.014	0.122	0.016	0.116	0.110
2011	0.226	0.014	0.106	0.027	0.107	0.125
2012	0.235	0.011	0.114	0.021	0.133	0.086
2013	0.183	0.029	0.066	0.080	0.162	0.050
2014	0.193	0.026	0.088	0.045	0.134	0.083
2015	0.198	0.023	0.093	0.039	0.128	0.090
2016	0.175	0.034	0.081	0.053	0.140	0.073

资料来源：由Stata 13计算而得．

从财产保险和人身保险莫兰指数 I 的大小和显著性方面看，在同一距离权重矩阵下，财产保险的空间相关性和显著性均高于人身保险。

下面本书将分别分析邻近距离权重矩阵、反距离权重矩阵及经济距离权重矩阵下各类保险专业中介机构集聚对人身保险保费规模影响的直接效应、间接效应和总效应。

6.4.2 保险专业代理机构集聚对人身保险影响效应的实证结果

（1）邻接距离权重矩阵下的实证结果分析

①各空间模型的回归结果。表 6－20 为邻接权重矩阵下，保险专业代理机构集聚对人身险保费规模影响效应中各模型的空间回归结果。

表 6－20　W_1 权重下保险专业代理机构集聚对人身险规模影响的回归结果

变量		(1)	(2)	(3)
		SAR	*SEM*	*SDM*
空间相关系数		0.475*** (13.22)	0.703*** (18.38)	0.483*** (10.03)
Main	*agentle*	0.022* (1.65)	0.017 (1.48)	0.022* (1.76)
	export	0.003* (1.82)	0.003* (1.90)	0.004** (2.41)
	fdi	-0.018** (-1.96)	-0.008 (-1.06)	-0.012 (-1.41)
	ln*pergdp*	0.221** (2.23)	0.501*** (5.07)	0.356*** (3.52)
	finanadd	3.077*** (2.88)	0.837 (0.88)	1.376 (1.38)
	ln*consumption*	0.252* (1.86)	0.607*** (4.96)	0.573*** (4.31)
	urbrate	-0.343 (-0.63)	-1.238** (-2.16)	-1.468** (-2.57)

续表

变量		(1)	(2)	(3)
		SAR	SEM	SDM
Main	lninslab	0.156*** (4.96)	0.022 (0.75)	0.096*** (3.21)
	lninswage	0.108* (1.82)	0.159*** (3.08)	0.128** (2.37)
	humancapital	−1.718*** (−3.18)	−0.378 (−0.75)	−1.491*** (−2.87)
	_cons	−4.433*** (−8.35)	−6.967*** (−11.40)	−5.841*** (−7.04)
Wx	agentle	—	—	0.051* (1.89)
	lnpergdp	—	—	−0.494*** (−2.74)
	finanadd	—	—	5.269*** (2.72)
	lninslab	—	—	0.329*** (5.76)
	humancapital	—	—	−3.405*** (−3.77)
	lifehhi	—	—	−0.400*** (−2.65)
N		372	372	372
r^2		0.556	0.363	0.547

注：①括号中的值为标准差；②*表示10%水平下的显著性，**表示5%水平下的显著性，***表示1%水平下的显著性.

SAR模型、SEM模型及SDM模型的空间相关系数分别为0.475、0.703、0.483，且均在1%水平下显著为正。这说明我国人身险保费收入规模的变动不仅受本省份保险专业代理机构集聚的影响，邻近省份保险专业代理机构集聚及相关因素的变动也会对其产生影响。同时，保险专业代理机构集聚指标（*agentle*）的水平项和空间交互项均在邻接权重矩阵下与人身保险保费规模存在正向相关关系。

②直接效应、间接效应和总效应。表 6－21 为邻接距离权重矩阵下，保险专业代理机构集聚对人身保险保费规模影响的直接效应、间接效应与总效应测算结果。

表 6－21　W_1 权重矩阵下保险专业代理机构集聚对人身险规模影响的分解效应

变量	直接效应		间接效应		总效应	
	SAR	*SDM*	*SAR*	*SDM*	*SAR*	*SDM*
agentle	0.023 * (1.92)	0.030 ** (2.37)	0.018 * (1.83)	0.106 * (1.88)	0.041 * (1.90)	0.136 ** (2.08)
export	0.003 * (1.70)	0.004 ** (2.47)	0.002 (1.51)	0.006 (1.14)	0.005 (1.63)	0.010 * (1.76)
fdi	−0.019 * (−1.80)	−0.010 (−1.01)	−0.015 * (−1.66)	0.017 (0.55)	−0.034 * (−1.75)	0.007 (0.18)
ln*pergdp*	0.234 ** (2.31)	0.308 *** (3.12)	0.177 ** (2.26)	−0.587 * (−1.88)	0.411 ** (2.32)	−0.278 (−0.80)
finanadd	3.495 *** (3.21)	2.359 ** (2.24)	2.695 *** (2.71)	9.829 *** (3.05)	6.190 *** (3.04)	12.190 *** (3.16)
ln*consumption*	0.285 * (1.96)	0.624 *** (4.29)	0.217 * (1.86)	0.466 (1.06)	0.502 * (1.94)	1.090 ** (2.10)
urbrate	−0.430 (−0.68)	−1.484 ** (−2.40)	−0.341 (−0.68)	0.227 (0.15)	−0.771 (−0.68)	−1.257 (−0.71)
ln*inslab*	0.163 *** (4.78)	0.145 *** (4.67)	0.125 *** (3.94)	0.650 *** (7.12)	0.289 *** (4.60)	0.795 *** (7.65)
ln*inswage*	0.104 * (1.73)	0.122 ** (2.26)	0.080 (1.63)	0.0315 (0.17)	0.185 * (1.70)	0.153 (0.73)
humancapital	−1.866 *** (−3.54)	−2.102 *** (−4.18)	−1.437 *** (−3.03)	−7.298 *** (−4.54)	−3.304 *** (−3.39)	−9.401 *** (−5.27)
lifehhi	−0.101 (−1.11)	−0.047 (−0.58)	−0.078 (−1.09)	−0.651 ** (−2.43)	−0.179 (−1.10)	−0.698 ** (−2.31)

注：①括号中的值为标准差；② * 表示 10% 水平下的显著性，** 表示 5% 水平下的显著性，*** 表示 1% 水平下的显著性.

在空间自相关模型与空间杜宾模型中，保险专业代理机构集聚对人身保险保费规模影响的直接效应、间接效应和总效应都显著为正，其中两个模型中的直接效应回归系数比较相近，分别为0.023与0.030；但是空间杜宾模型中加入了自变量的空间交互项，所以在间接效应中，*SDM*模型中的回归系数显著大于*SAR*模型中的回归结果，分别为0.018与0.106；从*SDM*模型的总效应看，直接效应的比重仅占22.06%，而其间接效应的比重达到77.94%。

从显著控制变量的回归结果看，人均GDP（ln*pergdp*）、金融业的增加值（*finanadd*）、人均消费水平（ln*consumption*）都对人身保险的保费规模产生正向的影响效应。这说明某一省份经济越发达、人民的生活水平越高，其对人身保险的需求就越大，且这种需求潜力也会带动邻近省份人身险市场的发展。保险市场的就业人数（ln*inslab*）对人身险保费规模影响的直接效应和间接效应也均为正。但是高素质人力资源（*humancapital*）的直接效应和间接效应显著为负，这也一定程度上反映了高素质人力资源在我国人身保险市场中配置得不合理，这也与我国现行人身保险营销模式存在很大的关系。

（2）反距离权重矩阵下的实证结果分析

①各空间模型的回归结果。表6-22为反距离权重矩阵下，空间自回归模型（*SAR*）、空间误差模型（*SEM*）、空间杜宾模型（*SDM*）的空间回归结果。

表6-22 W_2权重下保险专业代理机构集聚对人身险规模影响的回归结果

变量		(1)	(2)	(3)
		SAR	*SEM*	*SDM*
空间相关系数		0.772*** (21.92)	0.868*** (13.86)	0.595*** (10.41)
agentle	*Main*	0.025** (2.26)	0.013 (1.43)	0.032** (2.56)
	Wx	—	—	0.043 (1.59)
N		372	372	372
r^2		0.368	0.323	0.420

注：①括号中的值为标准差；②*表示10%水平下的显著性，**表示5%水平下的显著性，***表示1%水平下的显著性.

同样的，在反距离权重矩阵中，各模型的空间交互项系数依然均为正，且在1%水平下显著。从变量的相关性看，*agentle* 的水平项对人身保险保费规模的影响在 *SAR* 模型与 *SDM* 模型中均显著为正。但是其空间交互项系数虽然为正，却不显著。其他控制变量的结果与邻接权重矩阵中的结果相似，在此不再进一步地重复说明。

②直接效应、间接效应与总效应。表6-23为反距离权重矩阵下，保险专业代理机构集聚对人身保险保费规模影响的直接效应、间接效应和总效应。

表6-23　W_2 权重下保险专业代理机构集聚对人身险规模影响的分解效应

变量	直接效应		间接效应		总效应	
	SAR	*SDM*	*SAR*	*SDM*	*SAR*	*SDM*
agentle	0.029*** (2.63)	0.039*** (2.98)	0.084** (2.18)	0.146* (1.84)	0.113** (2.33)	0.185** (2.08)
export	0.004** (2.31)	0.004** (2.33)	0.011* (1.75)	-0.004 (-0.48)	0.015* (1.89)	0.000 (-0.03)
ln*pergdp*	0.115 (1.26)	0.234** (2.19)	0.318 (1.21)	0.139 (0.26)	0.433 (1.23)	0.372 (0.65)
finanadd	0.876 (0.88)	0.548 (0.55)	2.486 (0.81)	12.210** (2.16)	3.361 (0.83)	12.760** (2.07)
ln*consumption*	0.240* (1.82)	0.276* (1.85)	0.685 (1.63)	0.294 (0.37)	0.925* (1.71)	0.571 (0.65)
ln*inslab*	0.017 (0.56)	0.025 (0.84)	0.047 (0.54)	0.691*** (3.57)	0.064 (0.55)	0.715*** (3.48)
humancapital	-1.216** (-2.55)	-1.616*** (-3.25)	-3.495** (-2.13)	-5.068** (-2.00)	-4.711** (-2.28)	-6.683** (-2.40)
lifehhi	-0.036 (-0.43)	-0.028 (-0.35)	-0.101 (-0.42)	-1.359* (-1.79)	-0.137 (-0.43)	-1.387* (-1.74)

注：①括号中的值为标准差；②*表示10%水平下的显著性，**表示5%水平下的显著性，***表示1%水平下的显著性.

反距离权重矩阵下，相关变量的回归结果与邻接权重矩阵下的回归结果类似。在空间自回归模型和空间杜宾模型中，保险专业代理机构集聚对人身保险保费规模影响的直接效应回归系数分别为0.029、0.039；间接效应分别为0.084、0.146；其中在*SDM*模型中总效应的78.92%来自间接效应。

(3) 经济距离权重矩阵下的实证结果分析

为检验保险专业代理机构集聚对人身保险保费规模影响效应的稳健性，本书进一步采用经济距离权重矩阵对各个空间模型的空间相关系数及影响效应进行了回归分析（见表6-24）。

表6-24 W_3 权重下保险专业代理机构集聚对人身险规模影响的回归结果

变量		(1)	(2)	(3)
		SAR	*SEM*	*SDM*
空间相关系数		0.683*** (18.75)	0.697*** (16.68)	0.573*** (11.77)
agentle	*Main*	0.022* (1.89)	0.022* (1.95)	0.025** (2.06)
	Wx	—	—	0.022 (0.86)
	直接效应	0.026** (2.21)	—	0.031** (2.27)
	间接效应	0.044** (2.01)	—	0.073 (1.11)
	总效应	0.069** (2.11)	—	0.104 (1.37)
N		372	372	372
r^2		0.401	0.396	0.403

注：①括号中的值为标准差；②*表示10%水平下的显著性，**表示5%水平下的显著性，***表示1%水平下的显著性.

在 W_3 权重矩阵下，空间自回归模型、空间误差模型与空间杜宾模型的空间相关系数依然显著为正，分别为0.683、0.697、0.573。

从变量*agentle*影响效应的回归效果看，在 W_3 权重矩阵下，*SAR*模

型的回归结果与 W_1 权重矩阵、W_2 权重矩阵下的结果相同，且依然显著；但 *SDM* 模型中的间接效应和总效应却不再显著。在 *SAR* 模型中，保险专业代理机构集聚对人身保险保费规模影响的直接效应与间接效应回归系数分别为 0.026、0.044，其在总效应中的占比分别为 36.23% 与 63.77%。

（4）小结

在不同距离权重矩阵下，各空间模型的空间相关性系数均显著为正。这说明人身保险的发展不仅受本省份保险专业代理机构集聚态势的影响，其他省份保险专业代理机构集聚及相关因素的变动也会对其产生空间溢出效应。

从影响效应的回归结果看，保险专业代理机构的集聚对本省份人身保险保费规模的扩大有显著的提升作用；同时邻近省份保险专业代理机构集聚也对本省份人身保险市场发展存在显著的正向促进作用，且这种溢出效应在邻接权重矩阵与反距离权重下的回归结果显著高于经济距离权重矩阵下的回归结果。因为地理距离邻近的省份其消费习惯、人口结构、文化风俗等方面存在相似性，所以对人身保险的潜在需求一致性较高，从而也就导致保险专业代理机构集聚对人身保险保费规模影响的间接效应，在邻接权重矩阵及反距离权重矩阵下的溢出效应比经济距离权重矩阵下更明显。

6.4.3 保险专业经纪机构集聚对人身保险影响效应的实证结果

（1）邻接权重矩阵下的回归结果

①各空间模型的回归结果。通过邻接矩阵下，空间自回归模型、空间误差模型与空间杜宾模型的回归结果可以看出（见表 6 - 25），各计量模型的空间相关性系数分别为 0.489、0.710、0.488，且结果均在 1% 水平下显著，这说明我国人身保险市场的发展在邻近省份间存在显著的空间溢出效应。

在 *SAR* 模型与 *SDM* 模型中，保险经纪机构集聚（*brokerle*）的水平项对人身保险保费规模存在显著影响，但是在 *SDM* 模型中其空间交互项的回归系数并不显著。

表6-25 W_1 权重下保险经纪机构集聚对人身险规模影响的回归结果

变量		(1)	(2)	(3)
		SAR	*SEM*	*SDM*
空间相关系数		0.489*** (13.46)	0.710*** (18.59)	0.488*** (10.16)
Main	*brokerle*	-0.020* (-1.86)	-0.010 (-1.08)	-0.017* (-1.77)
	export	0.003* (1.85)	0.003** (1.98)	0.003** (2.26)
	ln*pergdp*	0.208** (2.10)	0.495*** (4.98)	0.339*** (3.32)
	ln*consumption*	0.264* (1.94)	0.611*** (4.98)	0.573*** (4.31)
	urbrate	-0.460 (-0.86)	-1.365** (-2.42)	-1.430** (-2.55)
	ln*inslab*	0.151*** (4.83)	0.021 (0.70)	0.092*** (3.07)
	ln*inswage*	0.098* (1.65)	0.157*** (3.05)	0.118** (2.17)
	humancapital	-1.383** (-2.54)	-0.141 (-0.27)	-1.176** (-2.23)
	_cons	-4.251*** (-7.94)	-6.823*** (-10.89)	-5.583*** (-6.69)
Wx	*brokerle*	—	—	0.037 (1.19)
	ln*pergdp*	—	—	-0.403** (-2.21)
	finanadd	—	—	5.544*** (2.86)
	ln*inslab*	—	—	0.313*** (5.47)

续表

变量		(1)	(2)	(3)
		SAR	*SEM*	*SDM*
Wx	*humancapital*	—	—	-3.377*** (-3.70)
	lifehhi	—	—	-0.382** (-2.54)
N		372	372	372
r^2		0.532	0.350	0.544

注：①括号中的值为标准差；②*表示10%水平下的显著性，**表示5%水平下的显著性，***表示1%水平下的显著性.

同时，人均GDP、人均消费水平、城镇化率、保险业的就业人数及工资水平、高素质人力资源占比这些变量的水平项也都对人身保险市场的发展存在显著的影响；而人均GDP、金融业的增加值、保险业的就业人数、高素质人力资源占比、人身保险市场的集中度这些指标的空间交互项也对其影响显著，这说明资本、劳动力、市场的竞争环境这些影响因素的空间溢出效应比较明显。

②直接效应、间接效应与总效应。表6-26为邻接权重矩阵下，我国保险经纪机构集聚对人身保险保费规模影响的直接效应、间接效应和总效应。

表6-26　W_1 权重下保险经纪机构集聚对人身险规模影响的分解效应

变量	直接效应		间接效应		总效应	
	SAR	*SDM*	*SAR*	*SDM*	*SAR*	*SDM*
brokerle	-0.021** (-2.21)	-0.013 (-1.27)	-0.017** (-2.00)	0.049 (0.80)	-0.038** (-2.15)	0.036 (0.52)
ln*pergdp*	0.220** (2.18)	0.301*** (3.05)	0.176** (2.15)	-0.445 (-1.45)	0.396** (2.19)	-0.144 (-0.42)
finanadd	3.155*** (2.89)	2.057* (1.96)	2.557** (2.50)	10.130*** (3.12)	5.712*** (2.75)	12.190*** (3.14)

续表

变量	直接效应		间接效应		总效应	
	SAR	*SDM*	*SAR*	*SDM*	*SAR*	*SDM*
ln*consumption*	0.299** (2.04)	0.617*** (4.23)	0.239* (1.93)	0.374 (0.86)	0.538** (2.02)	0.992* (1.92)
ln*inslab*	0.159*** (4.64)	0.139*** (4.47)	0.129*** (3.89)	0.624*** (6.96)	0.288*** (4.49)	0.763*** (7.51)
humancapital	-1.515*** (-2.84)	-1.771*** (-3.50)	-1.226** (-2.56)	-7.049*** (-4.35)	-2.741*** (-2.76)	-8.820*** (-4.94)
lifehhi	-0.082 (-0.89)	-0.021 (-0.25)	-0.066 (-0.87)	-0.605** (-2.22)	-0.148 (-0.88)	-0.625** (-2.04)

注：①括号中的值为标准差；②*表示10%水平下的显著性，**表示5%水平下的显著性，***表示1%水平下的显著性.

在*SAR*模型中，保险经纪机构集聚对人身保险保费规模影响的直接效应显著为负，其回归系数为-0.021，这说明本省份保险经纪机构的集聚并不能促进该地区人身险保费规模的增加；从其间接效应看，其回归系数为-0.017，也在5%的水平下显著为负，即邻近省份保险经纪机构集聚也会对本省份人身保险保费规模产生负向影响。这可能与我国现阶段的人身保险营销模型存在一定的关系，营销员及银邮代理渠道占我国人身保险保费收入规模的80%以上，而保险经纪机构的人身险保费收入占比还不足1%，因为保险经纪机构在人身保险保费规模的占比太少，以至于保险经纪机构的集聚发展并不能对人身保险的保费规模产生正向影响效应。同时，因为在W_1权重矩阵下，保险经纪机构集聚指标的空间交互项在*SDM*模型中影响系数并不显著，所以导致在*SDM*模型中保险经纪机构集聚的间接效应也不显著。

从控制变量看，某一地区的经济、金融、消费相关变量都对人身保险保费规模存在正向的促进作用；保险业的就业人数与人身保险保费规模的变动方向一致，对其存在正向的促进作用；而高素质人力资源占比对人身保险的影响效应为负，侧面反映出我国人身保险从业人员中高素质人力资源配置不合理。

(2) 反距离权重矩阵与经济距离权重矩阵下的回归结果

类似的，本书又对反距离权重矩阵（W_2）和经济距离权重矩阵

（W_3）下的保险经纪机构集聚效应进行了检验（见表 6－27）。

表 6－27　W_2 与 W_3 权重下保险经纪机构集聚对人身险规模影响的回归结果

权重	空间模型	空间系数	水平项系数	空间交互项系数
W_2 权重矩阵	*SAR* 模型	0.771*** (21.77)	-0.001 (-0.09)	—
	SEM 模型	0.870*** (14.28)	-0.004 (-0.46)	—
	SDM 模型	0.610*** (10.78)	-0.002 (-0.23)	0.015 (0.60)
W_3 权重矩阵	*SAR* 模型	0.683*** (18.71)	-0.002 (-0.18)	—
	SEM 模型	0.700*** (16.58)	-0.004 (-0.45)	—
	SDM 模型	0.579*** (11.94)	-0.001 (-0.11)	0.045** (2.18)

注：①括号中的值为标准差；②*表示 10% 水平下的显著性，** 表示 5% 水平下的显著性，*** 表示 1% 水平下的显著性.

从表 6－27 各模型的空间相关性看，在反距离权重矩阵和经济距离权重矩阵下，三种空间计量模型的空间项系数依然显著为正，进一步说明了保险经纪机构集聚对人身保险保费规模的影响存在空间溢出效应。

从保险经纪机构的集聚效应看（见表 6－28），虽然在反距离权重矩阵和经济距离权重矩阵下，其对人身保险保费规模影响的直接效应和间接效应也为负，但是其回归系数较小，且不显著。

表 6－28　W_2 权重下保险经纪机构集聚对人身险规模影响的分解效应

权重	空间模型	直接效应	间接效应	总效应
W_2 权重矩阵	*SAR* 模型	-0.001 (-0.13)	-0.003 (-0.12)	-0.004 (-0.12)
	SDM 模型	-0.001 (-0.06)	0.034 (0.46)	0.033 (0.43)

续表

权重	空间模型	直接效应	间接效应	总效应
W_3 权重矩阵	*SAR* 模型	-0.002 (-0.23)	-0.004 (-0.23)	-0.006 (-0.23)
	SDM 模型	0.007 (0.70)	0.093* (1.73)	0.100 (1.63)

注：①括号中的值为标准差；②*表示10%水平下的显著性，**表示5%水平下的显著性，***表示1%水平下的显著性.

（3）小结

通过以上的回归分析可以看出，我国保险经纪机构集聚并不能促进人身保险保费规模的增长，其直接效应和间接效应均显著为负，其原因在于我国人身保险的营销模式主要以营销员渠道和银邮代理渠道为主，保险经纪机构保费规模占比太少。同时，从不同距离权重下的影响效应看，相较于 W_2 与 W_3 权重矩阵下的回归结果，我国保险经纪机构集聚对人身保险影响的直接效应和间接效应在 W_1 权重矩阵下更加显著。

6.4.4　保险公估机构集聚对人身保险影响效应的实证结果

（1）邻接权重矩阵下的回归结果

①各空间模型的回归结果。表 6-29 为 W_1 权重矩阵下，保险公估机构集聚对人身保险影响的回归结果。空间自回归模型、空间误差模型与空间杜宾模型的空间相关性系数分别为 0.481、0.706、0.482，且均在 1% 水平下显著。这说明人身保险保费规模既受本省份保险公估机构集聚的直接影响，也受其他邻近省份集聚变动的间接影响。

表 6-29　W_1 权重下保险公估集聚对人身险规模影响的回归结果

变量		(1)	(2)	(3)
		SAR	*SEM*	*SDM*
空间相关系数		0.481*** (13.42)	0.706*** (18.48)	0.482*** (9.94)
Main	*assessorle*	0.029* (1.90)	0.009 (0.67)	0.010 (0.68)

续表

变量		(1)	(2)	(3)
		SAR	*SEM*	*SDM*
Main	export	0.003* (1.68)	0.003* (1.93)	0.003** (2.11)
	lnpergdp	0.214** (2.16)	0.503*** (5.08)	0.360*** (3.51)
	lnconsumption	0.255* (1.88)	0.607*** (4.95)	0.571*** (4.26)
	urbrate	-0.598 (-1.11)	-1.451** (-2.54)	-1.542*** (-2.71)
	lninslab	0.155*** (4.93)	0.023 (0.79)	0.096*** (3.18)
	lninswage	0.125** (2.08)	0.166*** (3.19)	0.129** (2.36)
	humancapital	-1.612*** (-3.03)	-0.284 (-0.57)	-1.407*** (-2.70)
	_cons	-4.457*** (-8.41)	-6.961*** (-11.31)	-5.739*** (-6.86)
Wx	assessorle	—	—	0.004 (0.11)
	lnpergdp	—	—	-0.451** (-2.47)
	finanadd	—	—	5.055*** (2.60)
	lninslab	—	—	0.316*** (5.50)
	humancapital	—	—	-3.100*** (-3.44)
	lifehhi	—	—	-0.367** (-2.43)

续表

变量	(1)	(2)	(3)
	SAR	*SEM*	*SDM*
N	372	372	372
r^2	0.536	0.351	0.540

注：①括号中的值为标准差；②*表示10%水平下的显著性，**表示5%水平下的显著性，***表示1%水平下的显著性.

从模型中变量的相关性看，*assessorle* 在 *SAR* 模型中的水平项系数显著，但其在 *SEM* 模型和 *SDM* 模型中均不显著，且空间交互项系数在 *SDM* 模型中的回归系数也不显著。控制变量的相关性与保险专业代理机构及保险经纪机构的模型回归系数相似。

②直接效应、间接效应和总效应（见表6-30）。

表6-30 W_1 权重下保险公估机构集聚对人身险规模影响的分解效应

变量	直接效应		间接效应		总效应	
	SAR	*SDM*	*SAR*	*SDM*	*SAR*	*SDM*
assessorle	0.031** (2.22)	0.010 (0.74)	0.024** (2.05)	0.012 (0.19)	0.055** (2.16)	0.022 (0.31)
ln*pergdp*	0.227** (2.24)	0.318*** (3.20)	0.176** (2.19)	-0.510* (-1.65)	0.403** (2.25)	-0.193 (-0.56)
finanadd	3.547*** (3.26)	2.269** (2.15)	2.799*** (2.76)	9.391*** (2.88)	6.345*** (3.09)	11.660*** (3.00)
ln*consumption*	0.288** (1.98)	0.616*** (4.20)	0.224* (1.89)	0.400 (0.91)	0.512** (1.96)	1.016* (1.95)
ln*inslab*	0.162*** (4.76)	0.143*** (4.57)	0.127*** (3.92)	0.626*** (6.92)	0.290*** (4.57)	0.769*** (7.51)
ln*inswage*	0.122** (2.01)	0.124** (2.26)	0.096* (1.85)	0.038 (0.21)	0.219** (1.97)	0.162 (0.76)
humancapital	-1.758*** (-3.39)	-1.970*** (-3.91)	-1.386*** (-2.92)	-6.695*** (-4.25)	-3.144*** (-3.25)	-8.666*** (-4.93)

注：①括号中的值为标准差；②*表示10%水平下的显著性，**表示5%水平下的显著性，***表示1%水平下的显著性.

在邻接权重矩阵下，保险公估机构集聚对人身保险保费规模影响的直接效应和间接效应分别为正，其回归系数分别为0.031、0.024。这说明，某一省份保险公估机构集聚对人身险保费规模的增长具有显著的提升作用，且相邻省份保险公估机构的集聚也对该省份人身保险保费规模产生促进效应。从*SAR*模型的回归结果看，保险公估机构集聚对人身保险保费规模影响的总效应中，56.36%来源于其直接效应；而间接效应的占比为43.64%。

（2）反距离权重矩阵与经济距离权重下的回归结果

为了比较不同权重矩阵下的集聚效应，本书又在反距离权重矩阵和经济距离权重矩阵下，对保险公估机构集聚对人身保险保费规模的直接效应、间接效应和总效应进行了分析，其回归结果如表6－31所示。

表6－31　W_2与W_3权重下保险公估机构集聚对人身险规模影响的分解效应

权重	空间模型	空间回归系数	直接效应	间接效应	总效应
W_2权重矩阵	*SAR*模型	0.771*** (21.81)	0.017 (1.33)	0.048 (1.24)	0.064 (1.27)
	*SEM*模型	0.866*** (14.35)	—	—	—
	*SDM*模型	0.606*** (10.54)	0.009 (0.74)	0.013 (0.14)	0.023 (0.22)
W_3权重矩阵	*SAR*模型	0.684*** (18.80)	0.022* (1.65)	0.037 (1.55)	0.059 (1.60)
	*SEM*模型	0.698*** (16.57)	—	—	—
	*SDM*模型	0.571*** (11.52)	0.017 (1.15)	0.001 (0.02)	0.018 (0.20)

注：①括号中的值为标准差；②*表示10%水平下的显著性，**表示5%水平下的显著性，***表示1%水平下的显著性.

从各模型的空间相关性系数看，在W_2与W_3权重矩阵下，空间自回归模型、空间误差模型及空间杜宾模型的空间相关系数均在1%水平下显著为正。

从保险公估机构的集聚效应看，虽然在 W_2 与 W_3 权重矩阵下，保险公估机构集聚对人身保险保费规模直接效应和间接效应的回归系数均为正，但是结果的显著性水平却不如 W_1 权重矩阵下的回归结果。

6.5 集聚对保险市场发展影响效应的实证结果总结及启示

6.5.1 实证结果总结

随着我国各区域间经济、投资、技术等合作交流的互动往来，某一省份保险市场的发展不仅受本省份相关因素的影响，其他相关省份的要素、政策等变动也会对本省份的保险市场规模产生影响。若采用常规的回归方法可能会对变量影响效应估计存在偏差，因此本章采用空间计量模型对各类保险专业中介机构集聚对我国财产保险和人身保险市场的影响效应进行了实证分析。

从空间相关性检验方面看，在经济距离权重矩阵、反距离权重矩阵及邻接权重矩阵下，各模型的相关空间项系数均显著为正。表明我国各省份财险市场和人身险市场的发展不仅受本省份各类保险专业中介机构集聚态势的影响，其他相关省份保险专业中介机构的集聚而引起的因素变动也会对本省份的保险市场发展产生影响。

（1）各类保险专业中介机构集聚对财险市场发展的影响效应总结

从集聚对财产保险市场发展的影响效应看，保险专业代理机构及保险经纪机构集聚均对财产保险保费规模的提升存在正向的直接效应和间接效应。但是因为保险公估机构业务规模偏小，目前其对财产保险保费规模影响的直接效应和间接效应均不显著。

鉴于保险专业代理机构和保险经纪机构在财险业务结构方面存在差异，两者对财险市场发展的影响效应程度也有所区别。从总体效应看，保险经纪机构的集聚效应要大于保险专业代理机构的集聚效应。从分解效应看，保险专业代理机构集聚对财险市场发展影响的总效应 60% 以上来源于直接效应；而保险经纪机构集聚对财险市场发展影响的空间溢出效应（间接效应）大于直接效应。

从不同距离权重下的计量回归结果看，保险专业中介机构的集聚效应在经济距离权重矩阵下的回归结果均高于反距离权重矩阵和邻接权重矩阵下的结果。这表明，我国保险专业中介机构还处于发展的初期，其集聚对财产保险市场的空间效应在经济发展水平相近省份间的间接效应表现得更凸显，类似于发展模式的示范作用，而地理距离比较近的省份间因为存在相关集聚资源的竞争等原因，其空间效应的促进效应可能会被削弱。

（2）各类保险专业中介机构集聚对人身险市场发展的影响效应总结

从各类保险专业中介机构集聚的溢出效应看，保险专业代理机构集聚对人身保险保费规模影响的直接效应和间接效应均为正，而且从其集聚效应的分解效应看，对人身险发展影响总效应的70%来源于保险专业代理机构集聚的空间溢出效应（间接效应）。但受限于保险经纪机构在人身险业务方面的规模，保险经纪机构集聚对人身保险保费规模影响的直接效应和间接效应则为负。同样的，保险公估机构集聚对人身险市场发展的影响效应也不尽理想，虽然其集聚对人身险规模影响的直接效应和间接效应均为正，但是间接效应却不显著。

从不同距离权重矩阵下的回归结果看，保险专业中介机构集聚对人身保险影响效应的显著性在邻接矩阵及反矩阵权重矩阵下，明显高于经济距离权重下的回归结果。地理距离邻近的省份其消费习惯、人口结构、文化风俗等方面存在相似性，所以对人身保险的潜在需求一致性较高，从而也就导致保险专业中介机构集聚对人身保险保费规模影响的溢出效应，在邻接权重矩阵及反距离权重矩阵下的回归结果比经济距离权重矩阵下更明显。

6.5.2 启示

通过以上实证结果的总结分析可以看出，虽然现阶段保险专业中介机构的集聚对保险市场的发展具有一定的促进和提升作用，但是在溢出效应的程度和显著性方面还不理想。其原因主要在于：

第一，虽然我国保险市场的规模较大，但是专业化程度不高，展业、鉴定与理赔等相关业务还是由保险公司负责，从而造成保险专业中介机构与保险公司之间的竞争关系多过于合作关系，这也挤出了保险专业中介机构集聚对保险市场发展的溢出效应。

第二，我国各类保险专业中介机构业务能力的低下，限制了其在保险市场中作用的发挥。因为保险经纪机构、保险公估机构的业务规模较小，从而导致两者在集聚发展中对保险市场规模的提升作用较小或者不显著。

那么如何提升我国保险市场的专业化水平，推进保险市场产销分离，加强保险公司与专业中介之间合作，从而提高保险专业中介机构集聚发展对保险市场的溢出效应，是集聚发展中需要考虑的重要议题。

第7章　结论及政策建议

本书在相关产业集聚理论的基础上，首先，对比分析了我国与美国、英国和日本保险中介市场主体的发展模式；其次，采用产业集聚度指数对比分析了我国各类保险专业中介机构的集聚态势；再其次，从理论和实证两方面分析了我国保险专业中介机构集聚对其自身经营效率和保险市场发展的影响效应；最后，在本书相关研究结果的基础上，结合我国保险专业中介机构集聚发展的特点及问题，针对性地提出有效促进保险专业中介机构集聚效应提升的相关政策建议。

7.1　主要结论

7.1.1　国内外保险中介市场主体发展模式

（1）各国保险中介市场发展模式总结

由于每个国家保险业发展的背景、经济条件、监管制度等存在差别，所以即使是比较成熟的保险中介市场，其发展模式也不尽相同。美国保险市场的国际化程度较高，需要专业化程度较高的保险代理人配置资源，所以其保险代理人占主导地位；英国是保险经纪人的发源地，依照保险公司的业务习惯，至今多采用保险经纪人开展保险业务；而日本对于国内保险市场的保护程度较高，其业务主要来源于国内市场，且受其民族文化的影响，易于接受保险代理形式，因此形成了具有自身发展特色的保险代理人模式——寿险营销人和损害保险代理店。

目前我国保险中介市场还处于发展的初期阶段，主要以个人保险代理人和兼业代理机构为主。虽然保险专业中介机构数量众多，但是其在保险中介市场上的业务规模较小。随着我国金融市场对外资全面放开市场准入的推进，我国保险市场的国际化进程也不断加快，迫使我国转变传统的保险中介发展模式，向专业化方面发展。同时，我国对外资保险经纪公司业务范围的放开，以及外资保险公估公司的进入，加之一些资本、科技巨头公司不断进军我国保险中介市场，这对我国专业保险中介市场发展来说既是一个行业成长壮大的契机，也是一个充满竞争的挑战。

（2）我国保险专业中介机构的业务结构特点

虽然现阶段我国具有较为完善的保险中介市场体系，但从保费规模渠道占比看，还是以个人保险代理人和兼业代理为主，保险专业中介渠道收入占比很低，至 2018 年底首次突破 10%，这与美国、英国等成熟保险中介机构的市场规模占比还有很大差距。以英国为例，其专业中介渠道的保费规模在寿险中超过 70%；非寿险中占比近 60%。同时，我国保险专业中介机构的规模较小，市场竞争力不足。反观美国、英国等国家，均具有全球影响力的保险中介集团及保险公估机构，其业务遍布多个国家和地区，为保险业务的国际化拓展发挥了巨大作用。

从业务结构看，我国保险专业中介机构的业务主要以财产险为主。其中，保险专业代理机构的保险业务形式较为单一，营业收入的 70% 以上来源于机动车辆保险；而保险经纪机构的业务更加多元化，主要包括家庭财产险、工程保险、信用保险和责任保险；保险公估机构的费用收入占比 50% 以上来源于机动车辆保险。整体而言，我国保险专业中介的业务结构较为单一，且各机构间产品和服务同质化比较严重。

虽然现阶段我国专业保险中介的保费规模和业务占比很低，但其发展速度较快，保险专业代理机构和保险经纪机构 2005 ~ 2016 年的保费收入年均增长率均超过 20%，保险公估机构估损金额的年增长率亦是如此，我国保险专业中介机构表现出强劲的发展势头和潜力。

7.1.2　我国各类保险专业中介机构集聚程度

第一，从不同类别保险专业中介机构的集聚程度看，保险经纪机构的空间基尼系数和首位度指数均高于保险公估机构和保险专业代理机构，区域间的集聚程度最高，机构数排名前五位的省份集聚了全国超过70%的保险经纪机构；其次是保险公估机构，超过70%的机构集聚在排名前11位的省份中；我国保险专业代理机构数较保险经纪机构和保险公估机构多很多，但其集聚程度较保险经纪机构和保险公估机构要低，约1/3的省份集聚了我国60%的保险专业代理机构。

第二，从时间层面看集聚的变化趋势，我国保险经纪机构的空间集聚态势在波动中呈逐渐上升的趋势；而保险公估机构的空间集聚态势呈逐渐下降的趋势，但下降的趋势比较平缓；对保险专业代理机构而言，从机构数量看，其在区域上的集聚程度有所下降，但从机构规模看，其在空间上的集聚程度呈上升的趋势。

第三，从集聚的具体区域看，我国各类保险专业中介机构在东部地区的集聚程度均高于中部和西部地区，且都集聚在经济、金融市场比较发达的省份。其中北京、广东、上海三个地区的中介机构集聚程度最高；其次是山东、浙江、江苏、河北、辽宁等。且通过各省份城市间的集聚程度比较看，保险专业中介机构在省会城市和计划单列市的集聚程度要高于其他城市。

7.1.3 我国各类保险专业中介机构经营效率

第一，从经营效率的变化趋势看，虽然各类保险专业中介机构经营效率在时间轴上存在一定的波动，但是从平均变化趋势看，我国保险专业代理机构和保险经纪机构的经营效率有所提升，而其提升幅度呈下降的趋势；保险公估机构的经营效率在2010年之前呈逐年递增的特点，但从2011年开始其经营效率有所下降。

第二，从区域层面的变动差异看，因为东部地区各类保险专业中介机构的集聚程度相对较高，市场主体的竞争程度高于中部和西部地区，竞争引起的经营成本的增加对其经营效率提升存在一定抑制作用。因此，东部地区部分省份保险专业中介机构的经营效率平均增长幅度小于中部地区和西部地区。

第三，从具体分解效率看，技术效率变化和技术进步变化都对保险专业中介机构效率变化存在影响，而各类保险专业中介机构经营效率的波动更多地来源于技术效率的变动影响；各类保险专业中介在样本期内都存在显著的技术进步，显著提升了保险专业中介机构的经营效率；从规模效率看，因我国各类保险专业中介机构的平均规模较小，所以现阶段保险专业代理机构、保险经纪机构和保险公估机构均不存在明显的规模效益，从而造成规模效率在样本期间变化程度不明显。

7.1.4 集聚对保险专业中介机构经营效率的提升效应

第一，从保险专业代理机构的集聚效应看，由于保险专业代理机构的规模较小，且经营业务主要来源于车险，单一的业务结构和同质化的保险服务，加剧了集聚区内保险专业代理机构的竞争成本，从而使得保险专业代理机构对其技术效率的影响效应显著为负；虽然其集聚对规模效率的影响为正，但现阶段的结果并不显著；而保险专业代理机构的集聚却在一定程度上促进了保险代理机构的技术进步，虽然回归系数较小，仅为0.066，但集聚对其技术进步的提升显著为正。

第二，从保险经纪机构的集聚效应看，虽然保险经纪机构集聚程度较高，但是其所承接业务的技术含量和多样性高于保险专业代理机构，而集聚发展使其更加贴近客户源，降低其经营成本，从而其集聚对技术效率的提升具有正向的促进作用；而保险经纪机构集聚对技术进步变化的影响效应存在一定的滞后性，其滞后一期的集聚指标对技术进步的提升作用显著为正，同样的其回归系数较小，仅为0.085；但是保险经纪机构的集聚对其规模效率的提升却存在显著的抑制作用。

第三，从保险公估机构的集聚效应看，其集聚发展对自身技术效率的提升具有显著的正向促进作用；且其滞后一期的集聚指标对当期规模效率的提升效应也显著为正；虽然保险公估机构集聚对自身技术进步的变化影响为正，但现阶段的回归结果却不显著。

7.1.5 集聚对保险业发展影响的溢出效应

考虑到变量的空间相关性，首先采用莫兰指数进行了检验。结果表明，在经济距离权重矩阵、反距离权重矩阵及邻接权重矩阵下，各省份间的空间交互项系数均显著为正，即某一省份保险市场的发展不仅受本省份各类保险专业中介机构集聚程度的影响，其他相关省份保险专业中介机构集聚而引起的因素变动也会对本省份保险市场的发展产生影响。

第一，从集聚对财产保险市场发展的影响看，保险专业代理机构及保险经纪机构集聚均对财产保险保费规模的增长存在正向的直接效应和间接效应，且保险经纪机构的集聚效应要大于保险专业代理机构的集聚效应。但是因为保险公估机构数量及业务规模偏少，目前其集聚发展对财产保险保费规模影响的直接效应和间接效应系数虽然为正，但是回归结果均不显著。从不同距离权重矩阵下的计量回归结果看，保险专业中介机构对财产保险影响的集聚效应在经济距离权重矩阵下的回归结果，均高于反距离权重矩阵和邻接权重矩阵下的结果。这表明，集聚对财产保险市场影响的空间效应在经济发展水平相近省份间的溢出效应更明显，两个省份间经济结构越相近集聚发展溢出效应的示范作用更强；而地理距离比较近的省份间因为存在相关集聚资源的竞争等原因，集聚产生的空间溢出效应可能会被挤占。

第二，从集聚对人身保险市场发展的影响效应看，保险专业代理机构和保险公估机构集聚对人身保险保费规模影响的直接效应和间接效应均为正，但是保险公估机构集聚的间接溢出效应并不显著；同样的，受限于保险经纪机构在人身保险方面的业务规模，其集聚对人身保险保费规模增长的直接效应和间接效应均没有显著的提升作用。从不同距离权重矩阵下的回归结果看，保险专业中介机构集聚对人身保险规模影响效应的显著性，在邻接权重矩阵及反距离权重矩阵下明显高于经济距离权重矩阵。因为地理距离邻近的省份其消费习惯、人口结构、文化风俗等方面存在相似性，所以对人身保险的潜在需求一致性相对较高，从而导致集聚对人身保险市场影响的溢出效应更加明显。

7.2 相关政策建议

基于本书研究的相关结论，我国保险专业中介机构集聚不仅对自身经营效率的提升存在正向的促进作用，而且对于集聚地区保险市场规模的扩大存在溢出效应。那么，如何利用保险专业中介机构集聚发展的资源优势、人才优势和技术优势，提高保险中介公司经营的专业化、规模化程度，提升其市场竞争力，就成为集聚发展中需要关注和解决的重点问题。为此，结合我国保险专业中介机构集聚发展的特点和影响因素，本书提出以下政策建议。

7.2.1 保险专业中介机构自身层面

现阶段限制我国保险专业中介机构发展的主要问题在于专业技术能力差。所以，保险中介机构集聚发展的重点不仅是机构数量的不断增加，更是如何利用集聚发展的资源优势、人才优势和技术优势，提升保险专业中介机构的经营能力和服务层次，从而提高保险专业中介机构集聚的溢出效应。

（1）加快我国保险专业中介机构的创新

首先，加速保险专业中介机构业务模式的创新，不断优化业务结构。

目前我国保险专业中介机构的业务结构单一，保险专业代理机构和保险公估机构的相关业务主要来源于车险业务，机构间的业务同质化程度严重，从而加剧了保险专业中介机构集聚发展过程中市场主体竞争程度的提高，容易引起保险专业中介机构之间、专业中介机构与兼业代理之间的恶性竞争，从而挤出集聚发展的溢出效应。

保险专业中介机构应当充分利用集聚发展中贴近市场客户资源的优势，积极创新和拓展其在保险产品销售和售后服务、风险管理与安排、专业技术培训与咨询、理赔等业务的种类，丰富和发展业务结构的多样性，减少同类机构间的服务同质化程度。而且，单一的产品结构也无法满足客户的多样化需求，只有完善和多样性的业务机构才能发挥保险专业中介机构的“黏性”，满足客户多样性的风险需求，提高客户认可度，稳定客户源。同时，集聚区的市场环境相对开放，保险专业中介也要积极开拓和创新国际保险业务，加速我国保险市场的国际化进程。

其次，不断创新保险专业中介机构所需技术，为专业化发展提供支持。

保险专业中介是联结保险供给和保险需求的桥梁。因此，其业务开展需要专业的保险技术人员，以了解保险公司的产品和条款、评估保险需求方的风险状况、出具公正和权威的公估报告等。而我国保险专业中介机构专业技术能力不强、业务能力低下的原因就在于缺乏专业的人才和技术。

保险专业中介机构的集聚同时也伴随着保险、银行、证券等金融机构及法律、精算、会计、理财规划师等相关行业人才和技术的集聚，为保险专业中介机构专业技术的创新提供了条件。保险专业中介可以积极寻求和匹配自身发展所需的专业人才和技术，加快专业技术创新的速度。同时，集聚区内的人才、技术等流动性较大，通过产业集聚的知识和技术溢出效应，积极提升保险专业中介的专业技术，形成自己的竞争优势。

（2）提升保险专业中介机构的服务定位

保险专业中介机构提供的服务是其专业价值的体现，而集聚发展可以提升中介机构的服务层次和定位，提升保险专业中介机构在保险产业链中的地位。

代理销售保险产品只是保险专业中介机构低层次服务中的一种。一直以来，保险专业中介都没有真正发挥其作为专业风险评估、配置、管理顾问这一系列服务职能，而保险专业中介机构在保险市场服务中定位的不明确，也导致了专业价值被低估。所以，保险专业中介机构在其集聚发展过程中首先要提升自身的服务层次和定位。

保险产品的需求是极具差异化和个性化的。随着保险市场产品种类的增加，因缺乏专业的保险知识，保险需求方无法真正做到与其所需保险产品的匹配。而保险专业中介机构应该充分发挥其专业顾问的定位，为保险需求方提供风险评估、配置、管理及理赔等一系列的专业服务，而非仅仅在保险市场上提供销售和购买服务，从而进一步提升保险专业中介机构在保险市场中的定位和形象，提高客户对自身的识别度和认可度。

同时，随着互联网、大数据等现代科技的发展，传统的保险产品销售方式也面临调整，越来越多的互联网、电销、科技等行业巨头开始加入保险中介市场。据统计，2017 年监管部门批准成立保险专业中介公司 31 家，仅 12 月份就批复 6 家①。面对新的竞争形势和环境，保险专业中介也要结合互联网、信息等现代科技，整合新的资源优势，创新和开拓自身服务平台，提高经营效率。

7.2.2 保险市场环境层面

我国保险专业中介机构集聚区同时也是保险公司集聚区。但现阶段

① https://www.sohu.com/a/242782596_479770.

我国保险公司经营专业化程度还有待提高，其销售、理赔等环节还是由保险公司自己负责，导致同一保险市场中，保险公司和保险专业中介机构之间的竞争关系强于合作关系，这将抑制保险市场主体集聚发展中相互关联市场间的溢出效应。同为保险产业链上的主体，保险公司和保险专业中介机构只有在集聚发展过程中相互合作，各司其职，才能整合和优化我国保险市场的资源，使市场运行效率达到最优。因此，需要推进保险市场产销分离，加强保险公司与专业中介的合作。

首先，要引导保险公司向专业化方向发展，将更多优势资源用于保险产品研发、保险资金管理等环节，将其销售和理赔环节分离出来。据不完全统计，到2018年7月，已有30家保险品牌成立了35家保险中介公司①，且从保险公司性质看，财险公司居多。保险公司的产销分离，提高了保险市场服务渠道的专业化程度，使得保险需求得以进一步释放。

其次，提高保险专业中介机构与保险公司合作的基础。一方面，在集聚发展中，对我国各类保险专业中介机构进行整合，通过兼并或者联盟的方式，培育具有市场竞争力的全国性保险专业中介公司或集团，扩大我国保险专业中介机构的规模，在集聚发展中实现资源共享、标准一致、发展战略协调的专业化发展模式，提高保险中介代理公司相关业务的专业能力；另一方面，引进和培育专业人才、技术，改善我国保险专业中介机构发展基础薄弱的现状；同时，平衡我国保险专业代理、保险经纪、保险公估三类保险专业中介机构在保险中介体系中的数量比例，构建一体化程度较高的保险中介体系。

7.2.3 集聚发展的外部环境层面

从本书相关的回归结果看，保险专业中介机构的集聚发展不仅对自身生产效率的提升具有显著促进效应，而且对于保险市场的规模扩大也具有正向溢出效应，但是现阶段集聚效应的溢出程度较小。为了提升保险专业中介机构集聚发展中的正向溢出效应，本书针对集聚发展的外部环境方面提出以下两点建议。

---

① https：//www. sohu. com/a/242782596_479770.

（1）提高保险专业中介机构集聚发展所需的要素供给

影响保险专业中介机构集聚的因素主要包括市场竞争环境、人才和技术支持、市场开放程度等方面。为此，第一，规范市场主体的交易行为，为保险专业中介机构的集聚发展创造良好的市场竞争环境；第二，引进和培育保险专业中介机构发展所需的相关人才和技术，缓解我国保险专业中介机构集聚发展中的人才和技术短缺问题，为其集聚发展提供高级要素支持；第三，响应国家对保险中介市场进一步开放的要求，加快外资保险中介市场准入进程，一方面提高集聚地区保险中介市场的专业化和多样化程度，另一方面学习和引进成熟保险专业中介机构的技术和经营理念，促进集聚地区的知识和技术外溢程度，提高我国保险专业中介的专业化水平。

（2）降低保险专业中介机构集聚发展中的区域不平衡现象

虽然保险专业中介机构集聚发展对于自身及集聚区域保险市场的发展具有促进作用，但是随着集聚程度的加深，保险专业中介产业区域发展的不平衡性问题将会逐渐凸显。为平衡各区域保险专业中介市场的发展，第一，制定差异化的产业政策，一方面，提高东部集聚程度较高省份保险专业中介机构的市场准入门槛，避免集聚地区市场主体间的不规范竞争；另一方面，降低中、西部地区保险专业中介机构的市场准入条件，鼓励发展具有竞争力的区域性保险专业中介机构。第二，均衡各区域保险专业中介机构发展的要素资源，培育和引导中、西部地区保险专业中介机构发展所需人才和技术；同时，协调中、西部地区的经济和保险业发展水平。

7.2.4 市场监管层面

我国保险中介市场发展时间较短，市场准入退出机制还需要进一步完善。而且在保险专业中介机构集聚发展过程中，随着集聚程度的加深，集聚地区市场主体之间的竞争也会进一步加剧。为抢占市场占有率，会引发保险市场主体间价格战、虚假交易等不规范的市场行为，不仅抑制保险专业中介机构集聚正向效应的溢出，更会放大市场不正当竞争的负面效应。为规范保险专业中介机构集聚发展中的市场秩序，减少不正当竞争行为，需要进一步健全保险专业中介机构的市场监管。本书在现有监管基础上，提出以下几点参考意见。

（1）规范和健全保险专业中介的政府监管制度

2018 年《保险经纪人监管规定》《保险公估人监管规定》正式出台；2020 年《保险代理人监管规定》正式出台。保险中介监管“新规”的出台旨在规范保险中介市场秩序，保护投保人、被保险人、受益人的合法权益（宋占军，李海燕，2018）。在现有保险中介监管规定的基础上，结合保险专业中介机构集聚过程中可能出现的问题，本书认为还应该加强以下三个方面的监管：第一，在保险中介渠道费用方面，对保险公司和保险代理机构实施双监管，避免关联交易等不正当竞争行为的发生。第二，保险专业中介机构集聚市场中，也伴随有保险个人代理人和兼业代理等各类保险中介主体的存在。因此，有必要统一与协调保险专业中介机构、保险个人代理人和兼业代理等各类保险中介市场主体监管的一致性和匹配性，维持公平的市场竞争秩序。第三，现阶段，在各方资本进入保险中介市场的热潮下，加强市场准入监管，加大对准入机构资金、信誉、风险管理等多方面的审核力度，同时兼顾准入后的监管，提升保险中介的服务质量。

（2）建设和完善保险中介行业协会组织，加强行业自律管理

从美国、英国、日本等成熟保险中介市场的监管看，除政府监管外，其在发展过程中都形成了各行业的自律行业协会（或学会），规范和约束保险专业中介机构的市场行为，并负责中介机构的评级、处罚、培训、资格认证及考试等相关事务，对协会会员专业水平的提升发挥重要作用。

而国外成熟保险中介行业的自律管理制度也为我国保险中介行业协会的建设和完善提供了借鉴。一方面，中介行业协会可以通过签订会员自律公约、制定行业标准和行业指导性条款等方式约束和规范保险专业中介机构在市场中的不正当行为；另一方面，通过协会会员间、国内外保险中介协会及其他自律组织间进行互访、沟通、交流和学习，推广经验、引进专业人才和技术，进一步提升我国保险专业中介机构的业务水平。

第8章　中国保险专业中介机构数字化转型的路径思考

“十四五”时期，我国进入新发展阶段，发展基础、发展条件、发展面临的内外部环境都发生了深刻变化，当前形势带来诸多挑战的同时也给保险专业中介机构发展带来了新的机遇。新发展格局的战略部署，为保险中介行业深化创新拓展了空间；全民对医养健康保障需求的提升，为保险中介机构融入康养服务产业链带来了机遇；我国产业结构的转型升级，为保险中介服务高端制造业发展提供了增长极；新一轮技术革命的迅猛发展，也进一步推动了科技与保险产业的深度融合。保险科技作为保险业高质量发展的重要基础，能够有效推动保险市场主体数字化转型，赋能服务创新，提升服务国家战略的能力，促进保险专业中介机构的转型升级和高质量发展。

8.1　我国保险科技发展形势

8.1.1　我国保险科技发展现状

保险科技的应用是以信息技术创新发展为代表的科技与保险业务深度融合的表现。“十三五”时期以来，随着科学技术的迅猛发展，保险行业对保险科技的运用也在不断提升，而科技的运用也为保险行业的发展带来了深刻的变革，为更好地识别风险规律、开展风险管理和保障提供了条件。

(1) 保险科技融资规模

从全球保险科技的融资趋势看（见表8-1），其年融资规模和次数均呈增长态势，其中2015年、2019年及2021年三个时间节点均出现爆发式增长。2021年全球保险科技融资金额为137.22亿美元，较2020年增长了92.89%；融资次数也由2020年的299次增加到2021年的430次。

表8-1　2012~2021年全球保险科技融资金额及次数　单位：百万美元

年份	融资金额	融资次数	年份	融资金额	融资次数
2012	606	43	2017	3343	212
2013	351	55	2018	4912	206
2014	713	89	2019	7082	254
2015	2749	123	2020	7114	299
2016	2610	160	2021	13722	430

资料来源：《2021全球保险科技投资年鉴》，中南财经政法大学风险管理研究中心&燕道数科《2022中国保险发展报告》.

我国保险科技融资金额基本与全球市场一致，呈现增长趋势，其中2015年和2018年是快速增长的两个节点。我国2021年保险科技融资金额为41.6亿元，是仅次于美国的第二大保险创新市场，且具有较大发展潜力（见表8-2）。

表8-2　2012~2021年*中国保险科技融资金额及次数　单位：亿元

年份	融资金额	融资次数	年份	融资金额	融资次数
2012	0.03	4	2017	16.08	60
2013	1.13	4	2018	31.25	42
2014	2.79	21	2019	38.98	33
2015	14.34	58	2020	39.16	27
2016	19.59	78	2021*	41.60	31

注：*为估计数据.

资料来源：中南财经政法大学风险管理研究中心&燕道数科《2022中国保险发展报告》《保险科技洞察报告》、北京金融科技研究院、广大证券研究院.

（2）保险科技的投入状况

随着大数据、区块链等科技的不断发展，保险行业对保险科技的投入也不断增加。2018~2020年，保险科技累计投入达到938.5亿元。2020年，保险科技总投入351亿元，占营业收入的0.63%。其中，直保公司投入平均占比为0.65%；大中型保险公司平均占比为0.56%；小微型保险公司平均占比为1.59%。随着保险科技在保险行业渗透程度的加深，预计未来几年保险科技的投入将保持20%左右的增长率，如图8－1所示。

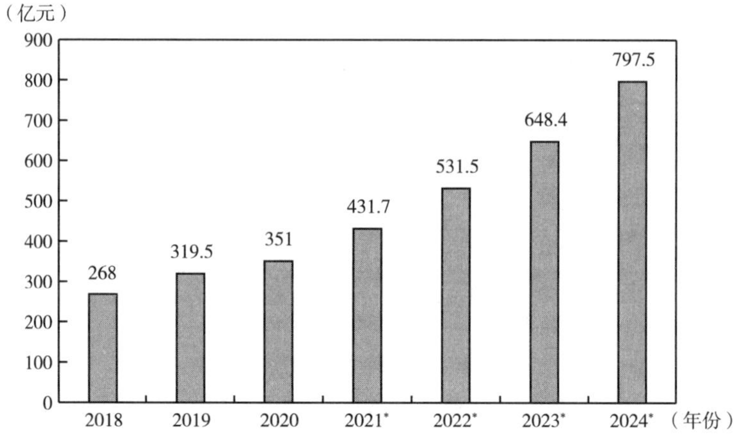

图8－1　2018～2024年我国保险科技投入金额情况及预测

注：＊为估测数据.

资料来源：艾瑞咨询，中南财经政法大学风险管理研究中心＆燕道数科《2022中国保险发展报告》.

从保险科技人员投入方面看，截至2020年底，保险行业科技正式员工人数超过2.6万人，占正式从业人员数的2.51%。其中，直保公司科技正式员工平均占比为1.98%；大中型保险公司平均占比为1.73%；小微型保险公司占比为3.37%。

（3）保险科技市场规模

我国保险科技市场规模由2015年的441.5亿元增加到2020年的793.8亿元，呈现稳步增长态势。结合保险科技融资、投入等趋势，预计我国保险科技市场规模在未来几年将出现大幅提升（见图8－2）。

（4）保险科技的行业运用状况

新一轮信息技术革命的引领带动了保险市场主体数字化基础设施建设的稳步推进和应用。根据《保险科技“十四五”发展规划》，目前大数据和人工智能在保险精准定价和职能营销方面实现行业承保自动化率55.77%，核保自动化率为64.71%；区块链技术的应用打通了原保险与再保险业务的对接，初步实现了实时结算；物联网也在精准快速理赔方

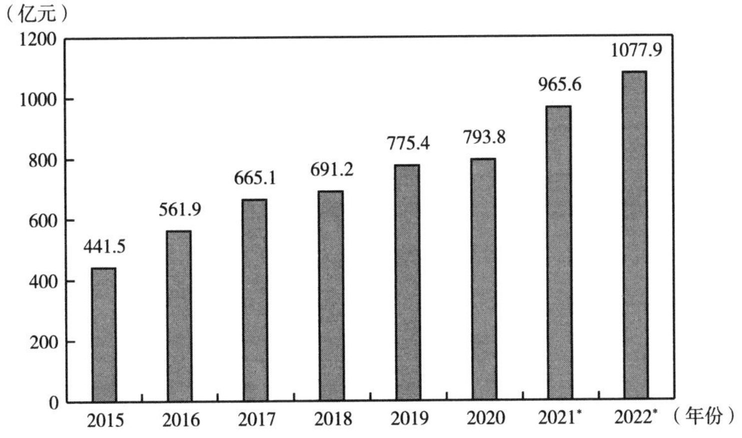

图 8-2　2015~2022 年我国保险科技市场规模及预测

注：* 为估测数据.

资料来源：中南财经政法大学风险管理研究中心 & 燕道数科《2022 中国保险发展报告》.

面成效显著，平均理赔自动化率已达 21.48%。信息科技的应用也正在加快改变保险企业与消费者的沟通方式，不断推进购买线上化、运营模式数字化和产品形态多样化。2020 年底保险行业实现平均线上化客户占比 41.88%；平均线上化产品占比 36.18%。

8.1.2　保险科技赋能保险发展趋势及目标

(1) 发展趋势

保险科技的应用给营销模式、服务模式、运营模式、竞争模式等带来了深度变革，不断催生行业新模式、新业态，成为保险业高质量发展和升级转型的新助力。

一是智能化。随着互联网和物联网的发展，保险主体与消费者的业务环节将逐渐实现线上化，人工智能、大数据等新技术的应用将促进线上服务智能化，进一步贯通保险价值链，有利于业务办理效率的提升和客户体验度的改善。

二是服务化。产品、渠道同质化条件下，服务的差异化将是保险主体的核心竞争力，保险科技的应用促使保险业务从事后、低频交易向事前、中高频服务转变，促进保险行业由承保向综合风险管理保障服务转型升级。

三是精细化。保险科技能够有效化解保险主体面临的不确定性中的风险，看清不确定性中的确定性因素，使得对风险的辨识度更高，促进保险机构为消费者提供更加细分化、个性化的服务和产品，缓解保险市场的供需矛盾。

四是平台化。人工智能的应用和数字平台的搭建，一方面在保险产品销售、流程管理、理赔等方面较传统模式效率更高、成本更低；另一方面，也加深了保险产业与其他产业的交叉融合，形成多主体开放、共赢的保险生态圈。

（2）发展目标

根据《保险科技“十四五”发展规划》，到2025年我国保险科技将在增强保险服务能力、深化保险创新应用、打造保险风控体系、构筑保险科技基础、培育保险科技产业生态等方面进一步完善（见表8－3）。

表8－3　　2025年我国保险科技应用目标

重点层面	具体目标
增强保险服务能力	推动保险行业平均业务线上化率超过90%；推动行业平均线上化产品比例超过50%；实现线上化客户比例超过60%；推动行业平均承保自动化率超过70%，核保自动化率超过80%，理赔自动化率超过40%；积极发展和开拓多种绿色保险业务
深化保险创新应用	激发保险创新活力，围绕保险业务场景化、智能化，优化保险全业务流程；深化科技与保险多元化融合，推动专利申请数量累计超过2万个
打造保险风控体系	进一步完善配套安全管理制度，大幅提高保险风险技防能力，加大隐私信息保护力度，逐步健全风险防范长效机制，建立行业风险地图，推动风险量化管理，强化保险科技创新全生命周期管理
构筑保险科技基础	继续加大保险科技投入，推动实现行业平均保险信息技术投入占营业收入比率超过1%，其中大中型保险公司投入占比超过1%，小微型保险公司投入占比超过1.8%；优化组织架构和人才队伍，推动保险行业信息科技人员数量占比超过5%；健全保险科技行业自律机制和标准体系
培育保险科技产业生态	加大保险科技多方合作和联合攻关力度，强化社会组织和专业服务机构对保险科技发展支持作用，促进保险科技应用成果的有效转化和应用，引导形成开放、共赢的保险科技产业生态体系

资料来源：根据《保险科技“十四五”发展规划》内容整理而得.

8.1.3　我国保险科技发展存在的问题

保险科技赋能为保险机构的升级转型带来机遇，但在发展应用的过程中也面临诸多问题。

（1）保险科技应用层次有待提升

保险科技可应用于保险价值链多个环节。据统计，在各类保险机构中客户服务、销售渠道、核保理赔领域中保险科技的应用比例较高；其次是风险管理、监管合规、财务管理、产品定价和设计；而在投资分析、再保险、人力资源管理中的应用比例最低①。目前保险科技应用主要集中在标准化程度较高、可规模操作的保险价值链环节中，在个性化程度较高的环节中保险科技的应用程度还有待提高。

从保险科技的应用类型看，通用型技术的投入比例普遍较高，例如移动技术、大数据、云计算、人工智能等；而物联网、车联网、基因科技等这些专用型技术的投入略显不足。

（2）保险科技供给不充分

在互联网时代成长起来的“80 后”“90 后”是保险市场消费的主力客群，其消费行为正在由线下向线上转移。基于消费市场的变化，保险行业也积极拥抱互联网、大数据、云计算等信息，不断增加保险科技投入。但从保险科技供给角度，仍以从第三方采购为主，存在供给不足现状。

第一，数据贯通和技术供给方面存在不足。从保险行业机构内部看，一些保险技术的应用局限于大型保险机构或价值链的某一特别环节，应用普遍性和拓展性尚且不足，且在产品、服务创新等方面精细化程度不足，缺乏数据支撑。从产业链角度看，保险行业上下游机构间仍存在数据不贯通现象，易形成数据孤岛。

第二，保险科技投入不足。从经费角度看，目前保险行业信息技术投入在保费收入中占比还不足 1%，且直保公司投资规模最大。从人才角度看，保险科技人才属于复合型人才，需要具备金融经验、产品意识、市场意识、创新能力、合规意识等技能，目前各类保险机构信息技

① 中国保险行业协会．中国保险科技发展报告 2021［M］．北京：中国财政经济出版社，2021.

术外包人员超过从业人员；且大、中、小型保险机构的信息科技工作人员规模差距比较显著。

（3）保险科技应用智能化不成熟

保险行业数字化转型通常分为三个阶段，第一阶段是科技赋能，在某个工作片段中融入科技，达到节约成本、提高效率的目的；第二阶段是全流程线上化，业务场景、模式等实现端到端全线上；第三阶段则是基于全流程线上化，通过数据积累和整合，完成数字化重构，从而达到保险科技应用的智能化。

（4）保险科技应用中面临安全问题

第一，线上业务的开展易导致风险传导的扩大效应。保险科技的应用拉近了保险产业链上下游主体间的距离，风险一旦产生，更容易导致连锁反应，致使风险升级；同时，线上交易过程中也同样存在夸大宣传等不当销售行为，新媒体时代更易导致公众信任危机；在线平台对客户身份、风险信息的识别偏差，为道德风险、欺诈、洗钱等行为留有空间。

第二，数据安全管理有待提升。保险行业科技供给来源主要是第三方采购，各类保险行业机构在与保险科技公司合作中依然存在数据可获得性和安全性、信息系统安全性和兼容性、监管政策导向性等方面的担忧，在实际应用中也缺少有效的管控机制、监管标准来保证数据机密性、完整性和可用性，保险机构的数据安全应用仍存在严峻挑战。从消费者角度看，存在个人信息过度采集、未脱敏使用等情况。

如何监管保险科技市场乱象，怎样合理地使用保险科技，怎样更好地保护消费者的隐私等这些安全问题也亟待解决。

8.2　保险科技在保险专业中介机构的应用

数字化时代使得保险的经营环境发生了很大变化，部分学者认为互联网等信息技术的发展降低了市场交易成本，增加了交易透明度，提高了保险公司与消费者间的直接匹配度，因此保险专业中介机构的作用被弱化，故而出现“去中介化”。但从产业分工的角度看，保险专业中介机构并不会完全消失，信息技术的发展并没有改变保险的机制属性和风险的本质特点，且随着科技的发展，社会分工更加细化，消费者个性化保险需求和保险业务的扩展对保险专业中介的需求更为凸显。在新的时代环境下，保险专业中介机构要能够“与时俱进”，以职业的“神圣化”“知识化”和“专业化”来塑造其在数字化时代的新形象（孙祁祥，2022）。

8.2.1　保险科技在保险专业中介机构的发展情况

新一轮信息技术时期，保险科技正在加速推进我国保险行业高质量发展，在优化提升保险服务质量和效率、促进保险机构升级转型、强化保险业服务国家战略等方面发挥重要作用。为更好满足科技赋能行业需求，保险行业协会发布了《中国保险科技发展报告（2021）》[①]，其中问卷调查包括14家保险集团（控股）公司、83家财产险公司、90家人身险公司、8家再保险公司、18家保险资管机构和42家保险中介机构。基于该报告的调研数据，本部分内容具体比较分析目前我国保险专业中介机构与其他保险市场主体在保险科技投入、应用、基础设施建设、人才、管理机制等方面的发展现状。

（1）保险科技投入方面

根据《中国保险科技发展报告（2021）》统计，近七成保险专业中介机构认为目前保险科技的投入基本满足需求，且未来三年会持续增加保险科技的投入，这一比例高于直保公司和再保险公司。近六成的保险中介机构认为未来三年，其保险科技投入年均增长率在10%～30%。从保险科技投入类别看，保险专业中介机构除重点投入移动技术、大数据、云计算、人工智能等通用型技术外，对于物联网、车联网、基因科技、无人机、VR/AR、可穿戴设备等方面投入均高于保险行业平均水平；同时，保险专业中介机构在保险科技人力投入方面高于财产险公司、人身险公司和再保险公司，这与保险专业中介机构的创新机制相一致，激励机制和人才机制是其科技创新的主要机制。

（2）保险科技应用方面

保险科技应用贯穿于保险价值链多个环节，目前保险科技已在客户服

---

① 中国保险行业协会．中国保险科技发展报告（2021）［M］．北京：中国财政经济出版社，2021.

务、销售渠道、核保理赔、风险管理、监管合规、财务管理、产品定价、产品设计、投资分析、再保险、人力资源等多环节应用（见表8－4）。

表8－4　　保险科技在保险价值链各环节应用比例　　单位：%

保险科技应用	风险管理	客户服务	销售渠道	核保理赔
大数据	41	39	36	35
移动技术	—	68	60	48
云计算	—	32	38	—
人工智能	—	48	33	38
区块链	—	—	6	5

资料来源：中国保险行业协会．中国保险科技发展报告（2021）［M］．北京：中国财政经济出版社，2021.

保险专业中介机构在客户服务、销售渠道、风险管理三个环节的应用比例较高。数字营销渠道中，保险专业中介机构主要选择自有平台、微信小程序、远程展业平台、私域流量，其中自有平台的比例最高，且高于保险行业平均水平。在风险管理中，保险科技可在承保理赔、产品设计、风险定价、客户风险画像、投资风险预警、内部风控等多方面有所应用。保险专业中介机构主要应用在内部风控、客户风险画像、承保理赔方面，且内部风控、客户风险画像的应用占比超过保险行业平均水平，而财产险公司和人身险公司在承保理赔方面的应用更高。

新冠肺炎疫情期间，保险专业中介机构的业务拓展也得益于保险科技的应用，主要体现在客户触达和营运管理两方面，因此机器人服务、App、远程办公、直播平台是保险专业中介机构的重点关注和发展领域。

（3）基础设施方面

保险专业中介机构的硬件设施以租用机房和采购设备为主，在云计算技术方面采用率较高，仅次于保险集团（控股）公司，且多数机构更倾向于使用公有云。在具体运用方面，保险专业中介机构云计算技术在核心系统、客户管理系统、综合管理系统和财务管理系统方面比例均高于行业其他机构（见图8－3）。

从保险科技的来源角度看（见表8－5），保险行业还是以第三方采购为主，但是保险专业中介机构更多地以自建/自研为主。同时保险专业中介机构对外投资前沿性科技公司的比例也高于财产险公司和人身险

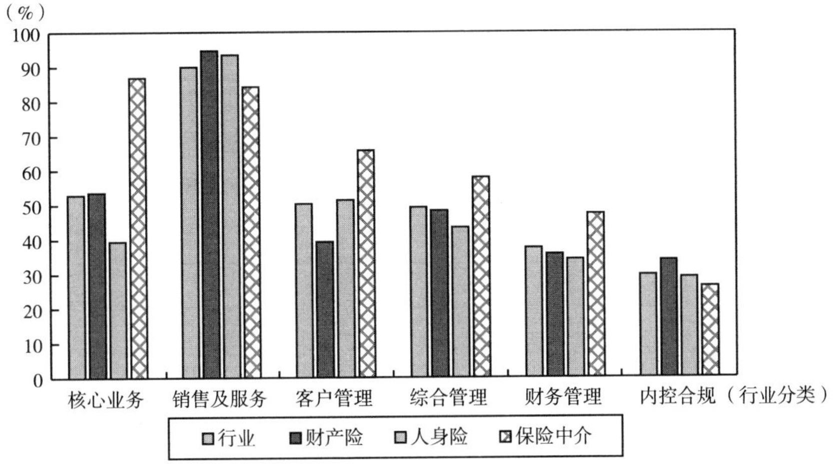

图8－3 保险行业采用云计算系统分类

资料来源：中国保险行业协会．中国保险科技发展报告（2021）［M］．北京：中国财政经济出版社，2021.

公司。在42家调研机构中，30%的中介机构已经成立了保险科技子公司；近20%的中介已在申请或计划中，这一占比也高于保险行业平均比例。在保险科技赋能进程中，保险专业中介机构也积极布局保险科技发展，打造自己的科技竞争优势，推动保险专业中介机构升级转型。

表8－5 各类保险行业机构保险科技供给来源比例 单位：%

机构类型	自建/自研	投资前沿科技公司	第三方采购
行业	60.34	5.49	76.79
财产险	44.58	0	83.13
人身险	58.89	4.44	86.67
保险中介	83.33	11.90	42.86
再保险	75.00	0	87.50

资料来源：中国保险行业协会．中国保险科技发展报告（2021）［M］．北京：中国财政经济出版社，2021.

（4）保险科技机构设置方面

将保险科技融入机构发展战略中才能真正实现保险科技赋能发展，多数保险行业机构也设立了各种形式的领导架构，以此来保障保险科技战略的实施。财产险、人身险和再保险机构虽设有领导架构，但是缺少岗位考核，容易造成“名正职弱”问题，但保险专业中介机构保险科技的名义领导架构和实际领导架构设置率都高于保险行业平均水平，尤其是实际领导架构，具有明确的岗位考核标准，因此保险专业中介机构实施保险科技战略领导架构具有“实名兼备”（见表8－6）。

表8－6 保险科技组织机构 单位：%

机构设置	保险行业	保险专业中介机构
设置了独立的子公司	7.18	23.81
设置了专门部门 且独立于IT部门	16.88	33.33
设置了专门部门 但和IT部门属于同一部门	37.97	28.57
未设置专门部门 但职责归属于具体部门	33.33	11.91
未设置专门部门 且职责没有归属于具体部门	4.64	2.38

资料来源：中国保险行业协会．中国保险科技发展报告（2021）［M］．北京：中国财政经济出版社，2021.

从表8－6看，不仅超过90%的保险专业中介机构设有明确的保险科技组织架构，且其架构完整度和职责清晰度均高于保险行业平均水平。

8.2.2 保险科技在我国保险专业中介机构的典型应用模式

以泛华控股集团、大童保险服务及蚂蚁保三家典型保险专业中介机构为例，具体分析其保险科技创新应用模式。

（1）泛华模式

①泛华控股集团概况。泛华控股集团于1998年在广州创立，2007年10月在美国纳斯达克主板上市，至今已发展成为国内知名的综合性第三方金融服务集团公司。泛华控股旗下拥有泛华保险销售服务集团、泛华保险公估集团，下设泛华保网、泛华云桐、榕数开放平台事业部、

医疗健康事业部等经营板块。泛华坚持以客户家庭需求为导向，提供全生命周期的风险保障、财富管理、资产增值服务，定制家庭资产配置解决方案。

作为科技发展的先行者，泛华将数字化转型作为行业高质量发展的驱动力，确立“专业化、职业化、数字化、开放平台”战略，以数字化驱动业务发展。全面开展数字创团，利用企微、榕数 DOP 等数字工具，塑造强大的前、中、后台，赋能代理人，服务消费者，提升企业的核心竞争力，通过数字化、科技化，降本增效，实现公司业绩、价值双翼齐飞。10 多年来，每年投入 IT 与科技研发建设费用近 1 亿元，已经形成了基于营销组织密切关联与需求的全科技赋能，提升公司作为专业保险中介的服务能力，为实现高质量发展提供了良好基础。

②泛华控股集团保险科技创新应用。

a. 提升保险销售服务水平方面。泛华通过打造更加服务化、智能化、移动化、一体化的学习交易平台工具，对代理人进行赋能，提升代理人的学习、交易效率和效益，同时提升线上经营的能力。

“懒掌柜”是泛华代理人所用的一站式交易平台工具，其服务化实现前、中、后台功能组装；智能化为销售提供全方位辅助；移动化实现随时的服务支持；产品一体化、上百家保险公司数据流程一体化，对保险中介行业的业务流程改造和效率的提升有重大影响，充分满足了效能的要求，也能支持行业营销员的多元需求，最终有效触达客户、服务客户。同时，该系统采用 SaaS 与开放平台设计，可以实现行业构建共享服务平台的目的。据泛华控股集团 2022 年第二季度财报显示，泛华懒掌柜 3.0 完成全新升级，数字化持续焕发活力。自上线以来，懒掌柜上的活跃代理人日活提升 50%，并持续上升；通过数字运营工具经营客户的代理人的产能是不使用数字工具代理人的将近 1.5 倍；管家代理人的产能比普通代理人高出将近 20%，数字化赋能效果初显（见图 8－4）。

在客户的线上运营领域，泛华主要依托“泛华 e 管家”。针对各种类型的客户，经过大数据的标签化，赋能线下，围绕这些客户的家庭生命周期持续提供服务。

而为了赋能精英代理人与独立代理人获得数字营销与线上获客转化能力，泛华又研发了 FUN 掌柜——一个数字化的，线上获客、线上运营、线上交易以及客户服务相结合的一体化平台。

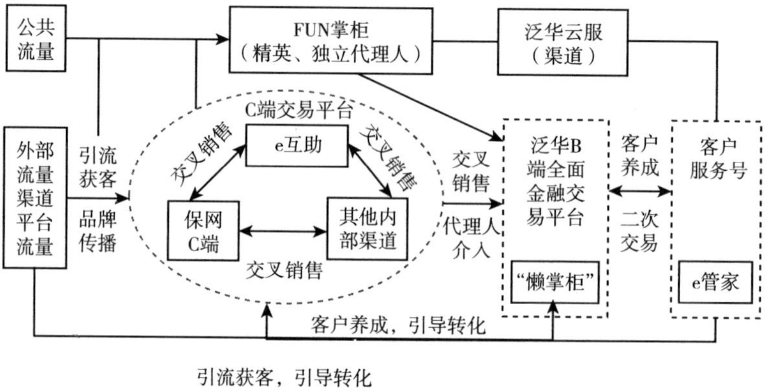

图 8-4　泛华数字化建设

资料来源：慧保天下，https：//mp. weixin. qq. com/s/vj_FDjwOoUQciePtmQ2daA.

SaaS 服务泛华云服、客户运营的 e 管家、代理人使用的“懒掌柜”“FUN 掌柜”……所有这些都是基于泛华的核心业务系统建设进行不断拓展延伸，最终通过保网、e 互助和其他内外部平台渠道进行线上引流，建立并形成完整而流畅的数据链，赋能给代理人，实现了线上和线下融合。

b. 科技赋能理赔业务方面。以在线理赔服务为例，泛华保网利用技术为理赔赋能，有效提升理赔服务的质量与效率，结合保网线下理赔专属顾问团队，可以 10 分钟实现报案提交，最快 1 个工作日完成案件理赔，帮客户高效便捷地完成理赔申请。保网用户还可通过保网在线申请航班延误、行程变更、行李延误、拒签等理赔，极大地提升了客户的满意度。泛华保网借助其线上线下优势，已与 20 多家著名保险公司达成战略伙伴关系。泛华 2021 年上半年理赔报告显示，累计赔付 10569 件；累计赔付金额 3. 28 亿元；平均赔付时长 4. 33 天。

泛华保网的在线理赔程序也相对简单，理赔流程具体分为五步：微信关注保网微商城公众服务号；选择微服务—我的保网—我的理赔；理赔申请提交后，在线上传理赔影像资料；支持在线查询案件理赔进度；反馈理赔状态及结果。同时还提供在线理赔申请、暂存理赔信息、理赔进度查询、合作保险公司自助理赔服务说明等服务。

c. 延伸服务边界和深度方面。在新技术革命浪潮下，保险科技创新重点正在向保障客户利益和提供精准服务转变。以客户需求为核心，不断优化保险服务质量，通过优质、高效、快捷的专业服务提升消费者保险认知和风险防范意识，充分尊重和保障消费者权利和义务，是保险业机构高质量发展的内在需求。

泛华控股集团不断释放科技创新动能，持续加码专业化服务升级，全力打造客户服务阵地，实现数字化转型价值的最大化。依托泛华“榕数管家”系统，泛华聚焦客户服务，利用强大的线上数字平台能力，通过智能化数字运营，为消费者提供保险全旅程服务，为客户提供一站式解决方案，让保险消费者感受到极致的保险服务与温度。

为实现长期服务的落地执行，泛华“榕数管家”系统面向C端客户，集保单查询、售后服务、保单托管、资产托管、风险测评及家庭保障管理于一体，为客户与专属管家建立一对一服务关系和沟通桥梁，进一步改善客户服务体验（见表8-7）。

表8-7　泛华榕数管家主要特色

层面	特色优势
保单查询服务	从客户角度出发，为客户提供多家保险公司保单集中查询的服务，客户通过泛华投保的任何一家保险公司的保单信息都可以在此查询到，随时随地，方便快捷
保单托管服务	对于外部的保单，泛华推出了保单托管功能，客户可以通过上传关键保单信息，向平台发起保单托管申请，平台会生成完整的保单信息，并提供后续的保单管理服务。泛华的保单托管还提供以家庭托管的模式。客户完成保单托管后，可以自主生成个人或家庭保单分析报告，智能识别潜在的保障缺口、更好地完善家庭保障规划
服务直通车	榕数管家提供理赔协助、保单变更、保单申请等保单一站式服务。客户需要办理相关保单业务时，可以进入办理入口，所需资料及流程一目了然，实时了解办理进度
客户权益查询	泛华提供了客户权益可视化服务，对各个保险公司的服务进行整合。客户可以通过平台集中查询到经泛华投保的所有保单对应的各保险公司的各项增值服务，以便客户需要时能及时启动服务
在线管家	客户到达平台之后，平台会自动为客户分配一对一的专属服务管家。在客户需要进行保险咨询、方案配置、投保操作、保单服务、理赔协助等全保险流程的服务时，可以通过“在线管家”功能一键联系管家，随时随地获得专业的服务，方便、快捷、高效地解决客户问题

资料来源：根据《保险科技“十四五”发展规划》内容整理而得.

在保险服务进入数字化转型新周期时，泛华基于数字化应用实现家庭资产配置生态服务创新，利用科技赋能精准匹配专家顾问、产品、用户等，延伸客户服务的边界与深度。品质服务与合规并行，让保险持续有效地发挥其稳健、可持续的风险转移与保障功能。同时结合更多“保险+”服务模式，让家庭资产配置更智能、更灵活、更贴心。

（2）大童模式

①大童保险服务概况。大童保险服务成立于2008年，是中国保险中介领域提供专业化保险服务的领军企业。大童开创保险服务“产品化”，构建从上游产品定制、到中游销售矩阵、再到下游服务矩阵的全新保险生态系统，并利用前沿科技使生态内各板块高效连接、协同共生，形成为客户和用户创造价值的自循环体系，并开创保险中介企业为客户提供会员增值权益服务的先河，成为中国第一家进军保险生态建设的保险中介企业。

大童在保险科技应用方面做了诸多创新和突破。2015年正式进军移动互联领域，旗下设有快保科技，目前有北京、武汉、深圳三大研发中心，工程师超300人，是中国研发资源投入最大的第三方保险科技企业。从合作平台看，针对A端，大童现有4万多名保险服务顾问，以及业内20余万使用大童科技平台的从业者，还有快保App和快小保小程序；对B端，大童现在有自己的核心业务系统和快保云服，现在快保云服也在对外向保险企业提供一些科技方面的赋能和支持；对C端，主要是通过大童保险管家服务号为大童平台的客户提供服务（见表8-8）。

表8-8　大童合作网络平台

网站名称	网站/App	平台类型	业务合作范围
快保App	App	自营平台	为客户提供保险咨询、方案定制、保单托管、好赔代办等保险服务
大童保险管家	微信公众号	自营平台	
大童童管家	网站	自营平台	
大童保	微信公众号	自营平台	
快保	微信公众号	自营平台	为客户提供保险知识科普、保险商品活动介绍等保险服务

资料来源：https：//www. dtinsure. com/dtsite/pc/information.

②大童保险科技创新应用。

a. 科技赋能业务向智能化阶段过渡。大童坚持“科技+顾问”的核心发展理念，实施OMO线上线下融合战略，为服务顾问提供保险事业全工作场景的沉浸式服务，将服务顾问的日常工作事务最大限度地转移到线上，实现无纸化、非现场、全时段的展业。目前大童服务顾问全线上工作场景可分为4个大的系统和25个子系统。包括客户经营系统、个人成长系统、品牌宣传系统、管理赋能系统，例如顾问的客户管理、所有客户的保单托管管理、核保、客户投保信息收集、商品的搜索、咨询服务系统、智能的测试系统；包括为客户在多家保险公司产品中定制一个全套的、一对一的解决方案等，这些都做了智能化支持。

新冠肺炎疫情背景下，大童也加速了自身线上获客系统搭建，突破了疫情带来的时间和空间上的制约。研发线上跟客户视听交互系统，将相关理念、方案制作成视听版的解决方案和托管报告解读；将大量的案例、服务脚本和资料全部都放到“大童会客厅”中，服务顾问在讲解时可以随时调用；大童平台所有品类的产品都可以电子化投保，所有业务的续期管理都可以线上一键管理；服务顾问可以线上预约理赔专家为客户提供理赔服务。同时专业团队借助大数据和精准算法实现互联网生态中保险咨询诉求方与大童服务顾问的匹配，全程服务线上客户。

科技赋能直接带来业务量的增长，提升了公司整体经营效率。大童服务顾问的人均产能实现了两到三倍以上的增长，成本结构也发生了改变。

b. 科技创新提升服务优势。大童坚持“新中介”理念，认为保险中介应该是保险服务的提供者，而不仅是保险产品的提供者。大童整合优质资源，推出保险服务产品——童管家，通过“科技 + 顾问”的形式，为消费者提供财富风险管理全生命周期的管家式服务（见图8－5）。

第一，保险咨询方面。大童管家的保险咨询服务是基于DOSM需求导向型服务技术，立足第三方中立视角，针对财富风险管理和保险配置问题为客户提供专业的咨询服务，是线上线下融合服务模式。具体包括保险险种分析、风险管理理念、保险法律法规、投保核保规则、保险理赔办理、保险公司信息等相关咨询服务。目前，咨询定制服务客户已超过1000万。

第二，方案定制方面。大童链接全国100多家保险公司的上千款保险产品，通过分析客户状况，评估潜在风险，量化风险损失，搭建需求框架，定制解决方案，精准匹配保险产品，协助办理相关手续，建立电

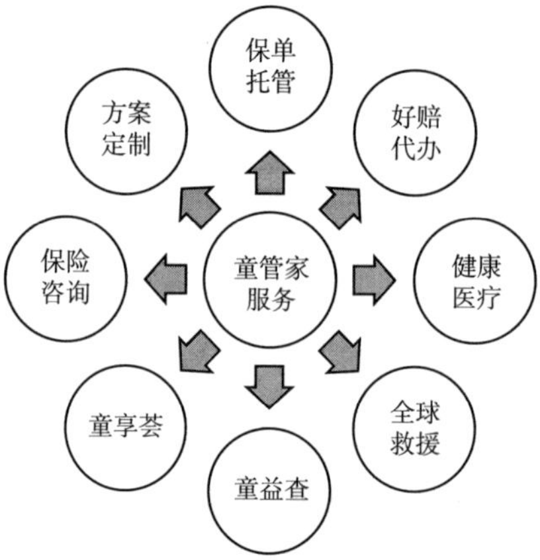

图 8-5 大童“通管家”服务内容

资料来源：https：//www. dtinsure. com/dtsite/pc/advantage/service?tag = tag0.

子档案，长期动态管理客户风险变化，并以数字化的风险评估技术和智能化的解决方案合成技术提高服务效率、优化客户体验（见图 8-6）。

图 8-6 方案定制的服务程序

资料来源：https：//www. dtinsure. com/dtsite/pc/advantage/service?tag = tag0.

第三，保单托管方面。大童基于大数据和先进的条款拆解技术、责任聚合技术，业内首创数字化、智能化电子保单托管服务。从专业角度为客户全面梳理保单，提供保单数字查询、保单一键分享、保障责任精析、保单托管报告、续期缴费提醒、保单年度检视等功能服务。

第四，好赔代办方面。大童一直坚持“新中介”的理念，致力于成为解决顾客痛点的专业服务提供者。大童好赔代办服务覆盖全国大部分省份，提供理赔咨询、协助报案、资料收集和递送、进度反馈、结案告知、到账核实等一对一专业理赔全流程代办服务，让顾客享有“客户中心化、服务前置化、流程电子化、过程透明化”的优质理赔体验，一站式解决“理赔难”的痛点，真正做到“赔对、赔准、赔快”。

第五，健康医疗方面。甄选优质医疗资源，搭建健康服务平台，为客户提供智能自诊、线上问诊、送药到家、就医预约、就医协助、远程医疗等一站式、从线上到线下全流程的优质医疗健康服务。

第六，全球救援方面。不断拓展优化境内外医疗服务及紧急救援服务能力，在全球范围内建立了完善的服务网络体系，实现各项医疗资源的高效配置，并提供专业医疗运输工具和后勤保障，为客户提供全球出行援助、医疗评估、门诊及住院案件协调、紧急医疗援助和理赔管理等多领域服务。

第七，童益查方面。首创保险增值权益的聚合呈现，支持客户会员权益一账式管理。根据客户的保单信息，帮助客户快速查询在各保险公司可能匹配的会员等级及享有的权益，精准解决客户在使用各保单权益时面临的“权益散、查询繁、路径乱、使用难”的痛点。

第八，童享荟方面。大童开创了我国保险中介企业第一套客户会员权益体系，依托于不断拓展的保险服务生态，为客户提供健康医疗、国际救援等领域的大童特色增值权益，包括智能自诊、线上问诊、挂号陪诊、境外旅行援助、境内医疗救援、境内道路救援、境外医疗救援、康护指导、法税咨询等服务项目。

（3）蚂蚁保模式

①蚂蚁保概况。蚂蚁保是蚂蚁集团旗下的互联网保险代理服务平台，由蚂蚁保保险代理有限公司管理并运营，消费者可以在蚂蚁保上完成保险购买、保单管理、理赔报案等一站式服务，主要是在支付宝 App 上为用户提供保险服务。上线以来，蚂蚁保已经和全国超过 100 家保险机构合作，代理的保险产品类型包括车险、意外险、健康险、旅行险、寿险、财产险等，共同服务超 6 亿保民，其中超过 55% 的在保用户来自三线以下城市。

蚂蚁保致力于通过技术、产品能力的开放为保险机构营造一个数字化阵地，为用户提供更多优质保险产品，以及更全面更便捷的服务。在投保前，蚂蚁保平台为用户提供智能顾问分析和保险方案定制服务；在投保中，亦提供智能保费测算、保险条款智能解析等服务；在投保后，保险管家和相关理赔服务工具也已上线。

②保险科技的创新应用。

a. 产品选择方面。为了降低消费者选择保险产品的门槛，“蚂蚁保”基于对用户需求、保险产品的研究，引入精算师、资深保险产品专家等专家团，建立了一套科学评估保险产品的 AIMM 金选五维模型，推出了“蚂蚁保金选”服务，从投保门槛、保障范围、性价比、服务理赔和公司经营五个维度对其代理的保险产品进行综合对比和打分，筛选出平台上综合竞争力最强的保险产品（见图8－7）。

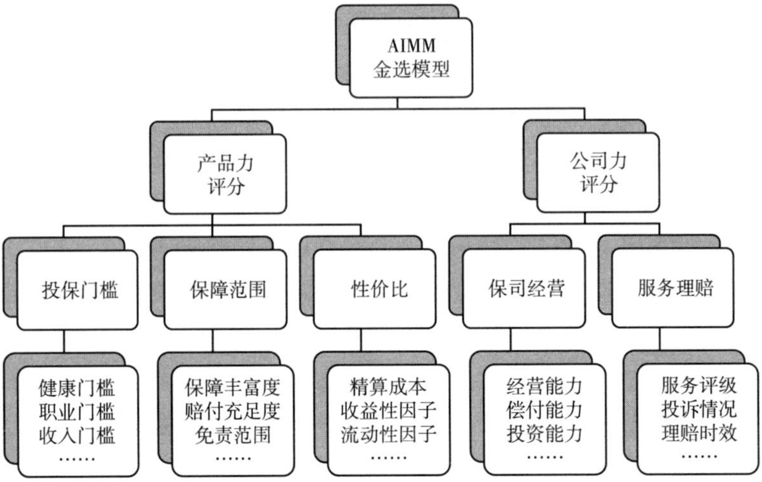

图8－7　蚂蚁保“金选”评估模型

资料来源：蚂蚁保官网，https：//www.mayibao.cn/about/aboutUs.

同时，“金选”的保险产品还必须确保健康告知清晰、产品条款及免责设置合理。在不同的险种页面，还给出了选购要点，使得消费者更清晰自己需要的保险，降低消费者决策难度和决策成本。“金选”的保险产品也会根据消费者保前、保后及理赔过程中的反馈，不断更新产品，将用户口碑不佳的产品列入负面清单。

蚂蚁保的平台也将消费者需求反馈给保险公司，保险公司也可以从中了解互联网用户的偏好，以及全行业的产品水准，并且有针对性地优化产品，共同开发差异化、特色化保险产品。

b. 理赔服务方面。互联网代销平台易出现投保人出险理赔后保险公司和代销平台互相踢皮球，理赔时效差等问题。蚂蚁保凭借其技术实力，联合多家保险公司共同为消费者搭建起保前、保中、保后一站式服务平台，让保险售后的理赔服务更加智能化、标准化。基于蚂蚁保“理赔大脑”系统，蚂蚁保与多家保险公司共同上线了理赔服务“安心赔”。该服务在实现医疗数据安全合规使用的同时，将理赔流程智能化，提升了保险公司在处理理赔申请、调查、审核全链路的工作效率。

根据《蚂蚁保平台2022年度理赔服务报告》，2022年，约90家保险机构与蚂蚁保平台进行合作，开放了“理赔大脑”这一技术，用户可以在线向保险公司提交理赔申请，覆盖了门诊险、医疗险、重疾险、意外险等多个险种。2022年保险公司累计向用户理赔187.5亿元。

从消费者角度看，用户选择在线上发起理赔申请的比例达到了98%。在线理赔功能会对用户进行智能指导，用户提交材料的准确率也大幅提升。以住院医疗险和重疾险为例，86%的蚂蚁保用户能一次性交对所有理赔材料，避免了反复提交材料，拉长理赔流程导致的理赔体验下降。同时，全程协赔服务也不断升级，为理赔用户提供全程协助，用户可随时发起理赔咨询获得专业指导，并在线自助申请或使用理赔协助代办。若对理赔结论有疑问，蚂蚁保将会有协赔专家一对一解读，并提供调解服务。在理赔速度保障方面，入选“安心赔”的保险公司会约定理赔审核时效，其中，门诊险、住院医疗险、意外险和重疾险的理赔时效保障，分别为2日、4日、5日和15日。一旦超过约定时效，用户可申请加急处理，让理赔速度有了明确标准。

对于保险公司而言，理赔科技也帮助其降本增效，“理赔大脑”可智能识别107种医疗凭证，准确率高达98%。在理赔立案阶段，“理赔大脑”能帮助保险公司降低约30%的人工成本；而在审核阶段，在不同险种上，“理赔大脑”帮助保险公司提升的审核效率在30%~70%。

蚂蚁保平台的科技能力一方面优化了客户提交材料及审核的流程，使得理赔服务向标准化和智能化方向转变；另一方面利用数据分析能力帮助识别和防范保险欺诈，有助于提高线上理赔效率。

c. 数字化经营平台。蚂蚁保作为代理平台，既服务于消费者也服务于保险公司。2022年9月7日，蚂蚁保发布了行业内首个数字化经营平台“星云1”，并向合作的保险机构开放。借助星云平台，保险机构可以在蚂蚁保上实现售卖、经营以及服务的全流程在线化、数字化运营，大幅提升运营效率、服务体验（见图8-8）。

在售卖环节，“星云1”通过智能AI审核辅助，提升审核效率，保险机构可自主、智能完成保险产品的上下架，进行产品营销推广。通过“星云1”，保险机构在蚂蚁保上架保险产品的效率可提升56%以上。

在服务上，“星云1”实现了从保前、保中到售后的全流程服务在线化。保险机构可以在蚂蚁保开通专属“营业厅”，进行产品销售、内

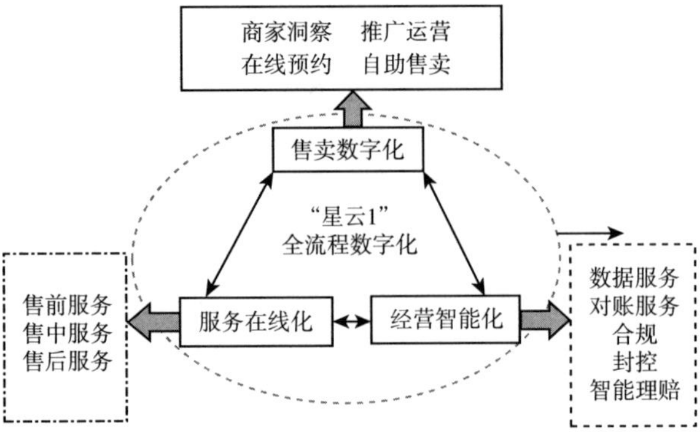

图8-8 "星云1"数字化经营平台

资料来源：蚂蚁保官网，https：//www.mayibao.cn/about/aboutUs.

容教育以及权益服务，帮助保险机构建立直连用户的线上自运营阵地。另外，通过AI技术能力，保险机构可为用户提供在线帮选、保单管理、理赔等服务。

星云平台的上线意味着，合作保险公司可以自助化接入销售、经营和服务的全流程，通过蚂蚁保的科技能力提升线上运营效率，真正实现全流程数字化经营。

8.2.3 保险科技创新应用实践总结

科技赋能保险专业中介机构转型升级已成为行业发展的一大趋势。基于信息科技的应用，保险专业中介机构可以从单一的产品销售转型升级为综合风险管理平台，更加注重保险服务化；同时可以降低运营成本，促进业务模式创新和市场效率的提升。科技赋能保险中介转型升级现已不再只是一个概念，而是在渠道拓展、客户服务、代理人赋能、理赔、风险管理等多环节均有体现，进一步提升了保险专业中介机构的经营效率和效益。

（1）模式应用创新

第一，整合行业资源，实现数据流程一体化和标准化。随着移动智能终端的普及和线上社交的发展，互联网平台为保险中介企业的发展带来了新的机遇。各类保险中介机构都开始探索线上业务，积极开展与互联网平台的合作。依托服务平台，整合多家保险公司产品资源，实现数据流程一体化，有针对性地提供标准数据接口和保险产品服务，一方面提升了行业资源整合、业务互联和便利化水平；另一方面，支持营销员的多元需求，最终有效触达客户、服务客户。

第二，延伸价值链，由保险销售向全渠道保险服务转型。科技赋能使得保险专业中介机构的能力不仅是分销渠道，而且向更细分化的客户服务发展。以服务驱动销售，为客户提供保险咨询与方案定制、个性化产品定制、医疗与健康服务、理赔服务、紧急救援、灾后重建等服务，基于大数据平台，整合和创新服务内容，拓展保险中介机构价值链。

第三，搭建数字化经营平台，实现全流程数字化经营。既服务消费者又服务保险公司，为保险公司开通专属“营业厅”，搭建保险公司直连用户的线上自运营平台，实现销售、经营和服务全流程数字化经营。同时，借助数字技术，可以为消费者提供在线帮选、保险管理、理赔等服务。

（2）渠道领域创新

第一，客户经营方面。基于线下线上融合销售的发展趋势，保险专业中介机构在销售人员与客户线上互动交流方面进行科技投入，促进了客户沟通方式的创新。首先，在保险产品计划书、保障方案设计中添加在线视频讲解功能；其次，在线视频会议室通过语音、视频在线等方式，更好地解决线下无法及时见面沟通的矛盾。这些“有声”沟通模式的创新都推动了线上交流从静默时代向音频、视频时代迈进。基于在线沟通阅读时长、阅读内容等信息，线上展业平台还可通过数据回流的方式解决保险专业中介机构获客难题，为其匹配适合的保险产品，也为代理人与客户的进一步沟通提供数据决策依据。

第二，人才培训方面。创新传统培训机制，搭建线上学习平台，致力于营造一个符合新媒体受众学习习惯的在线学习平台。平台视频课程囊括保险、投资、法律、心理等多种类，且由一线优秀业务人员、业内专家等讲授。另外，还有个人学习计划、成长计划、考核等个性化内容体系。在提升代理人专业素养的同时，创新了培训端的差异化学习机制，这种平台培训体系也以知识社区模式推动保险线上培训模式的发展。

第三，营销服务方面。科技应用推动了保险专业中介机构由传统线下模式向线上营销转移，通过网站、微信、App等渠道辅助代理人进行获客管理。在获取客户授权的前提下，对用户数据收集整合，区分客户行为、区域、偏好等特征，识别客户潜在保险需求及消费习惯，实现对目标群体的精准识别和消费行为的预测。针对目标客户，以多元化、多维度的产品展示让客户对保险产品有完整感知，保证保险销售的有效性和精准性。智能筛选客户信息，一方面可以最大限度为营销人员提供展业依据，极大程度减少因消息冗余给其带来的展业干扰和时间成本，助力精准把控客户需求；另一方面可以更友好、更智能地对客户个性化需求进行推荐，提高客户转化效率。

8.3 我国保险专业中介机构保险科技应用前景分析

8.3.1 我国保险专业中介机构保险科技应用面临的机遇

(1) 政策的支持和引导

为规范互联网保险业务，有效防范风险，2020年12月中国银保监会发布了《互联网保险业务监管办法》，在规范经营、防范风险、划清红线的基础上，鼓励保险与互联网、大数据、区块链等新技术相融合，支持互联网保险在更高水平服务实体经济和社会民生，支持保险中介机构开展基于数据创新应用的风险管理、健康管理、案件调查、防灾减损等服务。为保险专业中介机构进行科技应用与创新指明了方向。

信息安全、规范直接关系到保险专业中介机构数字化转型建设。为提高保险中介机构信息化工作与经营管理水平，构建新型保险中介市场体系，推动保险中介行业高质量发展，中国银保监会办公厅2021年印发了《保险中介机构信息化工作监管办法》，其中对保险中介机构信息化工作的安全体系、等级保护、数据安全、个人信息保护、终端安全、教育培训等提出要求。要求保险中介机构信息化工作要遵循安全性、可靠性和有效性相统一、技术路线与业务发展方向相一致、信息系统与管理需求相匹配的原则，保险中介机构信息系统应能够及时、完整、准确记录财务、业务、人员情况，实现与合作保险公司的系统互通、业务互联、数据对接，能够生成符合监管要求的数据文件，通过技术手段实现与保险中介监管相关信息系统的数据对接。

中国银保监会、中国保险行业协会等主体对保险专业中介机构涉及行业主体、从业人员、经营范围、数字化建设能力等方面的监管及要求，反映出保险业的数字化需求（见表8－9）。

表8－9 2020～2021年保险中介服务相关政策法规

政策名称	发布时间	发布主体	内容总结	影响
关于切实加强保险专业中介机构从业人员管理的通知	2020年5月	中国银保监会	机构主体监管方面，明确保险中介机构需要全面承担管理主体责任、加强统筹管理；从业人员方面，严格招录管理，建立从业人员销售能力分级体系，增加服务诚信管理，严格过程监管监督	中介服务机构主体责任更加明确，保险服务合规压力增大；保险服务人员整体服务能力水平提升，提高行业服务水平
互联网保险业务监管办法	2020年12月	中国银保监会	互联网保险公司不得线下销售保险产品，不得通过其他保险机构线下销售保险产品；保险中介机构开展互联网保险业务经营的产品和服务须符合规定；保险中介机构数据系统在有效隔离、风险可控的情况下，应与保险公司数据系统对接，提升服务便捷性	保险中介服务机构保险销售及服务范围严格受到限制；保险数据化服务能力越来越成为监管层关注的内容，保险中介机构在数据化建设方面投入需要加强
保险中介机构信息化工作监管办法	2021年1月	中国银保监会办公厅	保险中介法人及其分支机构需要专人负责信息化假设；保险中介机构须向当地银保监会派出机构报送信息化工作情况报告；保险中介机构须在业务发生起三日内将各环节业务明细数据录入信息系统	保险中介机构信息化建设重要性提高；服务过程可追溯成为保险中介机构信息化建设的重要内容

资料来源：头豹研究院.

（2）数字经济的战略布局和发展

2015年，“国家大数据战略”在党的十八届五中全会首次提出；《国务院关于印发促进大数据发展行动纲要的通知》正式发布。2016年，“十三五”规划纲要中提出把大数据作为基础性战略资源，全面实施促进大数据发展行动，加快推动数据资源共享开放和开发应用，助力产业转型升级和社会治理创新。2017 年，数字经济首次出现在政府工作报告中，2019～2022 年更是连续四年写入政府工作报告，根据每年报告中对其表述的变化也可以看出数字技术发展的重要性。2022 年，政府工作报告指出，要促进数字经济发展；加强数字中国建设整体布局；建设数字信息基础设施，推进 5G 规模化应用，促进产业数字化转型，发展智慧城市、数字乡村；加快发展工业互联网，培育壮大集成电路、人工智能等数字产业，提升关键软硬件技术创新和供给能力；完善数字经济治理，释放数据要素潜力，更好赋能经济发展、丰富人民生活。

随着国家数字战略布局不断推进，我国信息基础设施加快升级；融合基础设施加快布局，电子商务、远程医疗、线上教育等民生设施加速构建；创新基础设施加快优化。我国数字经济的战略布局和信息基础设施的升级、创新为我国保险专业中介机构数字化转型提供了平台、技术、设施等基础。

在国家及各级政府的政策支持下，人工智能、大数据、云计算等技术与保险业融合发展，我国保险科技市场规模由 2015 年的 441.5 亿元增加到 2020 年的 793.8 亿元，呈现稳步增长趋势。2021 年 12 月，中国保险行业协会发布了《保险科技“十四五”发展规划》，明确“十四五”期间我国保险科技发展的指导思想、基本原则、发展目标、重点工作和保障措施，对保险专业中介机构数字化转型、保险业务和模式创新、保险科技的应用和发展起到积极推动作用。

（3）消费模式线上化

信息技术的快速发展，开启了数字智能化时代，助推了消费者消费模式的转变。

如图 8－9 所示，截至 2022 年 6 月，我国网民规模达 10.51 亿人，互联网普及率达到 74.4%。其中手机网民规模达 10.47 亿人，网民使用手机上网的比例为 99.6%，网络购物用户规模由 2007 年 6 月的 4131 万人增加到 2022 年 6 月的 84057 万人（见图 8－10）。随着互联网在线下消费场景的深入，线上线下融合消费已基本成型，形成“实物＋服务”同步发展消费格局，且随着大数据、人工智能技术的发展，线上消费行为逐渐由搜索型消费向推荐型消费转变。

从网民年龄结构看，20～49 岁人群占据主力，该年龄段人群也是

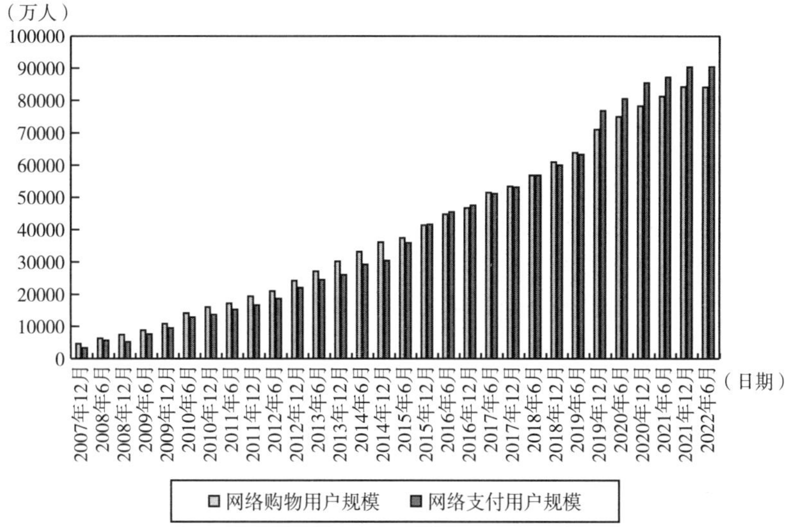

图8－9　2007～2022年网络购物与网络支付用户规模

资料来源：CNNIC中国互联网络发展状况统计调查.

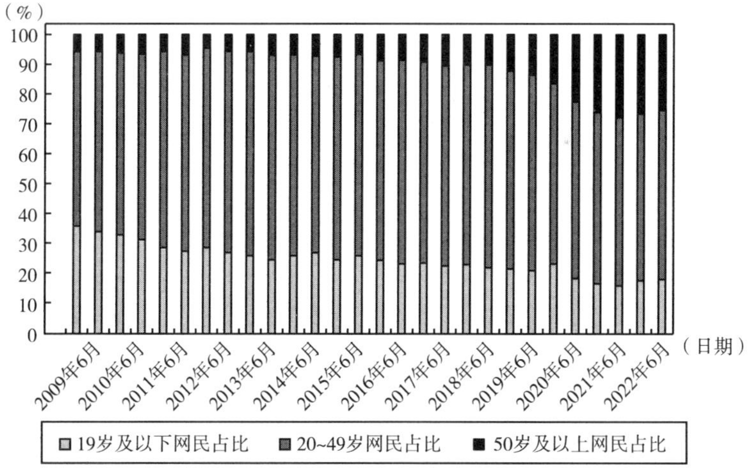

图8－10　2009～2022年网民年龄结构占比

资料来源：CNNIC中国互联网络发展状况统计调查.

线上线下消费主力。同时，互联网适老化和无障碍化改造，为老年群体融入互联网提供了便利。我国50岁及以上网民占比从2009年6月的5.7%，显著提升至2022年6月的25.8%，人数接近3亿人。

从保险实际购买力及潜在购买力的年龄层分布看，在数字时代成长起来的“80后”“90后”成为主流消费群体。根据《2022保险业数字化客户经营白皮书》市场调研数据显示，21～30岁占比为31%；31～40岁占比为45%；41～50岁占比为18%。面对保险消费客群年龄结构的变化，保险专业中介机构也应革新经营理念，加速数字化转型，构建数字化、个性化经营模式，以适应新一代主力客群的消费习惯、意愿和能力。

数字经济时代，线上消费模式、消费结构及消费主体结构的变化倒逼保险专业中介机构转型升级，同时也为其产品销售和服务转型提供了机遇。一方面，通过传统与智能相结合，开展线上与线下相结合的保险服务模式，搭建线上渠道覆盖大众客群；另一方面，发掘老龄产业潜力，结合老年群体消费特征及风险需求，开展适老化保险产品和服务。

（4）大财富管理赛道开启

招商银行和贝恩公司联合发布的《2021中国私人财富报告》指出，2020年中国个人可投资资产总规模达到241万亿元，2018～2020年年均复合增长率为13%；可投资资产在1000万元以上的中国高净值人群数量达到262万人，2018～2020年年均复合增长率为15%。而财富的积累将提升居民对资产配置和风险管理的需求，对保险保障需求也会更加复杂化、多元化及差异化，主动寻求保险专业中介机构专业咨询服务的意识会不断增强。

数字经济时代，传统行业的赋能和转型，互联网、新能源等行业的发展也推动了新富人群的崛起，高净值人群结构更加多元化，年轻化趋势显现。2021年，40岁以下高净值人群的占比升至42%。多元化、年轻化的高净值人群结构变化也使得其对财富管理的需求趋于多元化，从单一财务管理扩展到个人、家庭、企业和社会等多层次金融和非金融综合需求，差异化需求更加凸显（见图8－11）。

保险产品作为高净值客户财富管理的工具之一，高净值人群对保险产品和服务的多元化需求会推动保险专业中介机构服务能力的提升。从成熟保险市场保险专业中介的优势看，专业中介机构可以基于客户利益角度，为其提供养老金规划、保险、风险配置等专业服务。随着我国监管政策对保险专业中介机构规范化经营的引导，我国保险专业中介的专业优势及经纪职能将不断显现。

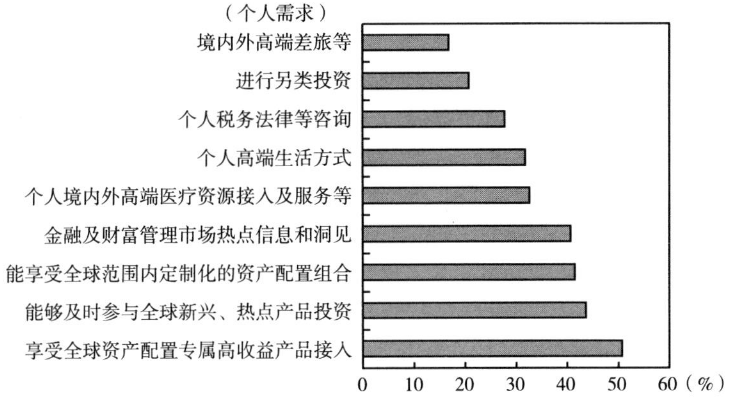

图8-11　2021年中国高净值人群个人需求占比

资料来源：招商银行，贝恩公司.2021中国私人财富报告［R］. 北京：招商银行，2021.

《2022年香港私人财富管理报告》指出，在私人财富管理行业吸引年轻一代投资者的必备因素中居前四位的分别是全面数字生态系统和多渠道服务（78%）、自助投资平台（64%）、即时通信应用程序（36%）、全面财富解决方案（31%）。对我国保险专业中介机构而言，亦应提高自身数字化服务能力，助推业务运营线上化、数字化、智能化。

8.3.2　我国保险专业中介机构保险科技应用展望

从保险产品的特性及产业分工的角度理解，保险专业中介机构是保险市场中不可或缺的独立部分，保险中介做大做强也是中国保险市场走向成熟的必由之路。虽然目前我国保险中介的发展已有了一定的市场规模，但是其发展程度和我国整个保险市场的体量还有一定差距，而且也缺少具有全球竞争力的头部保险中介机构。数字化经济时代的发展为我国保险专业中介的升级转型提供了契机。

第一，精准匹配客户的需求与保险产品服务。基于保险科技的应用，保险专业中介机构要实现精准获客，要让消费者相信，每个人都应该、也能够在合适的时间、以合适的价格买到正确的保险产品，让不同层级客户的保障需求与合适的保险产品精准匹配。同时不断创新产品与服务，基于保险专业中介机构庞大的客户数据与精准的客户洞察，助力保险公司创新更加普惠、更加个性化的保险产品，并协助保险公司实现降本增效。改变目前市场中存在的保险中介与保险公司的对立关系，两者合力共同推进我国保险市场高质量发展。

第二，坚持专业化发展。保险专业中介机构在拥抱科技创新的同时，一定要清晰自己的发展定位，坚持专业化发展。让科技服务于机构的发展，而不是仅仅追求科技理论前沿。保险专业中介不是简单的保险产品和服务的提供者，更应该将服务贯穿在售前、售中、售后等多环节，充分发挥自身作为“桥梁”的功能，为消费者和保险公司创造新的附加价值。坚持核心价值，搭建线上渠道覆盖大众客群，由销售型向顾问型转型，积极拓展大财富赛道。

第三，延伸服务链条。保险专业中介要以新产品、新服务推动服务、专业赋能和开放平台的建设，延伸和拓展自身服务链条。客户服务方面，纵向延伸打造“保险+康养”服务，横向链接“保险+财富管理”，尤其是高净值客户资源，存量方面实现“保险+保单管家+理赔”等一站式服务；实现线上线下的数字化赋能体系，在展业、客户管理、团队管理等方面全方位进行赋能，提高保险科技应用的落地能力；数字化平台建设方面，信息化、数字化时代保险行业需要链接更多的客户进行服务，保险中介需要数字化的后台，打造保险服务新基建。

参考文献

[1] 安秀洪，王晓东，丁洪生．保险中介市场风险状况及监管对策［J］．保险研究，2009（06）：52－56.

[2] 安秀洪，王晓东．保险中介机构监管探析［J］．保险研究，2007（10）：51－54.

[3] 安远芬，梁平．我国保险中介业存在的问题研究［J］．重庆大学学报（社会科学版），2003（04）：45－47.

[4] 蔡玉蓉，汪慧玲．科技创新、产业集聚与地区劳动生产率［J］．经济问题探索，2018（10）：59－69.

[5] 曹鸿英，余敬德．区域金融集聚性对绿色经济溢出效应的统计检验［J］．统计与决策，2018，34（20）：152－155.

[6] 陈美桂．基于钻石模型的中国保险中介产业竞争力分析［J］．上海保险，2018（11）：43－46.

[7] 陈乐．保险理赔效率研究［J］．现代农业，2009（02）：79－81.

[8] 陈文辉．努力实现保险中介行业可持续发展［J］．中国金融，2009（12）：15－16.

[9] 陈功，阎国顺．产业链视角的保险专业代理发展路径探析［J］．保险研究，2010（10）：71－76.

[10] 陈国亮．新经济地理学视角下的生产性服务业集聚研究［D］．浙江大学，2010.

[11] 陈宏．跨国保险集聚中国之效应分析［J］．重庆教育学院学报，2007（05）：43－45，77.

[12] 陈强．高级计量经济学及 Stata 应用（第 2 版）［M］．北京：高等教育出版社，2014.

[13] 陈向阳．金融中介、金融集聚与区域经济增长——基于广东省 16 个城市的面板数据［J］．产业经济评论（山东大学），2016，15

(01): 48-64.

[14] 陈建东，高远．我国行业间收入差距分析——基于基尼系数分解的视角［J］．财政研究，2012（04）：25-30.

[15] 陈彪，张锦高．三峡库区巴东新城区滑坡地质灾害危险性分区评价［J］．科技管理研究，2009，29（01）：256-259.

[16] 程琳琳，张俊飚，何可．农业产业集聚对碳效率的影响研究：机理、空间效应与分群差异［J］．中国农业大学学报，2018，23（09）：218-230.

[17] 程中华，于斌斌．产业集聚与技术进步——基于中国城市数据的空间计量分析［J］．山西财经大学学报，2014，36（10）：58-66.

[18] 程竹．外资保险经纪商在华加速布局［J］．中国外资，2018（13）：70.

[19] 程肖芬．保险产业集聚效应及其竞争力探源［J］．现代财经（天津财经大学学报），2007（11）：23-26.

[20] 迟景明，任祺．基于赫芬达尔-赫希曼指数的我国高校创新要素集聚度研究［J］．大连理工大学学报（社会科学版），2016，37（04）：5-9.

[21] 初春，吴福象．金融集聚、空间溢出与区域经济增长——基于中国31个省域空间面板数据的研究［J］．经济问题探索，2018（10）：79-86.

[22] 崔惠贤．刍议我国保险中介的制度安排与创新［J］．现代财经（天津财经大学学报），2006（03）：21-23.

[23] 崔惠贤．保险中介理论与实务［M］．北京：清华大学出版社，北京交通大学出版社，2010.

[24] 邓元慧．城际轨道交通与城市群空间结构演化及协调研究［D］．北京交通大学，2015.

[25] 丁艺．金融集聚与区域经济增长的理论及实证研究［D］．湖南大学，2010.

[26] 丁艺，李靖霞，李林．金融集聚与区域经济增长——基于省际数据的实证分析［J］．保险研究，2010（02）：20-30.

[27] 丁孜山．我国保险经纪市场发展研究［J］．保险研究，2008（04）：76-78.

[28] 杜家廷. 保险公估业监管制度的国际比较与借鉴 [J]. 金融理论与实践, 2002 (09): 54 - 56.

[29] 范剑勇, 冯猛, 李方文. 产业集聚与企业全要素生产率 [J]. 世界经济, 2014, 37 (05): 51 - 73.

[30] 范剑勇, 石灵云. 产业外部性、企业竞争环境与劳动生产率 [J]. 管理世界, 2009 (08): 65 - 72, 187.

[31] 范剑勇. 产业集聚与地区间劳动生产率差异 [J]. 经济研究, 2006 (11): 72 - 81.

[32] 冯薇. 产业集聚、循环经济与区域经济发展 [M]. 北京: 经济科学出版社, 2008.

[33] 高小龙, 杨建昌. 开放经济下金融集聚对技术创新的影响 [J]. 首都经济贸易大学学报, 2017, 19 (01): 25 - 33.

[34] 高啸峰, 刘慧平, 张洋华, 吕颖, 刘湘平. 1990 - 2010 年长三角城市群城市扩展时空规律分析 [J]. 北京师范大学学报 (自然科学版), 2016, 52 (05): 645 - 650, 533.

[35] 关俊, 李加明. 安徽省保险集聚对经济增长溢出作用的空间计量分析 [J]. 滁州学院学报, 2017, 19 (06): 18 - 21.

[36] 郭蕙荞. 浅析我国保险经纪公司的发展现状及对策 [J]. 河北企业, 2017 (10): 72 - 73.

[37] 郭金龙. 我国保险业区域协调发展分析和建议 [J]. 创新, 2011, 5 (05): 5 - 8, 127.

[38] 郭金龙, 胡宏兵. 我国保险公估业的现状、问题和发展建议 [J]. 中国金融, 2010 (07): 66 - 67.

[39] 郭宁. 保险中介机构核心竞争力的培育与提升策略 [J]. 现代商业, 2010 (05): 123 - 124.

[40] 郭清. 中国保险公估业的发展研究——基于法学与新制度经济学视角 [M]. 北京: 社会科学文献出版社, 2008.

[41] 韩家川, 李伟乐. 基于 SWOT 分析方法对我国专业保险中介机构经营的研究 [J]. 统计与管理, 2015 (04): 37 - 42.

[42] 洪梅, 黄华珍, 焦俊勇. 我国保险业增长影响因素研究 [J]. 保险研究, 2014 (02): 11 - 22.

[43] 黄洪. 全力推进保险中介市场改革 [J]. 中国金融, 2015 (24):

15－17.

［44］黄鹏翔．金融集聚研究综述［J］．金融发展评论，2018（02）：67－79.

［45］黄薇．保险政策与中国式减贫：经验、困局与路径优化［J］．管理世界，2019，35（01）：135－150.

［46］黄丽．上海市专业保险代理机构业务发展现状和困境分析［J］．上海保险，2005（10）：55－56.

［47］黄文强．建立我国保险中介制度的若干思考［J］．广西金融研究，1994（12）：12－14.

［48］贾得荣．我国保险经纪市场发展现状分析［J］．管理观察，2013（29）：129－131.

［49］蒋铭．效率革命与保险业产销分离［J］．中国金融，2015（24）：55－56.

［50］蒋明珠．浅议我国保险公估人发展［J］．中外企业家，2015（32）：150.

［51］姜世杰，王雅珺．基于中介调节模型的保险需求实证研究［J］．商学研究，2018，25（01）：34－43.

［52］焦清平．我国保险中介市场发展改革的模式选择及路径安排［J］．甘肃金融，2015（08）：9－11.

［53］金鸽．新经济常态下的保险中介监管［J］．现代工业经济和信息化，2017，7（08）：8－10.

［54］兰绍清．我国保险中介市场的现状和发展对策［J］．发展研究，2005（05）：20－21.

［55］梁琳，曹旭平．市场潜能与金融服务业集聚的机制研究——基于262个地级城市数据的实证分析［J］．技术经济与管理研究，2017（03）：77－81.

［56］梁琦，钱学锋．外部性与集聚：一个文献综述［J］．世界经济，2007（02）：84－96.

［57］梁琦．产业集聚论［M］．北京：中国商务出版社，2004.

［58］李飞，肖珂．论中国保险公估业的发展——从比较优势、产业分工和产业政策角度［J］．华东经济管理，2010，24（02）：79－83.

［59］李广众，陈平．金融中介发展与经济增长：多变量VAR系统

研究［J］. 管理世界，2002（03）：52－59.

［60］李君华. 学习效应、拥挤性、地区的分工和集聚［J］. 经济学（季刊），2009，8（03）：787－812.

［61］李姝姝，邢夫敏，章玲玲. 旅游产业集聚对区域旅游业效率的影响研究——基于中国省际面板数据的实证分析［J］. 世界地理研究，2017，26（03）：134－146.

［62］李雪涛，严龙茂. 金融集聚、研发创新与民营制造企业成长［J］. 财会月刊，2016（05）：91－95.

［63］李亮，赵磊. 中国旅游发展效率及其影响因素的实证研究——基于随机前沿分析方法（SFA）［J］. 经济管理，2013，35（02）：124－134.

［64］李铭，李立. 优化个人所得税税率、级次与级距的设定——基于基尼系数的分解和组间基尼系数变动［J］. 中央财经大学学报，2019（02）：24－30.

［65］李艳. 博弈论视角下公估人的理性选择及外部约束［J］. 保险研究，2011（07）：100－104.

［66］李建忠，臧炜. 规范和发展我国保险中介市场［J］. 东岳论丛，2000（06）：61－63.

［67］黎杰生，胡颖. 金融集聚对技术创新的影响——来自中国省级层面的证据［J］. 金融论坛，2017，22（07）：39－52.

［68］林惠萍. 对我国现行保险中介监管制度的思考［J］. 经济视角（上旬刊），2015（02）：14－16.

［69］刘秉镰，杨晨. 基础设施影响城市规模分布的作用机理及实证研究［J］. 经济与管理研究，2016，37（03）：20－28.

［70］刘轩池. 对促进我国保险中介机构健康发展的思考［J］. 现代经济信息，2017（04）：366.

［71］刘昆. 高速铁路对沿线城市生产性服务业集聚影响研究［D］. 北京交通大学，2018.

［72］刘月. 空间经济学视角下的产业协同集聚与区域经济协调发展［D］. 浙江大学，2016.

［73］刘乃全，吴友，赵国振. 专业化集聚、多样化集聚对区域创新效率的影响——基于空间杜宾模型的实证分析［J］. 经济问题探索，2016（02）：89－96.

［74］刘乃全．产业聚集理论及其发展［J］．上海财经大学学报，2002（02）：22－28.

［75］刘乃全．产业集聚论［M］．上海：上海人民出版社，2009.

［76］刘军，黄解宇，曹利军．金融集聚影响实体经济机制研究［J］．管理世界，2007（04）：152－153.

［77］刘冬姣．保险中介价值创造能力分析［J］．中国金融，2015（24）：51－52.

［78］刘曙华．生产性服务业集聚对区域空间重构的作用途径和机理研究［D］．华东师范大学，2012.

［79］刘晓峰．集聚效应与公共政策［D］．复旦大学，2012.

［80］刘玮．专业保险代理为何变成保险公司的竞争对手？［J］．金融信息参考，2003（09）：38.

［81］卢飞，刘明辉，孙元元．集聚、全要素生产率与产业增长［J］．科学学研究，2018，36（09）：1575－1584，1614.

［82］罗峥．保险中介与保险公司合作中存在的问题与对策［J］．现代经济信息，2016（17）：163.

［83］吕承超．中国社会保障发展空间非均衡及影响因素研究［J］．中央财经大学学报，2016（02）：10－21.

［84］马淳正，宋扬．论我国保险中介市场的完善与发展［J］．经济师，2008（04）：229－230.

［85］茅锐．产业集聚和企业的融资约束［J］．管理世界，2015（02）：58－71.

［86］孟龙．准确判断我国专业保险中介的现状［J］．中国金融，2003（17）：51－52.

［87］缪尔达尔．经济理论与欠发达地区［M］．伦敦：达克沃思，1957.

［88］迈克尔·波特．国家竞争优势［M］．李明轩，邱如美译．北京：中信出版社，2012.

［89］聂富强，石凯．我国财险公司多元化经营的最优边界研究——基于面板门限估计方法［J］．保险研究，2016（04）：18－26.

［90］潘印安，董鸿田，陈阳，王韫玺．保险专业代理市场结构与绩效分析——以天津保险中介市场为例［J］．华北金融，2015（01）：

44 –46，49.

［91］彭向，蒋传海．产业集聚、知识溢出与地区创新——基于中国工业行业的实证检验［J］．经济学（季刊），2011，10（03）：913 –934.

［92］钱学锋，梁琦．分工与集聚的理论渊源［J］．江苏社会科学，2007（02）：70 –76.

［93］钱平凡．全面实施产业集群发展战略［J］．理论参考，2006（09）：4 –6.

［94］钱平凡．我国产业集聚的发展状况、特点与问题［J］．经济理论与经济管理，2003（12）：26 –31.

［95］乔小明．中国保险中介市场的演化与发展［J］．湖南财政经济学院学报，2017，33（01）：84 –90.

［96］仇保兴．集群结构与我国城镇化的协调发展［J］．城市规划，2003（06）：5 –10.

［97］瞿卫东．西方银行业兼并与赫芬达尔—赫希曼指数［J］．国际金融研究，2001（04）：14 –17.

［98］任国岩，蒋天颖．长三角知识密集型服务业集聚特征与成因［J］．经济地理，2015，35（05）：85 –91.

［99］尚颖，贾士彬．基于 DEA 实证分析的保险专业代理机构经营效率研究［J］．湖南社会科学，2012（01）：161 –163.

［100］邵全权．保险业结构、区域差异与经济增长［J］．经济学（季刊），2012，11（02）：635 –674.

［101］邵全权．保险业市场结构、产寿险结构对“保险—经济增长”系统的影响［J］．保险研究，2015（12）：3 –20.

［102］沈开涛．充分发挥保险中介作用［J］．中国金融，2015（24）：53 –54.

［103］石咏梅．对中国保险业发展影响因素的实证分析［J］．时代金融，2012（21）：139 –140.

［104］司禄新，李建华，王振全．京津冀都市圈金融服务业集聚度的度量与评价［J］．管理观察，2016（36）：143 –145.

［105］宋占军，李海燕．保险中介监管进入新时代［J］．金融博览（财富），2018（04）：73 –75.

［106］苏庆社，王稳．隐性行业壁垒、市场集中度与中国保险经纪

市场结构演进 [J]. 保险研究, 2011 (02): 65 - 73.

[107] 孙晶, 李涵硕. 金融集聚与产业结构升级——来自2003—2007年省际经济数据的实证分析 [J]. 经济学家, 2012 (03): 80 - 86.

[108] 孙武军, 黄唯怡. 专业保险中介市场运行机制的经济学解释——基于双边市场理论的视角 [J]. 南京社会科学, 2014 (07): 20 - 26.

[109] 孙浦阳, 韩帅, 许启钦. 产业集聚对劳动生产率的动态影响 [J]. 世界经济, 2013, 36 (03): 33 - 53.

[110] 孙蓉, 杨馥. 改革开放三十年: 中国保险业的变迁与发展 [J]. 保险研究, 2008 (12): 7 - 15.

[111] 孙维峰, 张秀娟, 阴慧芳. 我国保险中介产业市场结构及其优化研究 [J]. 保险研究, 2008 (04): 72 - 75.

[112] 孙祁祥, 贲奔. 中国保险产业发展的供需规模分析 [J]. 经济研究, 1997 (03): 55 - 61.

[113] 谭朵朵. 中国省域保险业发展影响因素的空间计量分析 [J]. 统计与信息论坛, 2011, 26 (01): 37 - 43.

[114] 唐金成, 唐思. 发达国家保险中介市场比较及经验借鉴 [J]. 西南金融, 2017 (02): 71 - 76.

[115] 田乾, 金怀玉. 中国保险业发展的空间集聚效应分析 [J]. 统计与决策, 2016 (13): 152 - 155.

[116] 田菁, 孙祎凡, 李芳. 金融集聚与金融服务业技术效率的关系探讨——基于省域随机前沿生产函数的分析 [J]. 现代财经 (天津财经大学学报), 2012, 32 (12): 37 - 46.

[117] 藤田昌久, 保罗·R. 克鲁格曼, 安东尼·J. 维纳布尔斯. 空间经济学: 城市、区域与国际贸易 [M]. 梁琦译. 北京: 中国人民大学出版社, 2013.

[118] 王春晖. 产业集聚、要素积累与地区产业升级: 区域开放视角的机理与实证 [D]. 杭州: 浙江大学, 2015.

[119] 王春晖, 赵伟. 集聚外部性与地区产业升级: 一个区域开放视角的理论模型 [J]. 国际贸易问题, 2014 (04): 67 - 77.

[120] 王欢芳, 张幸, 宾厚, 李密. 战略性新兴产业的集聚测度及结构优化研究——以新能源产业为例 [J]. 经济问题探索, 2018 (10): 179 - 190.

［121］王晶晶，张昌兵．新经济地理学视角下服务业FDI对服务业集聚的影响——基于面板分位数回归方法分析［J］．国际贸易问题，2015（11）：109－120．

［122］王莉姗．探寻我国保险公估的发展之路［J］．经济导刊，2011（05）：18－19．

［123］王仁祥，白旻．金融集聚能够提升科技创新效率么？——来自中国的经验证据［J］．经济问题探索，2017（01）：139－148．

［124］王福军，叶阿忠．产业集聚对技术创新影响的理论与实证研究［J］．北京化工大学学报（社会科学版），2015（03）：37－44，36．

［125］王晓全，康宁．我国保险经纪市场发展影响因素的实证研究［J］．保险研究，2010（12）：72－76．

［126］王艳荣，刘业政．农业产业集聚形成机制的结构验证［J］．中国农村经济，2011（10）：77－85．

［127］魏长虹，魏也华，吕拉昌．新经济地理学［M］．北京：科学出版社，2011．

［128］魏华林，胡巍．建设现代保险服务业实现由保险大国向保险强国转变——写在《中国保险业发展"十三五"规划纲要》印发之后［J］．保险研究，2016（09）：3－7．

［129］魏华林，万暄．保险中介市场主体的成长法则［J］．中国保险，2015（05）：10－13．

［130］魏华林．保险中介市场发展的三个重点［J］．金融信息参考，2002（11）：42．

［131］魏华林．中国保险中介市场问题研究［J］．保险研究，2002（06）：4－7．

［132］魏华林．论中国保险公估业的发展［J］．保险研究，2000（05）：4－8．

［133］魏华林，李琼，刘伟红，吴兴刚，李金辉．建立中国保险公估制度问题研究［J］．经济评论，2000（01）：87－97．

［134］温燕．我国专业保险代理机构市场需求影响因素实证分析［J］．保险研究，2009（07）：43－46．

［135］吴井峰．金融集聚与地区生态效率的空间计量实证研究［J］．统计与决策，2016（03）：149－153．

[136] 吴明琴，陆毅，陈斌．产业集聚与企业养老保险：基于中国制造业的证据［J］．南开经济研究，2013（03）：83－94.

[137] 吴亚．近十年国内外产业集聚研究：一个文献综述［J］．经济论坛，2017（07）：106－110.

[138] 吴茂国，陈影．金融集聚对我国区域经济增长的空间溢出效应研究［J］．上海金融，2018（11）：72－81，86.

[139] 吴双，孟超．保险代理人市场分析：美国经验与中国选择［J］．金融理论探索，2016（03）：64－69.

[140] 夏昉．中国信息服务业集聚效应研究［D］．长春：吉林大学，2017.

[141] 肖卫东．中国种植业地理集聚：时空特征、变化趋势及影响因素［J］．中国农村经济，2012（05）：19－31.

[142] 谢婷婷，潘宇．金融集聚、产业结构升级与中国经济增长［J］．经济经纬，2018，35（04）：86－93.

[143] 徐敏，姜勇．中国保险排除度空间集聚与差异：空间计量经济实证分析［J］．南方金融，2013（11）：90－95.

[144] 徐康宁．产业聚集形成的原因和影响的研究［D］．上海：复旦大学，2003.

[145] 杨彪，廖宜静．安徽省金融集聚对区域经济增长影响的实证分析［J］．重庆科技学院学报（社会科学版），2012（24）：86－88.

[146] 杨江洪，杨秋红．保险市场中的保险公估——论其市场地位、现状、作用及前景［J］．理论月刊，2006（S1）：112－113.

[147] 杨瑾，杨德齐．保险司法鉴定问题研究——兼论保险公估的角色定位［J］．保险理论与实践，2017（04）：101－110.

[148] 杨敏．产业链视角下专业保险中介与保险公司的合作研究［J］．湖北农村金融研究，2009（02）：38－40.

[149] 杨仁发．产业集聚与地区工资差距——基于我国269个城市的实证研究［J］．管理世界，2013（08）：41－52.

[150] 杨平宇，陈建军．产业集聚、绿色发展与治理体系研究——基于浙南产业集聚区的调查［J］．经济体制改革，2018（05）：93－100.

[151] 姚壬元．日本保险中介市场发展分析及经验借鉴［J］．现代管理科学，2007（06）：100－102.

[152] 于斌斌. 产业集聚与城市经济结构变迁：演化机制与实证研究 [D]. 南京：东南大学，2015.

[153] 于斌斌. 金融集聚促进了产业结构升级吗：空间溢出的视角——基于中国城市动态空间面板模型的分析 [J]. 国际金融研究，2017 (02)：12-23.

[154] 于殿江，曹晓，林荣强. 我国保险中介机构的市场结构与绩效研究 [J]. 产业经济评论（山东大学），2014，13 (03)：144-155.

[155] 于殿江，柏士林，胡玉翠. 我国专业保险中介机构核心竞争力研究 [J]. 产业经济评论，2011，10 (03)：95-115.

[156] 余泳泽，宣烨，沈扬扬. 金融集聚对工业效率提升的空间外溢效应 [J]. 世界经济，2013，36 (02)：93-116.

[157] 原毅军，郭然. 生产性服务业集聚、制造业集聚与技术创新——基于省级面板数据的实证研究 [J]. 经济学家，2018 (05)：23-31.

[158] 袁峰. 推动保险中介行业改革创新 [J]. 中国金融，2015 (24)：48-50.

[159] 赵春梅，杨文明，朱航，罗旭霞，张硕辉，高丽平. 中国保险公估行业研究报告 [J]. 保险研究，2008 (07)：20-30.

[160] 赵齐，赵欣，王月影，马鑫岩. 我国保险中介机构监管研究 [J]. 合作经济与科技，2016 (20)：132-134.

[161] 赵惠萍. "互联网+"背景下的保险经纪公司 [J]. 中国保险，2016 (01)：16-20.

[162] 赵晓斌. 全球金融中心的百年竞争：决定金融中心成败的因素及中国金融中心的崛起 [J]. 世界地理研究，2010，19 (02)：1-11.

[163] 赵增耀，夏斌. 市场潜能、地理溢出与工业集聚——基于非线性空间门槛效应的经验分析 [J]. 中国工业经济，2012 (11)：71-83.

[164] 赵伟，张萃. FDI 与中国制造业区域集聚：基于 20 个行业的实证分析 [J]. 经济研究，2007 (11)：82-90.

[165] 赵桂芹. 我国财产险市场各险种的市场集中度分析 [J]. 云南财贸学院学报，2006 (01)：4-8.

[166] 张芳洁. 影响我国保险业发展的经济因素的实证分析 [J]. 数量经济技术经济研究，2004 (03)：25-31.

[167] 张军，刘晓峰，谢露露. 中国服务业的新经济地理特征 [J].

统计研究，2012，29（05）：66－72.

［168］张海青．新时期我国保险中介的发展之路［J］．经营与管理，2015（04）：29－30.

［169］张清正．异质性视角下中国金融业集聚及影响因素研究［J］．经济问题探索，2015（06）：162－169.

［170］张清正．中国金融业集聚及影响因素研究［D］．吉林大学，2013.

［171］张清正．中国科技服务业集聚的空间分析及影响因素研究［J］．软科学，2015，29（08）：1－4，24.

［172］张克雯．我国金融产业集聚与经济增长关系的实证分析［J］．统计与决策，2018，34（18）：136－139.

［173］张姝，陈丽文．传统保险经纪人的互联网转型——对于保险经纪人未来发展的一些思考［J］．中外企业家，2015（27）：249.

［174］张浩然．空间溢出视角下的金融集聚与城市经济绩效［J］．财贸经济，2014（09）：51－61.

［175］张金万．中国省际保险业发展影响因素分析——基于2006－2009年的面板数据实证分析［J］．特区经济，2014（06）：120－121.

［176］张晓燕．金融产业集聚及其对区域经济增长的影响研究［D］．山东大学，2012.

［177］张永建，何江．日本保险中介人制度模式分析及启示［J］．中国管理信息化（综合版），2006（12）：93－95.

［178］张廷海，王点，宋顺锋．中国应急产业集聚的增长效应及其影响因素——基于2005—2014年面板数据的空间计量分析［J］．财贸研究，2018，29（09）：42－54，75.

［179］仲赛末，赵桂芹．销售渠道、产品策略及其交互作用对我国寿险公司绩效的影响［J］．保险研究，2018（08）：64－80.

［180］郑秀田，陈侃．财产保险业区域不均衡发展的影响因素分析和政策含义——来自我国省际面板数据的经验证据［J］．区域金融研究，2017（07）：34－38.

［181］祝伟．保险中介渠道的作用与监管——美国市场的经验［J］．中国保险，2015（05）：19－23.

［182］朱捷．保险中介：发达国家的现状及其借鉴［J］．世界经

济与政治论坛，2005（03）：44-47.

［183］朱英明．产业集聚研究述评［J］．经济评论，2003（03）：117-121.

［184］朱海艳．旅游产业集聚度时空演变研究［J］．统计与决策，2016（13）：121-124.

［185］卓志，朱衡．宏观经济、保险制度变迁与保险业增长［J］．保险研究，2017（04）：3-14.

［186］周晓颖．浅谈保险专业中介在互联网时代的机遇与挑战［J］．现代商业，2017（08）：179-180.

［187］周天芸，周开国，黄亮．机构集聚、风险传染与香港银行的系统性风险［J］．国际金融研究，2012（04）：77-87.

［188］宗庆庆，黄娅娜，钟鸿钧．行业异质性、知识产权保护与企业研发投入［J］．产业经济研究，2015（02）：47-57.

［189］宗成峰．产业集聚水平测度方法及实证研究——以中国纺织产业为例［J］．软科学，2008（03）：49-51，62.

［190］邹茵．保险中介市场的发展与完善［J］．湖北经济学院学报（人文社会科学版），2017，14（01）：40-42.

［191］邹茵．论保险代理市场的可持续发展［J］．福建论坛（人文社会科学版），2013（09）：31-35.

［192］邹茵．保险中介的价值研究［J］．南华大学学报（社会科学版），2012，13（01）：48-51.

［193］邹奕，杨婧．保险专业中介机构入市动机分析及监管对策建议［J］．时代金融，2011（29）：48，50.

［194］Afriat，S. N.，Efficiency Estimation of Production Functions［J］. International Economic Review，1972（13）：568-598.

［195］Arrow，K. J.，The Rate and Direction of Inventive Activity：Economic and Social Factors［M］. Cambridge：Princeton University Press，1962：609-626.

［196］Audretsch，D. B. and Feldman，M. P. R&D spillovers and the geography of innovation and production［J］. American Economic Review，1996，86（3）：630-640.

［197］Baumgardner，J. R.，The division of labor，local markets，

and worker organization [J]. Journal of Political Economy, 1988, 96 (3): 509 -527.

[198] Becker, G. S. and Murphy, K. M. The division of labor, coordination costs, and knowledge [J]. Quarterly Journal of Economics, 1992, 107 (4): 1137 -1160.

[199] Blanchard, O. J. , Dell Ariccia, G. , Paolo, M. , Rethinking Macroeconomic Policy [J]. Journal of Money, Credit and Banking, 2010, 42 (s1): 199 -215.

[200] Boles, J. N. , Efficienty Squared-Efficiency Computation of Efficiency Indexes [J]. Proceddings of the 39th Annual Meeting of the Western Farm Economics Association, 1966: 137 -142.

[201] Bottazi, L. , Peri, G. , Innovation and Spillovers in Regions: Evidence form European Patent Data [J]. European Economic Review, 2003, 47 (4): 687 -710.

[202] Buera, F. , Kaboski, J. and Shin, Y. , Finance and Decelopment: A Tale of Two Sectors [R]. NBER Working Paper, 2010.

[203] Carlino, G. A. , Satyajit, C. , Robert M. H. , Urban Density and the Rate of Invention [J]. Journal of Urban Economics, 2007, 61 (3): 389 -419.

[204] Caves, D. W. , Christensen, L. R. and Diewert, W. E. , Multilateral Comparisons of Output, Input and Productivity Using Superlative Index Numbers [J]. Economic Journal, 1982a (92): 73 -86.

[205] Caves, D. W. , Christensen, L. R. and Diewert, W. E. The Economic Theory of Index Numbers and the Measurement of Input, Output and Productivity [J]. Econometrics, 1982b (50): 1393 -1414.

[206] Charnes, A. , Cooper, W. W. and Rhodes, E. Measuring the Efficiency of Decision Making Units [J]. European Journal of Operational Research, 1978 (2): 429 -444.

[207] Corbridge, S. and Thrift, N. , Money, Power and Space: Introduction and Overview [M]. Cambridge: Blackwell, 1994.

[208] Costa, D. L. and Kahn, M. E. Power Aouples: Changes in The Locational Choice of The College Educated, 1940 - 1990 [J]. Quarterly

Journal of Economics, 2000, 115 (4): 1287 -1315.

[209] Chinitz, B. , Contrasts in agglomeration: New York and Pittsburgh [J]. American Economic Review, 1961, 51 (2): 279 -289.

[210] Ciccone, A. and Hall, R. E. Productivity and the density of economic activity [J]. American Economic Review, 1996, 86 (1): 54 -70.

[211] Cummins, Doherty. , The Economics of Insurance Intermediaries [J]. Journal of Risk and Insurance, 2006, 73 (3): 359 -396.

[212] Dumais, G. , Ellison, G. and Glaeser, E. L. Geographic concentration as a dynamic process [J]. Review of Economics and Statistics, 2002, 84 (2): 193 -204.

[213] Duranton, G. , Labor specialization, transport costs, and city size [J]. Journal of Regional Science, 1998, 38 (4): 553 -573.

[214] Duranton, G. and H. G. , Overman, Testing for localization using microgeographic data [J]. Review of Economic Studies, 2005, 72 (4): 1077 -1106.

[215] Duranton, G. and D. Puga, Micro-foundations of urban agglomeration economies [J]. In Handbook of regional and urban economics, 2004, Vol. 4, ed. V. Henderson and J. -F. Thisse, 2063 - 2117. Amsterdam: North-Holland.

[216] Edgar M. Hoover, The Location of Economic Activity [M]. New York: McGraw Hill, 1948.

[217] Ellison, G. and E. Glaeser, Geographic concentration in U. S. manufacturing industries: A dartboard approach [J]. Journal of Political Economy, 1997, 105 (5): 889 -927.

[218] Edward, L. , Glaeser, Agglomeration Economics [M]. London: the University of Chicago Press, Ltd. , 2010.

[219] Farrell, M. J. , The Measurement of Productive Efficiency [J]. Journal of the Royal Statistical Society, 1957 (3): 253 -290.

[220] Fischer, M. M. , Scherngell, T. , Reismann M. , Knowledge Spillovers and Total Factor Productivity: Evidence Using a Spatial Panel Data Model [J]. Geographical Analysis, 2009, 41 (2): 204 -220.

[221] Glaeser, E. L. , Cities, Agglomeration And Spatial Equilibrium

[M]. Oxford: Oxford University Press, 2008.

[222] Glaeser, E. L. and Maré, D. C. Cities and skills [J]. Journal of Labor Economics, 2001, 19 (2): 316 -342.

[223] Gabaix, X., Zipf's law and the growth of cities [J]. American Economic Review, 1999, 89 (2): 129 -132.

[224] Helsley, R. W. and W. C. Strange, 1990. Matching and agglomeration economies in a system of cities [J]. Regional Science and Urban Economics, 1990, 20 (2): 189 -212.

[225] Holmes, T. J., Localization of industry and vertical disintegration [J]. Review of Economics and Statistics, 1999, 81 (2): 314 -325.

[226] Iran, R., Gordon and Philip McCann. Industrial Clusters: Complexes, Agglomeration and or Social Networks? [J]. Urban Studies, 2000, 37 (3): 513 -532.

[227] Jacobs, J., The Economy of Cities [M]. New York: Random House, 1969.

[228] Keller, G., Geographic Localization of International Technology Diffusion [J]. American Economic Review, 2002, 92 (1): 120 -142.

[229] Krugman, P. R., Geography and trade [M]. Cambridge, MA: MIT Press, 1991.

[230] Krugman, P. R., Increasing Returns and Economic Geography [J]. Journal of Political Economy, 1991, 99 (3): 483 -499.

[231] Levine, R., Financial Development and Economic Growth: Views and Agenda [J]. Journal of Economic Literature, 1997: 688 -726.

[232] Marshall, A., Principles of economics: An Introductory [M]. London: Macmillan, 1920.

[233] Martin, R., The New Geographical Turn in Economics: Some Critical Reflection [J]. Journal of Economics, 1999, 23 (6): 65 -91.

[234] Martin, P. and Ottaviano, G., Growth and Agglomeration [J]. Internation Economics Review, 2001, 42 (4): 283 -304.

[235] Moreno R., Paci R., Usai S., Spatial Spillover and Innovation Activity in European Regions [J]. Environment an Planning A, 2005, 37 (10): 1793 -1821.

[236] Moorsteen, R. H., On Measuring Productive Potential and Relaitve Efficiency [J]. Quarterly Journal of Economics, 1961 (75): 451 -467.

[237] Porteous, D. J., The Geography of Finance: Spatial Dimensions of Internediary Behaviors [M]. Avebury: England, 1995: 56 -89.

[238] Romer, P., Endogenous Technological Change [J]. Journal of Political Economy, 1990 (5): 71 -102.

[239] Rosenthal, S. and Strange, W., The determinants of agglomeration [J]. Journal of Urban Economics, 2001, 50 (2): 191 -229.

[240] Shephard, R. W., Theory of Cost and Production Functionas [M]. Princeton: Princeton University Press, 1970.

[241] Storper, M. and Venables, A. J., Face to Face Contact and the Urban Economy [J]. Journal of Economic Geography, 2004, 4 (4): 351 -370.

[242] Traub, W., Marktfunktioon and Dienstleistungdes Versicherungsmaklers [J]. Business and Economics, 1994, 83 (3): 369 -397.

[243] Wheaton, W. C. and Lewis, M. J. Urban Wages and Labor Market Agglomeration [J]. Journal of Urban Economics, 2002, 51 (3): 542 -562.